Hans Deidenbach

Zur Psychologie
der Bergpredigt

Fischer
Taschenbuch
Verlag

Geist und Psyche
Herausgegeben von Willi Köhler
Begründet von Nina Kindler 1964

8.–9. Tausend: Februar 1993

Originalausgabe
Veröffentlicht im Fischer Taschenbuch Verlag GmbH,
Frankfurt am Main, November 1990

© Fischer Taschenbuch Verlag GmbH, Frankfurt am Main
Umschlaggestaltung: Buchholz / Hinsch / Hensinger
Gesamtherstellung: Clausen & Bosse, Leck
Printed in Germany
ISBN 3-596-10259-6

Gedruckt auf chlor- und säurefreiem Papier

Inhalt

Einleitung 9

I. Voraussetzungen 13

1. »Höhen-Psychologie« 13
2. Grund-Sätze 15
3. Salz und Licht 24
4. Das Gesetz und die Propheten 26

II. Soziales Engagement von innen 29

5. Umdenken 29
6. Psycho-Logik 33
7. Gleich-Wertigkeit 35
8. Ein-Deutigkeit 37
9. Widerstandslosigkeit 40
10. Einheit 43

III. Wie innen – so außen 49

11. Absichtslosigkeit 50
12. Ein(s)-Sicht 56
13. Paradigmen-Wechsel 61
14. Ein(s)-Sicht und Um-Sicht 62
15. »Ich bin« 65
16. Erneuerung unseres Denkens 66
17. Ein(s)-verstanden 68
18. Hier und jetzt 74
19. Vergebung 75
20. Einheit oder Dualismus 77
21. Psycho-Hygiene 82
22. Sucht oder Suche 85

IV. Ent-Täuschung ... 95

23. Saat und Ernte ... 95
24. Splitter und Balken ... 98
25. Brot oder Steine ... 100

V. Syn-These ... 109

26. Die Goldene Regel ... 109

VI. Ent-Scheidung ... 119

27. Der schmale Weg ... 120
28. Beredtes Schweigen ... 122
29. Zweifel oder Leichtgläubigkeit ... 124
30. Motivation ... 129
31. Hören und Tun ... 130

VII. Wege ... 133

32. »Tempel des Geistes« ... 133
33. Mentales Training ... 134
34. Meditation ... 138
35. Kontemplation ... 149
36. Schöpferische Vorstellung ... 157

VIII. Salz der Erde – Licht der Welt ... 169

37. Die Kraft der Gruppe ... 171

IX. Abschied ... 197

38. »Ver-Selbst-ständigung« oder »Emanzipation« ... 197
39. Abschied von der »Religion des Buches« ... 200
40. »Und der Tod wird nicht mehr sein!«. ... 200

Anhang ... 203

A Glossar ... 203
1. Bewußtsein – Wachbewußtsein – Unterbewußtsein –
   Unbewußtes – Nicht Bewußtes ... 203
2. Ebenen der Schriftauslegung ... 208
3. Glauben ... 214

4. Psychologie 216
5. Psychosomatik 217
6. Psychotherapie 219
7. Religion 220
8. Wahrnehmung 223
9. Wissenschaft 225

B Anmerkungen 228

C Literaturverzeichnis 238

D. Abkürzungen 244

E. Danksagung 246

F. Namen- und Sachregister 247

Einleitung

Ein Sprichwort sagt: »Papier ist geduldig!« Die Skepsis des Paulus in seinem ersten Brief an die Thessalonicher (1 Th 5,21)* »Prüft alles; das Gute behaltet!« ist auch gegenüber dem Inhalt dieses Buches angebracht. Denn die Gesetze der Wahrnehmung und alle anderen Fallen gelten selbstredend auch für den Verfasser. Von daher könnte er – ehrliche Absicht einmal unterstellt – auch zu den »falschen Propheten« (Mt 7,15) gehören. Der Leser ist also gut beraten, wenn er dem Verfasser kein Wort *glaubt*. Wenn er möchte, kann er die Thesen dieses Buches als Arbeits-Hypothesen akzeptieren und sie an seiner eigenen Erfahrung auf ihre Brauchbarkeit überprüfen.

Thesen:
1. Unsere → Wahrnehmung** spiegelt nur einen Bruchteil der Informationen wider, die wir durch unsere Sinneskanäle aufnehmen können. Die Deutung dieser Informationen, die bewußt und un(ter)bewußt (→ Bewußtsein) unser Denken, Fühlen und Verhalten steuert, geht zusätzlich durch den Filter unserer individuellen und kollektiven Gegenwart und Vergangenheit: *Wir nehmen nicht die »objektive Wirklichkeit« wahr.*
2. Unter diesen Voraussetzungen tun wir gut daran, uns nach alternativen Erkenntnisquellen umzusehen, die unsere Wahrnehmung erweitern können. Diese dürfen nicht nur aus unserem → Unterbewußtsein kommen, da auch dieses vergangenheitsabhängig ist.
3. Die heiligen Schriften der Menschheit bieten uns ungewohnte Hypothesen in Fülle an. Wir sind schlecht beraten, wenn wir sie aus Vorurteil in den Wind schlagen.
4. In verschiedenen Religionen finden sich außer ihrem jeweiligen Eigenanteil gemeinsame Grundsätze, die in ihrem Kern identisch, in ihrer Formulierung jedoch zeit- und kulturabhängig und daher unterschiedlich sind. Diese Grundsätze sind auch im Neuen Testament zu finden, dessen Wurzeln weit über das biblische Israel hinaus nach Ägypten, ins

---

* Ein Verzeichnis aller Abkürzungen finden Sie im Anhang D.
** Das Zeichen → verweist auf ein Stichwort im Glossar, im Autoren- oder Sachverzeichnis, auf eine Bibelstelle, ein Kapitel oder eine Seite des Buches.

heutige Indien, Pakistan, Tibet und in den hellenistischen Raum, also in östliche und westliche Kulturen, reichen (→ Ebenen der Schriftauslegung).

5. Die Bildsprache der Bergpredigt gibt psychologische Gesetzmäßigkeiten wieder, wie sie auch anderen großen Religionen eignen. Sie gelten unabhängig von Zeit, Kultur, Sozialisation, Alter und Geschlecht für jeden Menschen.

6. Dabei ist es gleich-(un-)gültig, ob wir uns einer bestimmten Religion, Kirche oder Konfession zugehörig fühlen oder uns als A-Theisten verstehen. Die Bergpredigt kennt keine Bevorzugten. Jeder kann ihre Voraussetzungen mit Herz und Verstand an seiner Erfahrung überprüfen.

7. Die Anwendung der Psychologie der Bergpredigt verändert unser Leben von innen. Es geht jedoch nicht um einen Rückzug in die private Innerlichkeit. Die Auswirkungen (»Früchte«) zeigen sich sehr konkret nicht nur im individuellen und sozialen Bereich, sondern auch weltweit.

8. So gesehen ist die Psychologie der Bergpredigt hoch-politisch: Ihre Anwendung verändert das Antlitz der Erde.

Leit-Faden:

Fast jedes der folgenden Kapitel bringt nach der Überschrift, deren manchmal fremd anmutende Schreibweise auf einen wesentlichen Aspekt hinweisen möchte, einige Verse aus der Bergpredigt: entweder in einer gewohnten Übersetzung[1]* und/oder aus dem griechischen Text (Nestle, 1954 und 1953) in unser heutiges Sprachempfinden übertragen. Danach folgt eine Deutung des Textes im Abschnitt *Hören*, die sich an den verschiedenen → Ebenen der Schriftauslegung orientiert. »Hören«[2] ist nach der Bergpredigt (Mt 7,24) die Voraussetzung für »Tun«. Vielleicht möchten Sie das ganze Buch oder ein Kapitel in einem Zug durchlesen. Dann können Sie die in () angegebenen Schriftstellen, Literaturangaben und Querverweise und die Anmerkungen überschlagen. Wenn Sie jedoch beginnen möchten, mit dem Inhalt des Buches zu arbeiten, das heißt, seine (Hypo-)Thesen zu überprüfen und auszuprobieren, wird es für Sie nützlich sein, die Anmerkungen nachzuschlagen und die angegebenen Bibelzitate im Zusammenhang nachzulesen. Wie Sie es anstellen können, Ihrer auswählenden Wahrnehmung ein Schnippchen zu schlagen, wird in Kapitel 33 gezeigt. Wie in Kapitel 1 dargelegt, resultiert das Verstehen der »Lehre« aus einer »höheren«, meditativ-kontemplativen Sichtweise.

---

* Hochgestellte Zahlen verweisen auf die Anmerkungen für jedes Kapitel im Anhang B.

Die Bergpredigt betont sehr eindringlich, daß dem Hören das »Tun« folgen muß. Daher folgt dem erklärenden Teil jeweils ein Praxisteil unter der Überschrift *Tun*. Er soll dazu anregen, das Gehörte an der eigenen Erfahrung zu überprüfen.

In den beiden letzten Versen der Bergpredigt (Mt 7,28–29) wird ein *Fazit* gezogen. Es heißt dort, daß die Zuhörer »erstaunt« waren über die Worte des Bergpredigers, da er sie »lehrte wie einer, der Macht hatte«.

Bevor Sie mit der Lektüre der folgenden Kapitel beginnen, können Sie die Begriffserklärungen im Glossar (Anhang A) lesen. Dies erleichtert das Verständnis des Textes und beugt wenigstens einigen Mißverständnissen vor. Erfahrungen mit diesem Buch können Sie auch mit anderen Menschen zusammen in einer kleinen Gruppe machen. Diese kann aus einer Familie, aus Freunden oder Bekannten, aus einem beruflichen Team, aus einer religiösen Gemeinschaft usw. bestehen. Die Zusammenarbeit kann einige Vorteile bringen: Mehrere Personen bringen unterschiedliche Sichtweisen ein und erweitern so die Wahrnehmung (»Hören«); sie können sich gegenseitig beim »Tun« unterstützen und Erfahrungen austauschen; eine Gruppe kann die Anregungen der Bergpredigt in soziologischen und noch größeren Bereichen umsetzen, wie Kapitel 37 zeigt. Vorausgesetzt ist, daß keiner auf seiner Sichtweise als der »einzig richtigen« besteht, was der Absicht der Bergpredigt diametral entgegengesetzt ist. »Wer sich nicht selbst zum besten haben kann, der ist gewiß nicht von den Besten!« sagt Goethe.

I. Voraussetzungen

1. »Höhen-Psychologie«: Vom »Berg« aus gesehen
(Mt 5,1 und 7,28–29)

»[5,1] Als er die Scharen sah, stieg er auf den Berg, und nachdem er sich gesetzt hatte, traten seine Jünger zu ihm, und er tat seinen Mund auf und sprach... [7,28] Und es geschah, als Jesus diese Reden vollendet hatte, da waren die Scharen außer sich über seine Lehre: [7,29] denn er lehrte sie wie einer, der Macht hat, und nicht wie ihre Schriftgelehrten und Pharisäer.«

Hören:
Vers 5,1 beschreibt den Blickwinkel, unter dem die Bergpredigt gesehen und gedeutet werden kann, die Verse 7,28.29 die Wirkung. Um sie verstehen zu können, müssen wir nach dem Sinn einzelner Begriffe als »termini technici« (Fachausdrücke) im Zusammenhang mit anderen Quellen fragen:

Der *Berg* ist schon im Alten Testament ein Symbol für die besondere Gegenwart Gottes. Auf dem Berg geschieht immer etwas außerordentlich Wichtiges. Jesus steigt auf *den* Berg, nicht auf *einen* (beliebigen) Berg. Wörtlich aus dem griechischen Text übersetzt, heißt es sogar: »Er stieg hinauf *in* den Berg«, wobei die Präposition »eis« mit dem Akkusativ die Richtung in das Innere einer Sache bezeichnet. Hier wird schon deutlich, daß der »Berg« – wie viele in der »Berg«-Predigt verwandten Fachausdrücke – einen *inneren* Vorgang oder Zustand bezeichnet. Es geht um eine *Lehre* [1], deren Inhalte unter bestimmten Voraussetzungen gelernt und angewandt werden können. *Sitzen* ist ein geläufiger Ausdruck für die Meditationshaltung. Jesus »sitzt«, und es kann unterstellt werden, daß auch die Jünger »sitzen«. Aus dieser Haltung heraus wird durch *Sprechen* gelehrt und durch *Hören und Tun* gelernt (Mt 7,24–27).

Der Text unterscheidet zwischen den »Scharen« und den »Jüngern«. An die *Jünger* richtet sich die Bergpredigt in erster Linie. Der griechische Text nennt sie »mathetai = Schüler«: Sie sind als Lernende »jünger« als der erfahrene Meister, sollen jedoch auch selbst einmal zu »Meistern« werden (Lk 6,40). Die *Scharen* waren »außer sich«, »erstaunt« oder »entsetzt« über die Lehre Jesu: Sie unterschied sich durch ihre *Macht* von den ihnen vertrauten Auslegungen der damaligen Theologen und Frommen (Mt 7,28–29), zu denen in der Bergpredigt auch die Schriftgelehrten (Theologen) und Pharisäer (Angehörige einer bestimmten religiösen Tradition) gehören.

Tun:

Die Unterscheidung zwischen »den Scharen« oder »dem Volk« einerseits und den »Jüngern« andererseits spielt im Matthäusevangelium eine zentrale Rolle. Die Jünger sind nicht Auserwählte oder Bevorzugte aufgrund einer bestimmten Gruppen- oder Volkszugehörigkeit. Das entscheidende Merkmal ist ein anderes. Im Gleichnis vom Sämann (Mt 13,10–15) heißt es: »[10] Die Jünger traten herzu und sagten zu ihm: Warum redest du in Gleichnissen zu ihnen? [11] Er antwortete ihnen: Weil es *euch* gegeben ist, *die Geheimnisse des Himmelreiches* zu verstehen, ihnen aber ist es nicht gegeben. [12] Denn wer (verstanden) hat, dem wird gegeben werden, und er wird im Überfluss haben; wer aber nicht (verstanden) hat, dem wird auch das, was er hat, genommen werden. [13] Darum rede ich zu ihnen in Gleichnissen, weil sie sehen und doch nicht sehen, hören und doch nicht verstehen. [14] Es wird an ihnen die Weissagung des Isaias erfüllt, die da sagt: Hinhören werdet ihr und doch nicht verstehen, hinblicken werdet ihr und doch nicht sehen. [15] Denn das *Herz* des Volkes ist verstockt, und sie hören schwer mit den Ohren und verschliessen ihre Augen, damit sie nicht mit den Augen sehen und mit den Ohren hören und *mit dem Herzen verstehen* und *sich bekehren*, damit ich sie heile.«

Dieser auf den ersten Blick schockierende Text macht einen tiefen Sinn, wenn wir ihn in heutige Sprache übertragen: Was wir durch unsere Sinnesorgane sehen und hören (→ Wahrnehmung), entspricht nicht der vollen und unverfälschten, ganzen Wirklichkeit (»Himmelreich«). Deren Gesetzmäßigkeiten («Geheimnisse«; → Mt 5,17 ff.) können wir nicht wahrnehmen (»hören und sehen«) und verstehen, solange wir nicht völlig umdenken (»sich bekehren«), und zwar nicht nur intellektuell, sondern auch mit unseren tiefen Schichten (»Herz«). Wer diese Gesetzmäßigkeiten versteht, kann sie bewußt anwenden und wird so sehr positive Erfahrungen machen (»im Überfluß haben«: → Jh 10,10). Wer sie nicht versteht, wird in seinem Leben gleichsam vom »Schicksal« verfolgt sein (»dem wird auch das genommen, was er hat«, wobei ihm nicht bewußt ist, daß er selbst der Verursacher dieses seines »Schicksals« ist (→ Mt 7,1 f.; Kap. 23). Die Folge des Verstehens dieser Gesetzmäßigkeiten ist, daß wir »heil« werden [2].

Im Johannes-Evangelium (14,11–14) fordert Jesus seine Jünger dazu auf, ähnliches zu tun wie er: »Wer an mich glaubt, wird auch selber die Werke *tun*, die ich tue, und noch grössere als diese wird er tun.« Auch die Bergpredigt spricht von den *Werken*, die wir *tun* sollen (→ Mt 5,13–16; Kap. 3). Die Fragen, die sich für jeden von uns daraus ergeben, sind: Sind wir der Meinung, daß die Botschaft der Bergpredigt nur den Menschen vor 2000 Jahren galt, oder gilt sie auch uns? Trauen wir uns zu, Werke zu tun, wie sie von Jesus ausgesagt werden? Glauben wir, aufgrund unserer Zugehörigkeit zu einer bestimmten Religion oder Kirche die Wahrheit (»die Geheimnisse des Himmelreiches«) schon längst verstanden zu haben, oder halten wir uns für lernfähig?

Fazit: Die Bergpredigt betont:
1. Im folgenden Text geht es um eine sehr wichtige Lehre, die aus einer höheren, das heißt meditativen Sichtweise und Erfahrung, kommt und daher auch nur aus diesem Bewußtsein heraus verstanden und praktiziert werden kann.
2. Das Verstehen der Lehre und ihre praktische Anwendung ist allen Menschen, die sich als Lernende begreifen, möglich.
3. Dies führt zu sehr konkreten Veränderungen in *diesem* Leben, die von Menschen, die nicht um die dahinter liegenden psychologischen Gesetzmäßigkeiten wissen, als »Wunder« angesehen werden, über die sie »staunen« oder »außer sich« sind.
4. Mit konventionellen Konzepten sind Menschen nicht zu überzeugen. Worte vermögen dann die Mehrheit (»die Scharen«) aufzurütteln, wenn sie Kraft ausstrahlen und in der Praxis demonstriert werden.
5. *Die Bergpredigt meint nicht nur Lernende vor 2000 Jahren, sondern jeden von uns.*

2. Grund-Sätze: *Das Glück der Menschen* (Die acht Seligpreisungen: Mt 5,3–12)

Geläufige Übersetzung	*Übertragung aus dem griechischen Text*
1. [5,3] Selig die Armen im Geiste, denn ihrer ist das Himmelreich.	1. Glücklich, die offen sind für den Geist, denn ihnen wird die volle Wahrheit und Wirklichkeit zuteil.

Geläufige Übersetzung	Übertragung aus dem griechischen Text

2. [5,4] Selig die Trauernden, denn sie werden getröstet werden.

2. Glücklich, die Trauer zulassen und Schmerz ausleben können, denn ihre Trauer wird sich in Freude verwandeln.

3. [5,5] Selig die Sanftmütigen, denn sie werden das Land besitzen.

3. Glücklich, die innerlich gelassen und wohlwollend bleiben, denn sie werden alles besitzen, was sie zum Leben brauchen.

4. [5,6] Selig, die hungern und dürsten nach der Gerechtigkeit, denn sie werden gesättigt werden.

4. Glücklich, die hungern und dürsten nach Gerechtigkeit, denn sie werden gesättigt werden.

5. [5,7] Selig die Barmherzigen, denn sie werden Erbarmen finden.

5. Glücklich, die ein Herz für andere in Not haben, denn ihnen wird ebenso aus ihrer Not geholfen.

6. [5,8] Selig, die reinen Herzens sind, denn sie werden Gott schauen.

6. Glücklich, die lauteren Herzens sind, denn sie werden Gott als Grund und Einheit allen Seins erfahren.

7. [5,9] Selig die Friedfertigen, denn sie werden Söhne Gottes genannt werden.

7. Glücklich, die Frieden ausstrahlen und so Frieden stiften, denn sie werden Söhne Gottes genannt werden.

8. [5,10] Selig, die Verfolgung leiden um der Gerechtigkeit willen, denn ihrer ist das Himmelreich.

8. Glücklich, die als Grund aller »Verfolgung« ihren eigenen Mangel an (ge-)rechtem Denken und Fühlen begreifen, denn ihnen wird die volle Wahrheit und Wirklichkeit zuteil.

[5,11] Selig seid ihr, wenn sie euch schmähen und verfolgen und lügnerisch alles Böse gegen euch sagen um meinetwillen.

Glücklich könnt ihr euch schätzen, wenn »man« euch beschimpft, euch verfolgt und euch fälschlich übel nachredet, weil ihr gewohnte Konzepte zugunsten dieser Lehre und ihrer Befolgung hintanstellt.

[5,12] Freut euch und frohlockt, denn euer Lohn ist groß im Himmel. Ebenso nämlich haben sie die Propheten verfolgt, die vor euch waren.

Freut euch und frohlockt, denn ihr werdet so die volle Wahrheit erkennen, die euch frei macht. Genauso ist es ja großen Menschen vor euch, die Neues und Ungewohntes verkündeten, auch ergangen.

Hören:

Diese Grund-Sätze sind Prinzipien, die im weiteren Text der Bergpredigt erklärt und an Beispielen erläutert werden, so daß ihr Praxisbezug deutlich wird. Fast jede große religiöse Lehre kennt einen Katalog von Grund-Sätzen. Im Alten Testament sind es die zehn Gebote. Die acht Seligpreisungen der Bergpredigt erinnern an den achtteiligen Pfad Buddhas. Die 8. und zum Teil die 2. Seligpreisung klingen an die erste seiner »Vier edlen Wahrheiten« an: »Alles Leben und Tun ist Leiden«. Ursache des Leidens ist bei Buddha der »Durst«, die *Gier* nach Sein und Leben, nach Macht und Lust. Der »Durst« in seiner erstrebenswerten Form wird in der 4. Seligpreisung genannt. Solche Parallelen, von denen wir noch mehr entdecken werden, sind wohl kein Zufall (→ Ebenen der Schriftauslegung).

1. [5,3] Die geläufige Übersetzung »Selig die Armen im Geiste, denn ihrer ist das Himmelreich« hat schon oft zu zwei Mißverständnissen geführt: Matthäus meine hier materielle Armut[1] oder wolle intellektuell Minderbegabte glücklich preisen. Im griechischen Text sind »oi ptooxoi = die Bettelarmen«, eigentlich »die sich Verbeugenden«; »too pneumati« ist Dativ, wobei *Pneuma* »der Anhauch, das Wehen, belebendes Prinzip, Gesinnung, Geist, Kraft, die den inneren Bestand des Lebens hervorbringt« bedeutet. Gemeint sind also Menschen, »die sich vor dem Geist verbeugen«, das heißt, die offen sind für die → Wahrnehmung der Kraft innerhalb und außerhalb von uns, die das Leben hervorbringt. Das *Wehen* erinnert an Jesu Wort (→ Jh 3,4–8), das er zu Nikodemus im Zusammenhang mit der Wiedergeburt aus *Wasser* (einem Fachausdruck für das, was wir heute → »Unterbewußtsein« oder → »Unbewußtes« nennen) und *Geist* (heute würden wir von meditativem und kontemplativem Bewußtsein sprechen) gebraucht. Der *Anhauch* erinnert an das Schöpfungsgedicht (1 M 2,7): Hier haben wir den Geist als das schöpferische und belebende Prinzip. Paulus faßt den Sinn der 1. Seligpreisung in seiner Sprache so zusammen (G 2,20): »Nicht mehr ich lebe, sondern Christus lebt in mir.« Es geht um eine erweiterte Sichtweise (→ Wahrnehmung) und ein daraus fließendes Denken, Fühlen und Handeln: Nicht mehr das kleine ankonditionierte »Ego« ist bestimmend, sondern ein Bewußtsein höherer Ordnung.

2. [5,4] George Lamsa (S. 74) übersetzt aus dem Aramäischen: »…denn sie werden Freude erleben«. Die Parallelstelle im Lukas-Evangelium (6,21) lautet: »Selig seid ihr, die ihr jetzt weint, denn ihr werdet lachen.« Und im Johannes-Evangelium (16,20–24) heißt es: »Ihr werdet trauern, doch eure Trauer wird sich in Freude verwandeln.« In dieser Seligpreisung geht es *nicht* um Trauer als *Selbstwert*:

17

Unter dem Einfluß solcher und ähnlicher Konzepte wirkt Trauer auto-suggestiv im Sinne einer »sich selbst erfüllenden Prophezeiung«, wie das Sprichwort sagt: »Du wirst das erfahren, was du erwartest.« Der Schmerz wird verewigt, Ablösung erschwert oder unmöglich gemacht. Wer Trauer jedoch als Not-wendende Durchgangsstufe sieht, wird zunehmend ein Gefühl der Befreiung und der Freude erleben, wie die Bergpredigt sagt: Psychische und psychosomatische Krankheiten lösen sich allmählich auf; auf der Beziehungsebene zeichnet sich immer mehr eine Veränderung ab, die es gestattet, Nähe und Distanz, Gemeinsamkeit und Unterschied, Verbundenheit und Ablösung (Peseschkian 1988) gelassener wahrzunehmen, zu akzeptieren und zu realisieren.

3. [5,5] Das Wort »*Sanftmut*« hat im deutschen Sprachgebrauch einen völligen Bedeutungswandel erfahren, der seinen ursprünglichen Sinn geradezu ins Gegenteil verkehrt (Bollnow 1958). Der Sanftmütige wird als Geduldslamm, als Schwächling, der alles mit sich machen läßt, der sich nicht durchsetzen kann, angesehen: ein Zerrbild, über das Nietzsche zu Recht spottet und das in »Des Knaben Wunderhorn« von Gustav Meyrinck den Pastor zum Löwen Alois, der unbedingt ein Schaf sein möchte, sagen läßt: »Lerne leiden ohne zu klagen!« Im mittel- und althochdeutschen Sprachgebrauch bedeutete das Wort *Mut* soviel wie »Kraft des Denkens, Empfindens, Wollens«, altnordisch »Zorn, heftige Erregung« (Kluge). Wer solchen »Mut« unter Kontrolle hielt oder brachte, das heißt, wer nicht einfach im Affekt drauflosschlug, obwohl er der Stärkere war oder sich im Recht wähnte, war alles andere als ein Schwächling: Er galt als sanft-mütig. Das griechische Adjektiv »praos« kann bedeuten: »sanftmütig, milde, gelassen, mit Gelassenheit, mit Gleichmut, ohne Entrüstung, ohne Bitterkeit, wohlwollend, günstig, gewogen«. Das mit »sanft« verwandte altindische »samyati« bedeutet »ebnen, in Ordnung bringen«; die indogermanische Wurzel »sem« bedeutet »eins« (Kluge). Hier schimmert noch durch, daß »sanft«-sein auch etwas mit dem Bewußtsein der *Einheit* zu tun hat. Am ehesten geben noch die Worte »innerlich gelassen und wohlwollend« den Sinn von »sanftmütig« wieder, wobei allerdings das Moment der Kraft und des Zorns zu kurz kommt. Das griechische »ge« bedeutet »*Erde*«. Die Bergpredigt sagt uns an zwei Stellen (Mt 6,10; 5,13), was es mit der »Erde« auf sich hat. In beiden Fällen ist die Erde das, was wir Menschen sehen und erfahren können und was veränderbar ist:

Wenn der Wille des Vaters »im Himmel« (in der universellen Wirklichkeit) geschieht, geschieht »auf Erden« (in unserer erfahrbaren Welt) Entsprechendes. Durch die Jünger als »Salz« verändert sich die Erde.

Gemeint ist: *Wenn wir aufgrund innerer Gelassenheit denken, empfinden und handeln, weil im Bewußtsein der Einheit unsere bewußten und unterbewußten Reaktionsmuster »in Ordnung gebracht« sind, werden wir »von selbst« (Mk 4,26–29), ohne unser Dazutun, reale Auswirkungen erfahren.* Eine sinngemäße Übertragung der 3. Seligpreisung könnte also lauten: *»Glücklich die Menschen, die im Bewußtsein der Einheit innerlich gelassen und wohlwollend (ohne Bitterkeit, Haß oder Entrüstung, ohne Gleiches mit Gleichem zu vergelten) bleiben, denn sie werden die Erfahrung machen, daß sie alles bekommen, was sie zum Leben brauchen.«*

4. [5,6] In dieser und der folgenden Seligpreisung geht es um zwei Grundqualitäten menschlichen Miteinanders: um *Gerechtigkeit* und *Liebe*. Ohne Gerechtigkeit sei Liebe die Mutter der Unordnung, sagt Thomas von Aquin. Gerechtigkeit ohne Liebe aber ist kalt. Gerechtigkeit wird in der Bergpredigt an mehreren Stellen erwähnt (Mt 5,10; 5,20; 6,1). Zusammenfassend kann hier gesagt werden, daß sie unter Gerechtigkeit den Inhalt der »Goldenen Regel« (→ Kap. 26) versteht. Hunger und Durst zeigen ein existentielles, Lebens-Not-wendiges Bedürfnis an. Gerechtes *Handeln* fängt bei unserer → Wahrnehmung an; von ihr hängt weithin unser Denken und Fühlen ab. Es gilt, nicht nur über die Menschen im persönlichen Umkreis gerecht zu denken, sondern auch über »Fremde«: über Menschen, die anderer Ansicht sind als wir und die sich anders verhalten, weil sie aus anderen Kulturen oder Religionen kommen, die sich nicht den gängigen oder uns vertrauten Normen anpassen und so aus unserer Sicht »nicht normal« oder »verrückt« sind. Unsere Vor-Urteile, die gerechtes Denken und Handeln im Sinne der 4. Seligpreisung vereiteln, sind in sehr tiefen un(ter)bewußten Schichten angesiedelt, die Psychoanalytiker als »Abwehrmechanismen« wiederentdeckt haben. Die Bergpredigt kennt solche Mechanismen beispielsweise als das Gesetz der täuschenden Wahrnehmung und der Projektion (→ Kap. 24). Sie kennt auch einen »Generalschlüssel«, der uns alle Türen zur Gerechtigkeit öffnet (→ Mt 6,33): Wer ihn findet, für den ist der Zugang zur Gerechtigkeit grund-Sätz-lich gegeben.

5. [5,7] Das griechische »eleéo« bedeutet: »Mitleid empfinden, *Barmherzigkeit* üben«. Diese Begriffe haben nicht nur in der deutschen Sprache – ähnlich wie das Wort »sanftmütig« – einen Bedeutungswandel zum Negativen erfahren. Dieser klingt zum Beispiel bei G. B. Shaw an: »Mitleid ist die Nächstenliebe des Kranken.« Ursprünglich bedeutete Mitleid soviel wie »mit dem Unglücklichen leiden, mitempfinden«; Barmherzigkeit meinte »ein Herz für Arme haben« (Kluge).

19

»Das Mitleid ist die letzte Weihe der Liebe, vielleicht die Liebe selbst.«
Mit diesem Ausspruch liegt Heinrich Heine nicht weit von dem entfernt, was Jesus im bekannten Gleichnis vom barmherzigen Samariter (Lk 10,30–37) demonstriert. Aus ihm erhellt, was für Barmherzigkeit charakteristisch ist:

Der »Nächste« ist nicht nur der Mensch in unserer unmittelbaren Umgebung oder derjenige, den wir mögen (und umgekehrt), auch nicht nur der, der gut zu uns ist: sollen wir doch gemäß der Bergpredigt selbst unsere Feinde lieben (→ Kap. 10). Die Zugehörigkeit zu einer bestimmten Rasse, Religion oder Konfession etc. darf in unserem Denken und Verhalten dem Anderen gegenüber keine Rolle spielen. Hier wird Barmherzigkeit und Liebe als Pendant zur Gerechtigkeit deutlich. Die Quelle des lieblosen Verhaltens des Priesters und des Leviten lag in deren Denken![2]

6. [5,8] Das griechische Wort »kardia« bedeutet: »Herz als das inwendige Leben nach seiner Einheit: sowohl Denken als auch Wollen; Herz als Sitz des Lebens, der Leidenschaft, der Gefühle; Herz als Sitz des Denkvermögens, von Verstand und Unverstand.« Schon allein diese breite Palette von Bedeutungen zeigt, daß es in dieser Seligpreisung nicht allein um Gefühl, geschweige denn um Moral geht, sondern um sehr existentielle, tiefe Schichten mit rationalen, emotionalen und vitalen Komponenten. In der Bergpredigt und in den übrigen Schriften der Bibel ist oft vom Herz die Rede[3]. Es fällt auf, daß an vielen Stellen *das Herz zusammen mit Verstand und Denken* genannt wird: Diese Komponenten bilden eine untrennbare Einheit. *»Reinen Herzens sein« bedeutet in diesem Zusammenhang: Gott, die All-umfassende Wirklichkeit, auf allen Ebenen unseres Seins als die einzig wirkliche Ur-Sache zu erkennen, die sich in allem Geschaffenen manifestiert.* Reinheit bedeutet daher auch Nonkonformismus: sich nicht von dem, was »die Welt«, was »man« denkt, vom kollektiven → Bewußtsein und → Unterbewußtsein bestimmen zu lassen (→ R 12,2). Das *Schauen*, griechisch »horao«, ist ein Fachausdruck, der später (→ Kapitel 22) erläutert wird. Die Erfahrung der Einheit allen Seins läßt sich nicht erzwingen oder methodisch einüben. Wir können in → Meditation und → Kontemplation lediglich »loslassen«, uns öffnen und warten, wann und wie uns diese Erfahrung geschenkt wird. Diese Erfahrung ermöglicht uns *spontan* ein Sehen und Verstehen auch der Schöpfung von innen. Wer ein »lauteres Herz« hat, wird nicht nur in jedem Menschen, sondern in jedem An-Teil der Schöpfung eine Manifestation des Schöpfers sehen und entsprechend handeln. Es gehört wirklich ein »reines Herz« dazu, hinter die Fassaden zu sehen und zu jedem Menschen,

mag er äußerlich noch so »böse« oder »elend« erscheinen – »hungrig, durstig, nackt, krank, im Gefängnis« (Mt 25,31–46) – auch *innerlich* »Grüß Gott!« (→ Anm. 4 zu Kap. 8) zu sagen und entsprechend zu handeln. *Ohne* diese Erfahrung können wir andere Menschen und die ganze Natur nur als etwas *außerhalb* von uns selbst erleben, das wir entweder – je nach Weltanschauung und Lebensphilosophie unterschiedlich – aus ethischen und/oder ökologischen Gründen respektieren müssen oder das wir »beherrschen« (im Sinne von Macht ausüben und ausbeuten) können, eine Einstellung, die direkt in einen Machbarkeitswahn und damit auch in eine ökologische Katastrophe einmündet. Auf diesem Hintergrund können wir die 6. Seligpreisung so übertragen:

»Glücklich die Menschen, die lauteren Herzens sind: die in allem und jedem hinter der Oberfläche die ganze Wirklichkeit sehen; denn sie werden Gott als die Einheit allen Seins erfahren: als den Geist ihres Geistes, als den Grund ihrer Seele, als die Quelle ihres Lebens, als das Zentrum ihres Herzens, und gleicherweise als die Einheit mit jedem Menschen und jedem anderen An-Teil der Schöpfung, als die Er sich ausdrückt.«

7. [5,9] Das griechische »eirenopoioi« und das lateinische »pacifici« bedeuten »Frieden schaffende«. Geht es in dieser Seligpreisung um äußeren Frieden, etwa im Sinne von »Frieden schaffen ohne Waffen!«? Oder geht es um einen Frieden im privaten Bereich? Wie sind aber mit einer solchen Deutung die Worte Jesu zu vereinbaren (Mt 10,34–37): »Denkt nicht, ich sei gekommen, Frieden auf die Erde zu bringen. Ich bin nicht gekommen, Frieden zu bringen, sondern das Schwert.« Dies macht eines schon deutlich: Es geht sicher nicht um einen äußeren Frieden um jeden Preis, einen Zustand, der Differenzen um des lieben Friedens willen zudeckt. Jesus betont im Johannes-Evangelium (Jh 14,27), daß es ihm nicht um das geht, was »die Welt gibt«: Frieden im äußeren Sinn. Friede und Harmonie nach außen sind vielmehr eine Folge der erfahrenen Einheit nach innen und nach »oben« (Lapide 1986, S. 21.53). Je mehr ein Mensch inneren Frieden und damit geistige und seelisch-gefühlsmäßige Klarheit auf allen Ebenen seines Bewußtseins gewonnen hat, um so eher nimmt er wahr, wie alles mit allem anderen verbunden ist (6. Seligpreisung). Er kann gar nicht mehr anders, als Frieden auszustrahlen und sich entsprechend zu verhalten. Jampolsky (S. 87.119) meint, jeder könne der Welt seiner Wahrnehmung entkommen, indem er Angriffsgedanken aufgebe: So könne der Mensch Frieden sehen und stiften. Die Bergpredigt betont diese Grundwahrheit immer wieder. Der innerlich unfriedliche Mensch, so sagt sie, neigt schon allein wegen seiner gesteigert selektiven → Wahrnehmung dazu, den Splitter im Auge

des anderen zu sehen, aber nicht den Balken im eigenen Auge. Er wird über andere richten und sie verurteilen, ohne sich seiner Projektionsmechanismen bewußt zu sein (→ Kap. 24). Im »Vater unser« wird zweimal gesagt: der Friede kann nur in uns einkehren, wenn wir den anderen vergeben, das heißt sie innerlich losgelassen haben (→ Kap. 19), ja, wenn wir gut über unsere Feinde denken (→ Kap. 5) und ihnen sogar Gutes tun können (→ Kap. 10). Dies liegt nicht nur im Interesse der Anderen, sondern auch in unserem ureigensten Interesse; denn innerer Frieden ermöglicht äußeren Frieden, der wieder auf uns zurückwirkt. Dies gilt nicht nur für den individuellen, sondern auch für den kollektiven Bereich, den Frieden zwischen großen Gruppen und ganzen Völkern. So können wir die 7. Seligpreisung übertragen:

»Glücklich die Menschen, die innerlich ihre Einheit mit Gott, mit sich selbst und mit aller Schöpfung erfahren und so in ihrer kleinen und großen Umwelt Frieden ausstrahlen und stiften, denn sie werden Söhne Gottes genannt werden.«

8. [5,10–12] Mit der gewohnten Übersetzung von Vers 10 »Selig, die Verfolgung leiden um der Gerechtigkeit willen, denn ihrer ist das Himmelreich!« verbinden viele Menschen die Vorstellung, der Grund der »Verfolgung« bestehe in ihrer *schon erreichten* Gerechtigkeit; wer ihretwegen leide, könne sich trösten, denn im Himmel, das heißt nach dem Tode, komme ja der Lohn für das erlittene Unrecht. Die Verse 11 und 12 werden zur Unterstützung in diesem Sinne herangezogen. Letztlich läuft diese Deutung auf den Spottvers hinaus: »Lerne leiden ohne zu klagen!« Sie bietet zudem eine treffliche Möglichkeit der Rationalisierung: Auf diese Weise können wir uns sehr leicht als »Märtyrer« im Dienst einer gerechten Sache vorkommen. Das »um…willen«, im lateinischen Text »propter«, im griechischen »heneken«, wird so im Sinne einer *Wirk-Ursache* gedeutet, die danach fragt, wer etwas bewirkt oder wodurch etwas bewirkt wird. Übersehen wird dabei, daß Vers 10 auch ganz anders gedeutet werden kann: »heneken« läßt sich ebensogut als *Ziel-Ursache* verstehen, die danach fragt, worauf etwas abzielt, was es herausfordert. Dann meint Vers 10: *Wir leiden nicht deswegen unter »Verfolgungen«, weil wir schon gerecht sind, sondern weil wir noch nicht gerecht sind: damit wir gerecht werden!* Das heißt: Wir werden so lange leiden und »verfolgt« werden, wie wir in unserem bewußten und un(ter)bewußten Denken, Fühlen und Handeln uns selbst und anderen gegenüber ungerecht sind, uns und andere falsch sehen und bewerten. So gesehen liegt die wirkliche Ur-Sache für unsere Probleme[4], seien sie körperlicher oder seelischer Art oder seien sie in unseren Beziehungen angesiedelt, *in uns*. Nach dem Gesetz des Aus-

gleichs (→ Kap. 23) sind wir unsere eigenen Verfolger, Ankläger und Richter. Andere Menschen sind unter diesem Blickwinkel unsere »Trainingspartner«, denen wir im Grunde dankbar sein können, daß sie uns Gelegenheit geben, an ihrem Wider-Stand unsere eigenen Fehler zu erkennen und auszutesten. Unsere Probleme sind Aufgaben, die uns unsere »Lebensschule« stellt. Solange wir versuchen, diese Aufgaben immer wieder nach gewohnten Denkschemata zu lösen und uns so dem Lernen, bewußt oder meist un(ter)bewußt, verschließen, sind »Verfolgungen« (Leiden) unvermeidlich. In einem apokryphen Jesus-Wort (Schmidt 1984, Nr. 69) heißt es: »Verstündest du das Leiden, das Nicht-Leiden wäre dein!« Wie schon bei der 2. Seligpreisung betont, geht es nicht um eine (falsche) Leidensmystik, die Leiden aus unterschiedlichen Gründen verherrlicht und es dadurch als sich selbst erfüllende Prophezeiung geradezu herbeiführt. Es gibt genug »Verfolgungen« und Leiden, die nicht (mehr) zu ändern sind. Sehr viele Leiden sind zu ändern; nur sind wir der Überzeugung (→ Glauben), sie seien es nicht, da unsere anerzogenen Denkmuster religiöser und nichtreligiöser Herkunft uns dies so vermitteln. Auch wenn wir eine Reihe von Problemen als selbst auferlegte durchschauen und mit ihnen anders umzugehen lernen, bleiben noch spezifische »Verfolgungen«, wie uns die Verse 11 und 12 sehr realistisch zeigen. Wenn wir uns einmal entschieden haben, der »Lehre« (→ Kap. 1) zu folgen, müssen wir damit rechnen, heimatlos zu werden; das heißt, unsere gewohnte Umgebung wird verständnislos den Kopf schütteln, und wir werden »Freunde« verlieren, weil wir nicht mehr in den gewohnten Geleisen fahren. Wenn wir dabei auch noch gegen alle »Pietät« verstoßen (→ Mt 8,21–22; Mt 12,46–50; Lk 9,59–62), verletzen wir Tabus, was wiederum verständnislose oder feindselige Reaktionen zur Folge haben kann.

Wie wir mit unseren »Verfolgern« umgehen können, zeigt uns die Bergpredigt an mehreren Beispielen (→ Kap. 9 & 10). Die dort empfohlenen Wege weichen fundamental nicht nur von unseren gewohnten Denk- und Verhaltensmustern, sondern auch von den meisten heute verbreiteten psychologischen und psychotherapeutischen Methoden und vom gebräuchlichen politischen Stil ab. Die Bergpredigt sagt in dieser Seligpreisung, daß es denen, die sich in der Nachfolge Jesu so verhalten, nicht anders ergehen wird als ihm. Wenn Menschen solche Einstellungen und Verhaltensweisen nicht verstehen (und damit ist zu rechnen), können psychologische Mechanismen wie Projektion und Rationalisierung »fälschlich« (nicht einmal als bewußte Lüge, sondern »besten Glaubens«) zu Konsequenzen führen, wie sie in den Evangelien an mehreren Stellen beschrieben werden (→ z. B. Mt 10,16–23).

3. Salz und Licht
(Mt 5,13–16)

[13] Ihr seid das Salz der Erde. Wenn das Salz schal geworden ist, womit soll man salzen? Es taugt zu nichts weiter, als daß es hinausgeworfen und von den Menschen zertreten wird. [14a] Ihr seid das Licht der Welt. [14b] Eine Stadt kann nicht verborgen bleiben, die droben liegt auf dem Berge. [15] Auch zündet man nicht eine Lampe an und stellt sie unter den Scheffel, sondern auf den Leuchter, und sie leuchtet allen, die im Hause sind. [16] So leuchte euer Licht vor den Menschen, damit sie eure guten Werke sehen und euren Vater preisen, der im Himmel ist.

Hören:

Salz wirkt in einer Speise ähnlich wie Sauerteig im Mehl (Mt 13,33). Schon der erste Vers der Bergpredigt, der der Proklamation der Grund-Sätze folgt, zeigt, daß es nicht um einen Rückzug in die private[1] Innerlichkeit geht. Gemeint ist vielmehr: Die Kraft Weniger reicht unter bestimmten Bedingungen aus, um in einem Vielfachen eine Veränderung hervorzurufen. Vergleichen wir die Parallelstelle bei Markus (9,49–50), so wird deutlich, worin das Salz-Sein begründet ist: Das »Feuer« meint das Pfingst-Ereignis (A 2,1–47), das im Bewußtsein und im Erleben der Teilhabe an der für alle Menschen bereitgehaltenen Kraft besteht. Nur so »Erleuchtete« sind nicht »schal«. Wer den »Geist« im Sinne der 1. Seligpreisung nicht erlebt, ist kraftlos. Das griechische Wort an dieser Stelle bedeutet *»dumm«*: Es charakterisiert denjenigen, der »die Geheimnisse des Himmelreiches« (→ Kap. 1) *nicht verstanden* hat. Wer jedoch »Salz in sich« hat, kann auch *Frieden* mit anderen im Sinne der 5. Seligpreisung halten bzw. stiften; das eine ist die Folge des anderen. Ähnliches betont Paulus (Ko 4,6): »Euer Wort sei allezeit freundlich, mit Salz gewürzt, damit ihr wisst, wie ihr jedem zu antworten habt.« Mit anderen Worten: *Störungsfreie Kommunikation unter Menschen ist möglich, wenn wir aufgrund unseres Offenseins ein verändertes Bewußtsein (»Geist«) erfahren; ansonsten droht die »babylonische Sprachverwirrung«.*

[14a] »Ihr seid das Licht der Welt!« Dieser Satz weist uns darauf hin, daß unser Wesen und unsere Funktion im ursprünglichen Sinne des Wortes »kat'holon« (katholisch) All-umfassend ist. Am Ende des Matthäusevangeliums (28,18–20) wird der Aspekt der welt-umspannenden Funktion der Jünger noch einmal betont: *Alle Völker* sollen zu Jüngern (Lernenden) gemacht werden. Mit den »Jüngern« sind also nicht nur

die damaligen Schüler Jesu, sondern auch wir gemeint. Unser Wesen ist es, weltweit wirksam zu sein.

Tun:

[14b.15] Die Bedeutung des Fachausdrucks »Berg« ist in Kapitel 1 erläutert worden. Einem Menschen, der aufgrund seiner meditativ-kontemplativen Erfahrung sich seines Licht-Seins bewußt ist, eignet von allein eine *Ausstrahlung*, die er mit psychologischer Taktik nicht hervorzaubern könnte. Das macht ihn anziehend. Mehr noch: ihm eignen Fähigkeiten, die ihn glaubwürdig machen und andere überzeugen, so daß sie von selbst dazu kommen, das Licht, in dem auch sie »leben, sich bewegen und sind« (A 17,28) und das ebenso in ihnen ist, – ihren »Vater, der im Himmel ist« – zu entdecken.

[16] In den Versen 5,21–48 (→ Kap. 5–10) der Bergpredigt sind eine ganze Reihe von Denk- und Verhaltensweisen (»Werke«) genannt und an Beispielen erläutert, die unsere zwischenmenschlichen Beziehungen von Grund auf verändern und so glaubwürdig machen. Wie der Text sagt, sind wir Licht *für* andere, nicht *deren* Licht. Das heißt: Wir können durch unser »Leuchten« andere ermutigen, mit ihren eigenen Talenten zu wuchern, statt sie ungenutzt zu lassen oder sie zu vergraben (Mt 25,14–30). Worte, mit denen andere überredet werden sollen, ob in Form von Predigten, Diskussionen oder gelehrten Theologien, sind kaum glaubwürdig, wenn nicht gleichzeitig »Werke« erfahrbar demonstriert werden. Eine Religion, die dies nicht (mehr) vermag, ist innerlich tot.

Fazit:

In jedem Menschen ruht eine unvorstellbare Kraft, die er entdecken und demonstrieren kann. Je mehr diese Ent-Deckung Menschen geschenkt und damit bewußt erfahrbar wird, desto intensiver ist ihre Ausstrahlung: *Die Kommunikation und damit die Aussicht auf Frieden verbessern sich dadurch, daß Menschen diese in ihnen ruhende Kraft erkennen und nutzen. Kleine Ursachen können große Wirkungen haben:* Schon eine kleine Gruppe genügt, um in einem Vielfachen eine entwickelnde Wirkung zu stimulieren (→ Kap. 37). Die Erfahrung einzelner ist kein Selbstzweck: Ihre persönliche Ergriffenheit ist jedoch Voraussetzung für soziale und weltweite Entwicklung; es gibt keine »Kollektiv-Erlösung«. Reale Veränderungen im weltweiten Maß-Stab sind möglich: Sie sind nicht das Ergebnis eines Machbarkeitswahns, der meint, alles von außen mit Hilfe von »Technik« und »Fortschritt« verändern zu können; Entwicklung geschieht von innen

25

nach außen. Buddha sagt: »Tausende von Kerzen können von einer einzigen Kerze entzündet werden.«

4. Das Gesetz und die Propheten
(Mt 5,17–20)

[17] Denkt nicht, ich sei gekommen, das Gesetz oder die Propheten aufzuheben. Ich bin nicht gekommen aufzuheben, sondern zu erfüllen. [18] Denn wahrlich, ich sage euch: Bis der Himmel und die Erde vergehen, wird nicht ein einziges Jota oder ein einziges Häkchen vom Gesetz vergehen, bis alles geschehen ist. [19] Wer daher eines von diesen kleinsten Geboten aufhebt und die Menschen so lehrt, der wird als Kleinster gelten im Himmelreich; wer sie aber tut und lehrt, der wird als Grosser gelten im Himmelreich. [20] Denn ich sage euch: Wenn eure Gerechtigkeit nicht weitaus grösser sein wird als die der Schriftgelehrten und Pharisäer, werdet ihr nicht hineinkommen ins Himmelreich.

Hören:
Will die Bergpredigt uns mit diesen Versen auf die Befolgung der 613 Thora-Gebote (Lapide 1986, S. 120) oder sogar auf die zahllosen Auslegungen dieser Gebote verpflichten? Es hat im Lauf der Geschichte nicht an Versuchen gefehlt, das »Gesetz und die Propheten« in diesem Sinne zu verstehen und daraus das Recht abzuleiten, ganze Kataloge detaillierter Vorschriften aufzustellen, deren Übertretung dann zum Teil als »Sünde« unter Strafe gestellt wurde. Schon Paulus wettert im Brief an die Galater gegen diese wieder auflebende Tendenz und schreibt unter anderem (5,1): »Für die Freiheit hat Christus uns befreit. Steht also fest und lasst euch nicht wieder unter das Joch der Knechtschaft bringen!« Daß ein neuer Legalismus nicht gemeint sein kann, zeigen folgende Beobachtungen:

Jesus wurde für seine zahlreichen Gebotsübertretungen von den damaligen Frommen massiv angegriffen. Nach seinen eigenen Worten wäre er »der Kleinste im Himmelreich«, denn er hat nicht nur »Jota und Häkchen« damaliger Vorschriften durch sein Handeln aufgehoben, es sei denn, man behauptet, seine zahlreichen Übertretungen und deren Begründungen seien »nachträglich eingefügt« und daher »nicht echt«: Mit solchen Argumenten läßt sich alles beweisen oder bestreiten, um etwas »passend« zu machen, je nach Standpunkt unterschiedlich (→ Ebenen der Schriftauslegung).

Auch die zehn Gebote des Moses (2 M 20,1–17) können nicht gemeint sein. Jesus relativiert sogar das 3. Gebot, indem er feststellt: »Der Sabbath ist um des Menschen willen da, nicht der Mensch um des Sabbath willen« (Mk 2,27). Dies demonstriert er auch durch sein Verhalten.

Es heißt ausdrücklich, daß die Gerechtigkeit der Jünger »weitaus größer« sein müsse als die der Schriftgelehrten und Pharisäer. Wie deren Praxis aussah und was Jesus davon hielt, kann jeder nachlesen (Mt 23,1–33). »Gerechtigkeit« ist für ihn offenbar nicht mit der Befolgung von Gebotskatalogen oder deren Auslegung identisch.

Was liegt näher, als »das Gesetz (Einzahl!) und die Propheten« und »die kleinsten Gebote« (Mehrzahl!), wie die Bergpredigt sie versteht, in dieser selbst zu suchen?

Tun:
1. Die Bergpredigt sagt eindeutig (Mt 7,12): »Alles nun, was ihr wollt, daß euch die Menschen tun, sollt ebenso auch ihr ihnen tun: denn *das* ist das Gesetz und die Propheten!« Diese »Goldene Regel«, die in allen großen Religionen vorkommt (Ghai S. 97f.; Schmidt 4, S. 56f.), nennt keine einzelnen Vorschriften, die wir befolgen sollen, denn diese wären notgedrungen zeit- und kulturabhängig. Sie vermittelt vielmehr eine *Grundhaltung* und überläßt es unserer Phantasie, unserer Intelligenz und unserem Einfühlungsvermögen, wie wir sie in die Tat umsetzen. Im Training und in der Anwendung dieser geistigen Kräfte, wie sie in den Kapiteln 33–37 beschrieben werden, besteht unser »Tun«. Die Bergpredigt zeigt uns an Beispielen Möglichkeiten der Konkretisierung dieser Regel und deren psychologische Begründung (→ Kap. 5–10). In diesen Beispielen geht es um unsere Beziehung zur Umwelt. Hier gelten die Aussagen der Verse 17–20 wortwörtlich:

Die Goldene Regel (»Das Gesetz und die Propheten«) gilt immer und überall, zeit- und kulturunabhängig (»bis der Himmel und die Erde vergehen«);

an ihr gibt es nichts zu rütteln und zu deuteln (»nicht ein einziges Jota oder ein einziges Häkchen«).

wer dies doch tut (»aufhebt«), wird der vollen Wahrheit und Wirklichkeit nur minimal nahekommen (»der wird als Kleinster gelten im Himmelreich«).

2. Die »Gebote« sind nicht in erster Linie »moralisch« – im Sinne von Verhaltensanweisungen – gemeint. In ihnen allen sind *psychologische Gesetze* zu erkennen, die die Bergpredigt in Form von *Beispielen* verdeutlicht (→ Kap. 5–10). Die Befolgung dieser grundlegenden Regeln und ihrer beispielhaften Konkretisierungen, die alle Konventionen

(»die Gerechtigkeit der Schriftgelehrten und Pharisäer«) übertreffen, führt zur Erkenntnis der vollen Wahrheit und Wirklichkeit (»Himmelreich«). Auch hier gelten die Verse 17–20 voll und ganz.

Fazit:
Es ist nicht nötig, außerhalb der Bergpredigt nach dem »Gesetz und den Propheten« und nach »Geboten« zu suchen. Alle psychologischen Gesetze, die die Bergpredigt selbst aufzeigt, sind kultur- und zeitunabhängig. Die durch sie beschriebenen Grundhaltungen werden nie unzeitgemäß.

II. Soziales Engagement von innen

5. Umdenken: Denke gut über deinen Gegner
   (Mt 5,21–26)

[21] Ihr habt gehört, daß den Alten gesagt wurde: »Du sollst nicht töten. Wer tötet, wird dem Gericht verfallen sein.« [22] Ich aber sage euch: Jeder, der seinem Bruder zürnt, wird dem Gericht verfallen sein. Wer zu seinem Bruder sagt »Du Tor!«, wird dem Hohen Rat verfallen sein. [23a] Wenn du daher deine Gabe zum Altare bringst [23b] und dich dort erinnerst, [23c] daß dein Bruder etwas gegen dich hat, [24] so laß deine Gabe dort vor dem Altar und geh zuerst hin und versöhne dich mit deinem Bruder, und dann komm und opfere deine Gabe. [25] Verständige dich mit deinem Gegner ohne Zögern, solange du noch mit ihm auf dem Wege bist, damit dich nicht der Gegner dem Richter und der Richter dem Gerichtsdiener übergibt und du in den Kerker geworfen wirst. [26] Wahrlich, ich sage dir: Du kommst nicht heraus von dort, bis du den letzten Heller bezahlt hast.

Hören:
In den Versen 5,21–48 werden sechs Abschnitte jeweils mit fast den gleichen Worten eingeleitet, gleichsam als These und Anti-These: »Ihr habt gehört, daß (den Alten) gesagt wurde: ... Ich aber sage euch: ...« Jedesmal wird die gleiche psychologische Gesetzmäßigkeit an einem anderen Beispiel erläutert. Vers 25 wörtlich zu verstehen hieße, der Bergpredigt zu unterstellen, sie wolle uns – aus Angst vor Nachteilen oder um des lieben Friedens willen – zu schwächlicher Anpassung aufrufen. Hier wie an vielen anderen Stellen des Neuen Testaments werden jedoch Vergleiche und Bilder benutzt, die den damaligen Hörern und Lesern wohlbekannt waren. Wir müssen fragen: *Was soll mit diesen Bildern ausgesagt werden?* Töten [21], ein äußeres Verhalten, wurde durch das mosaische Gesetz verboten und geahndet. Hier heißt es nun: *Das Unterlassen äußerer Verhaltensweisen genügt nicht; es kommt auf die innere Einstellung an!:*
   »*Du Tor!*« bedeutet im Aramäischen »du Nichtsnutz, du Anspukker« (Lamsa S. 78 f.) Wer so über jemanden denkt und spricht, drückt damit seine tiefste Verachtung aus. Der Ausdruck »*du Narr*« spricht

29

dem Beschimpften das Vermögen zu richtigem Denken und Handeln ab, und damit ist ihm das Vertrauen versagt. Interessant ist nun, daß nach Vers 25 und 26 solches Denken und Sprechen *Konsequenzen für den Denkenden selbst* hat. Sie werden als ein Verfallensein an verschiedene Instanzen geschildert:

Wie die Bergpredigt an anderer Stelle sagt (Mt 7,1 f: → Kap. 23), sind wir unsere eigenen Richter, und das »höllische Feuer« brennt in uns selbst. Der »Richter« symbolisiert unser *bewußtes* Denken, Fühlen und Urteilen: Sie sind durch unsere individuelle und kollektive Lebensgeschichte und die dadurch vorgeprägte selektive → Wahrnehmung charakterisiert. Wir können jedoch – und das ist unsere »richterliche« Funktion – darüber entscheiden, was wir denken wollen, wenn wir unsere Sichtweisen verändern.

Der *Gerichtsdiener* symbolisiert den »gehorchenden, dienenden« Aspekt unserer Psyche, unser individuelles und kollektives → *Unterbewußtsein*: Es hat lediglich ausführende Funktion.

Der dunkle *Kerker unten* verbildlicht die relative Undurchschaubarkeit unserer *Tiefen*schichten, aus denen es um so schwieriger ein »Entkommen« gibt, je länger und intensiver die Einspeicherung bewußter Gedanken, Gefühle und Vorstellungen andauert(e).

Was einmal in diesen »Kerker« *hineingeworfen* (eingespeichert) ist, produziert nach einer ehernen Gesetzmäßigkeit (→ Kap. 4) unausweichlich Konsequenzen. Diese können sich zum Beispiel als geistige, seelische und / oder körperliche Krankheit oder als Beziehungsstörung zeigen.

Solange wir dies Gesetz gelten lassen, müssen wir diese *Konsequenzen* tragen, bis die eingespeicherten Inhalte zu unserem eigenen Schaden restlos verwirklicht sind (»bis wir den letzten Heller bezahlt haben«). Es gibt allerdings einen Ausweg, der diese Konsequenzen zu unseren Gunsten (nicht primär zum Vorteil des »Bruders«!) vermeidet: *»Denke unverzüglich gut über deinen Gegner!«* Die Übersetzung von Vers 25 »Verständige dich mit deinem Gegner ohne Zögern« gibt den Sinn des griechischen Textes nicht angemessen wieder, geschweige denn tut dies die übliche Übersetzung »Sei willfährig gegenüber deinem Feind!« Das griechische »isthi eunoon« bedeutet wörtlich: »Sei gut (eu) denkend (noon)!« Hier wird ein wichtiges *psychologisches Gesetz* deutlich:

Wir können mit uns selbst nicht ins reine kommen, solange wir auf das »Böse« (das uns andere vermeintlich oder tatsächlich angetan haben) fixiert bleiben; denn: Unsere Gedanken, Gefühle und Vorstellungen wirken unvermeidlich wie ein Bumerang auf uns selbst zurück. Wer auf Dauer »negative« Gedanken und Gefühle (Haß, Verbitterung, Zorn usw.) in sich zuläßt oder kultiviert – gleichgültig aus welchem Grund, ob er sie für berechtigt oder unberechtigt hält –, speichert diese in seiner eigenen Tiefenschicht (»Unterbewußtsein«) und kränkt sich so selbst bis hin zu körperlicher Krankheit.

Bei näherem Zusehen resultieren aus dem Text noch weitere wichtige *psychologische Gesetzmäßigkeiten*: In Vers 23 heißt es – auf den ersten Blick paradox – nicht »...daß *du* etwas gegen deinen Bruder hast«, sondern »...daß *dein Bruder* etwas gegen *dich* hat«. Hier wird nicht etwa der moralische Zeigefinger erhoben, sondern es werden zwei an unserer Erfahrung überprüfbare Aussagen gemacht:

1. Jeder, der zürnend denkt und spricht [22], löst beim »Bruder« entsprechende Reaktionen aus [23 c]. Es ist daher nur folgerichtig, wenn der (Erst-)Verursacher auf den anderen zugeht. Wer will überhaupt entscheiden, wer »angefangen« hat? Die Kommunikations-Psychologie sagt uns, dies sei eine Frage der »Interpunktion« (Watzlawick 1969). Die Bergpredigt weiß um diese Falle und rät daher, den Teufelskreis zu durchbrechen, indem derjenige, der sich der gestörten Kommunikation bewußt wird [23 b], den ersten Schritt tut. Denn die psychologische Erfahrung weiß: *An einer Kommunikationsstörung sind immer beide beteiligt.*

2. Die Erinnerung ist, wie oben beschrieben, in dem wirksam, der sich erinnert. Wenn er also die negativen Konsequenzen, die ihm durch sein eigenes Denken und Fühlen entstanden sind, löschen will, muß er sich mit dem anderen versöhnen. Im »Vater unser« wird dies sehr eindringlich betont (Mt 6,11.14–15: → Kap. 19): Die Vergebung durch eine »höhere Instanz« ist von unserem vorhergehenden inneren Verhalten abhängig. Gut gemeinte äußere Taten heben, auch wenn es sich um religiöse Riten handelt, diese Gesetzmäßigkeit nicht auf und sind daher unter diesen Voraussetzungen sinnlos. »Absolution« erfolgt nicht ohne vorherige innere Ab-Lösung (solutio = Lösung). So gesehen ist es keine heroische oder rein selbstlose Tat, andere Menschen innerlich »loszulassen«, indem wir ihnen vergeben. Primär tun wir uns selbst etwas Gutes damit. Diese wichtige psychologische Gesetzmäßigkeit wiederholt die Bergpredigt an verschiedenen Stellen, da sie nicht genug betont werden kann.

Tun:

1. *»Denke gut über deinen Gegner!«* Es wird nicht gefordert, daß wir versuchen, unseren verletzten Gefühlen Gewalt anzutun. Das Loslassen beginnt in unseren Gedanken. Wenn wir genau genug hinschauen,

können wir an jedem Menschen, selbst an unserem »schlimmsten Feind«, Verhaltensweisen beobachten, die wir gefühlsmäßig akzeptieren können. Es mag sich dabei um »Kleinigkeiten« (Peseschkian 1982) handeln. Stellen wir uns unseren *Feind* öfters vor (→ Kap. 36), wie er diese Verhaltensweisen zeigt, wird allmählich aus ihm ein *Gegner*[1], das heißt, unsere Feindbilder und negativen Gefühle werden zunehmend neutralisiert. Dies ist die Voraussetzung dafür, daß wir uns aus unserer Fixierung lösen und den anderen innerlich loslassen können[2].

2. Tiefer als das »gut denken« (eu-noein) geht das »dahinter schauen« (meta-noein: Mt 4,17): Schauen wir hinter die Kulissen, entdecken wir, daß jeder Mensch – unabhängig von seinen Gedanken, Gefühlen und Verhaltensweisen – *eins ist mit dem Ganzen und mit allen An-Teilen.* Diese Erfahrung kann uns in der Kontemplation (→ Kap. 35) geschenkt werden. Wir sind dann von innen heraus immer mehr fähig, zu verstehen und zu tun, was die Bergpredigt »Feindesliebe« nennt (Mt 5,43–48: → Kap. 10). Auf dieser Ebene ist das Problem nicht mehr nur punktuell, sondern grundsätzlich lösbar.

Fazit:

1. Eine mit den Worten »Ihr habt gehört, daß den Alten gesagt wurde« eingeleitete *These* gibt nicht nur die gängige Durchschnittsmeinung zur Zeit Jesu, sondern auch Inhalte unseres heutigen Kollektiv-Bewußtseins – was »man« so denkt – wieder.

2. Die mit den Worten »Ich aber sage euch« eingeleitete *Antithese* gibt eine radikal, an den Wurzeln unseres Denkens ansetzende veränderte Sichtweise wieder. Bei dieser handelt es sich um *allgemein gültige psychologische Gesetzmäßigkeiten,* die auf verschiedenen Ebenen unseres Bewußtsein beobachtbar sind, und um beobachtbare Folgen.

3. Dabei schält sich folgende *dreigliedrige Struktur* heraus: Unsere bewußten Überzeugungen mit ihren kognitiven (Denken), emotionalen (Fühlen) und bildhaften (Vorstellungen) Komponenten sind die *aktiven* Aspekte unseres → Bewußtseins. Wir können entscheiden, was wir bewußt denken wollen. Darin besteht ein Aspekt unserer Freiheit.

Unsere bewußten Überzeugungen werden von den un(ter)bewußten Schichten unserer Psyche (»Seele«) *passiv* aufgenommen und damit auch in das kollektive → Unbewußte eingespeichert. Diese individuellen und kollektiven Schichten reproduzieren »automatisch« das, was ihnen eingegeben wird.

Die *Folgen* zeigen sich erfahrbar auf verschiedenen Ebenen unseres Lebens. Sie sind unausweichlich, solange wir unsere bewußten Gedanken, Gefühle und Vorstellungen beibehalten, gleich-(un-)gültig, aus welchem Grunde wir dies tun.

4. Dies alles impliziert: *Nicht eine wie immer gedachte »höhere Macht«, sondern wir selbst sind für unser »Schicksal« (mit-)verantwortlich. Ebensowenig, wie wir zum Beispiel physikalische Gesetze ändern können, steht es in unserer Macht, psychologische Gesetzmäßigkeiten zu ändern (→ Kap. 4). Unsere Freiheit besteht darin, sie zu erkennen und gezielt anzuwenden. Dies bedeutet auch, daß wir nicht hilflos einem »karmischen Gesetz« oder einem »Kismet« ausgeliefert sind. Wir können »das Rad der Wiedergeburten« (Buddha) anhalten, eine Wahrheit, die in der Bergpredigt sehr eindringlich beschrieben wird (→ Kap. 23 und 25).*

6. Psycho-Logik
(Mt 5,27–30)

[27] Ihr habt gehört, daß zu den Alten gesagt wurde: »Du sollst nicht ehebrechen!« [28] Ich aber sage euch: Ein jeder, der eine Frau anblickt in begehrlicher Absicht, hat schon die Ehe gebrochen mit ihr in seinem Herzen. [29] Wenn dein rechtes Auge dir zum Ärgernis wird, so reiß es aus und wirf es von dir; denn es ist besser für dich, daß eines deiner Glieder verloren gehe, als daß dein ganzer Leib in die Hölle geworfen werde. [30] Wenn deine rechte Hand dir zum Ärgernis wird, so haue sie ab und wirf sie von dir; denn es ist besser für dich, daß eines deiner Glieder verloren gehe, als daß dein ganzer Leib in die Hölle fahre.

Hören:

Hier geht es ebensowenig wie im 5. Kapitel um den moralischen Zeigefinger oder eine kasuistische Verhaltensanweisung. Vielmehr wird – diesmal am Beispiel des Ehebruchs – die *Grundregel* demonstriert: *Ein gefühlsgeladener Gedanke wirkt genauso wie eine Tat: wie innen – so außen!* Die entscheidende Rolle spielt das *Herz* als Sitz des Denkens und Wollens, des Lebens, der Leidenschaft, der Gefühle und des Denkvermögens. Interessanterweise verwendet die Bergpredigt als Bilder hier nicht erotische Symbole, was – aus unserer heutigen konventionellen Sicht – beim Thema »Ehebruch« naheliegend wäre, sondern »Auge« und »Hand«. Das *Auge* ist eine Haupteingangspforte für unsere Wahrnehmung. Wie wir das deuten, was wir wahrnehmen, und wie wir dann handeln, hängt weithin von unserem »Herzen« ab: von unseren bewußten und mehr noch von unseren un(ter)bewußten *Über-*

zeugungen, die uns »einprogrammiert« wurden und werden oder die wir selbst eingespeichert haben. Diese prägen den *ganzen Leib* unserer Erfahrungen, die sehr schmerzhaft wie »höllisches Feuer« (→ Kap. 5) brennen können.

Die *Hand* symbolisiert das Werk-Zeug für die Ausführung unserer Herzens-Wünsche, die durch das »Auge«, die Art unserer Wahrnehmung, veranlaßt werden. Für die damaligen Leser war *rechts* die dominante Seite; was rechts war, wurde bevorzugt und brachte Glück. Hier wird demgegenüber gesagt: »Wenn dein rechtes Auge dir zum *Fallstrick* (zur Falle) wird« – so die wörtliche Übersetzung –, »so reiße es aus und wirf es von dir.« Das heißt: Was wir als *Glück* ansehen, *kann eine Falle sein.* Es bleibt dann das *andere* Auge, mit dem wir sehen können: Es geht um eine *andere Sichtweise* und damit um eine veränderte Wahrnehmung. Der Rat, die *Hand* abzuhacken und von sich zu werfen, *folgt* im Text dem Rat zum Ausreißen des Auges. Das bedeutet: Haben wir unsere Sichtweise geändert, können wir auch bisher gewohntes *Verhalten* aufgeben und durch anderes ersetzen (mit der anderen Hand »hand«-eln).

Tun:

Um nicht in unserer Routine zu erstarren und so möglicherweise für uns und Andere sehr schädliche Konsequenzen heraufzubeschwören, tun wir gut daran, bei Problemen, die wir lösen wollen oder müssen, zumindest probeweise einmal bewußt einen anderen Blickwinkel einzunehmen: Dieser kann mit unserer »linken Hirnhälfte« beginnen, die eher unsere *logischen* Funktionen repräsentiert (→ Kap. 33). Der Zugang zur *Psycho-Logik*, das heißt zu unseren tieferen gedanklichen und gefühlsmäßigen Schichten, unserem »Herzen«, kann uns durch Meditation eröffnet werden (→ Kap. 34). Eine *grundsätzlich* veränderte Sichtweise, die uns hinter die Kulissen zu schauen gestattet, kann uns in der Kontemplation geschenkt werden (→ Kap. 35). Daraus entspringt von selbst das entsprechende Verhalten.

Fazit:

Die Verse 27–30 machen uns auf eine wichtige Konkretisierung der psychologischen Gesetzmäßigkeit »Wie innen – so außen!« aufmerksam:

1. Die von uns bevorzugte oder gewohnte Art der Wahrnehmung ist nicht immer von Vorteil für uns und andere;

2. Sie kann zur Falle werden, die immer wieder unbemerkt zuschnappt;

3. Wollen wir in diese Falle nicht hineintappen, so empfiehlt es sich, vor einer wichtigen Ent-Scheidung oder bei der Lösung eines Problems einen anderen Blickwinkel einzunehmen, der uns Alternativen zeigt. Dies kann zwar sehr schmerzhaft sein, weil wir uns von liebgewordenen Sicht- und Verhaltensweisen trennen müssen. Dieser Verlust wiegt jedoch die negativen Konsequenzen für uns und Andere, die eine Beibehaltung des bisherigen Blickwinkels mit sich bringen würde, bei weitem auf.

7. Gleich-Wertigkeit: Stelle dich dem Problem!
   (Mt 5,31–32)

[31] Es wurde auch gesagt: »Wer seine Frau entläßt, gebe ihr einen Scheidebrief!« [32a] Ich aber sage euch: [32b] Ein jeder, der seine Frau entläßt – ausgenommen wegen Ehebruchs – macht sie zur Ehebrecherin, [32c] und wer eine Entlassene heiratet, bricht die Ehe.

Hören:
In Vers 31 bezieht sich die Bergpredigt auf das Alte Testament (5 M 24,1). Ehebruch war gemäß damaliger Auffassung, die sich in der älteren Fassung der »Zehn Gebote« niederschlägt, nicht etwa ein *sexuelles* Vergehen oder ein Verstoß gegen eheliche *Treue*, sondern ein *Eigentumsdelikt*: Ein Mann nahm einem anderen Mann weg, was diesem gehörte. Im 10. Gebot heißt es (2 M 20,17): »Du sollst nicht begehren die Frau deines Nächsten und auch nicht seinen Knecht, seine Magd, sein Rind, seinen Esel und nichts von dem, was deinem Nächsten gehört.« Auch in der jüngeren Fassung der »Zehn Gebote« steht die Frau noch in unmittelbarer Nähe zum Besitz des Mannes (5 M 5,21). Dieser besitzt die absolute Vollmacht und verfügt uneingeschränkt über seine Frau(en). In der Praxis waren sie auch zur Zeit Jesu noch trotz der Warnung des Propheten Malachias (Ma 2,15ff.) seiner Willkür weithin ausgeliefert. In Vers 32 gibt die Bergpredigt dieser *Denkweise* und dem aus ihr folgenden Verhalten eine Absage. Es ist müßig, darüber zu streiten, ob sie Ausnahmen – wie bei Ehebruch oder »Unzucht« (griechisch: »porneia = Prostitution«) – zuläßt oder nicht. Es geht ihr um *grundsätzliche Einstellungsänderungen*, nicht um starre Vorschriften für einzelne Probleme. Vers 32b sagt, wer seine Frau entlasse, mache sie in den Augen der Öffentlichkeit zur Ehebrecherin und gebe sie so der Willkür der »Leute« und der Obrigkeit preis. Auf *Ehebruch* der Frau stand nach dem mosaischen Gesetz deren Steinigung.

Wie Jesus dazu steht, demonstriert er, indem er die Heuchelei der Pharisäer und Schriftgelehrten mit dem Satz bloßstellt (Jh 8,3–11): »Wer unter euch ohne Sünde ist, der werfe den ersten Stein!« Den *Männern* macht er so klar, daß für alle Menschen, unabhängig von ihrem Geschlecht, die *gleichen Maßstäbe* gelten. In Vers 32c wird den Männern noch einmal der gleiche Sachverhalt aus ihrer männlichen Perspektive verdeutlicht: Auch ein Mann kann Ehebruch begehen.

Es geht Jesus nicht nur um Gleich-*Berechtigung* in unserer heutigen Bedeutung. Er betont vielmehr: Die Frau ist ein dem Manne gleich-*wertiges* Wesen. Welche Konsequenzen daraus resultieren, können wir nur in jeder einzelnen Situation persönlich entscheiden. Es gibt keine für alle Fälle gültigen schematischen oder legalistischen Lösungen. Das Verhalten Jesu *Frauen* gegenüber erregte immer wieder das Erstaunen, manchmal auch den Unwillen seiner Umgebung. Am Jakobsbrunnen beispielsweise (Jh 4,1–42) bittet er eine Samariterin um einen Schluck Wasser und spricht mit ihr in Abwesenheit der Jünger lange über »tiefe« Wahrheiten. Das ist in den Augen seiner Zeitgenossen ein mehrfacher »Skandal«: 1. Wie kann sich ein Jude mit einer verachteten und verhaßten *Ausländerin* befassen, dazu noch mit einer *Frau* und *allein*? 2. Mit dieser auch noch ein *theologisches Gespräch* zu führen ist wahrhaftig der Höhepunkt! Allein an dieser Erzählung – gleichgültig, ob sie *historisch* so stattgefunden hat oder ob sie »nur« ein *Lehrstück* sein soll (→ Ebenen der Schriftauslegung) – wird deutlich, daß es um eine *Umwertung aller Werte* geht, und dies nicht nur im Verhältnis zwischen den Geschlechtern.

Tun:
Dem, der Partner-Probleme hat und sich dabei in der stärkeren Position wähnt, mag es verlockend einfach erscheinen, durch *Trennung* den Knoten zu durchhauen. Er/sie übersieht jedoch dabei, daß er/sie sich auch selbst durch eine solche *Flucht* betrügt. Die Bergpredigt spricht aus Erfahrung:

Solange wir nicht unseren Eigenanteil beim Zustandekommen und bei der Aufrechterhaltung von zwischenmenschlichen Konflikten und anderen Problemen erkennen, werden wir ihnen bei allen möglichen Gelegenheiten in neuer Verkleidung begegnen und in die Falle gehen (→ Kap. 6). Sich dem Problem zu stellen dient also nicht nur dem Anderen, sondern auch uns selbst.

Nicht etwa aus taktischen oder moralischen Erwägungen rät uns die Bergpredigt davon ab, einfach vor dem Problem davonzulaufen. Sie zeigt uns einen Weg, der zu einer grundlegend veränderten Sichtweise zwischenmenschlicher Beziehungen führt (Mt 5,43–48: → Kap. 10). Der praktische Weg zur Annäherung an dieses Ziel führt über *Kontemplation* (→ Kap. 35) und *schöpferische Vorstellung* (→ Kap. 36).

Fazit:
Wer sich an den *Wortlaut* der Verse 31 und 32 klammert, muß auch deren Hintergrund mitübernehmen: die Frau als Eigentum des Mannes. Außerdem läßt sich dann aus diesen Versen eine in den verschiedenen Kirchen und Konfessionen je nach Auslegung unterschiedliche Kasuistik ableiten (Ist Scheidung überhaupt erlaubt? Wenn ja, unter welchen Bedingungen? Wann kann eine Ehe »annulliert« werden…?), die zu teilweise abstrusen und peinlichen Prozeduren (ver-)führt und manche der Betroffenen demütigt und / oder ausschließt (»exkommuniziert«), statt im Sinne der *Communio* zu verbinden. Der oft gewählte »Ausweg« besteht darin, in dem in den Versen 31 und 32 geschilderten Sachverhalt eine moralische Bedeutung im Sinne eines sexuellen Vergehens oder eines Treuebruchs zu sehen, dies als »Sünde« zu deklarieren – so das heute weit verbreitete Mißverständnis des »6. Gebots« – und diese mit religiösen Strafen zu belegen. Der Leser mag selbst entscheiden, ob und inwieweit solche Praktiken und Schlußfolgerungen mit den Grundaussagen der Bergpredigt übereinstimmen.

8. Ein-Deutigkeit: Zustimmung oder Widerspruch
   (Mt 5,33–37)

[33] Wiederum habt ihr gehört, daß gesagt wurde: »Du sollst nicht falsch schwören; du sollst dem Herrn deine Schwüre halten!« [34] Ich aber sage euch: Schwört überhaupt nicht, weder »beim Himmel, weil er der Thron Gottes« ist, [35] noch »bei der Erde, weil sie der Schemel seiner Füße« ist, noch »bei Jerusalem, weil es die Stadt des großen Königs« ist. [36] Auch nicht »bei deinem Haupte« sollst du schwören, weil du nicht ein einziges Haar weiß oder schwarz machen kannst. [37] Es sei euer Jawort ein Ja, euer Nein ein Nein. Was darüber hinausgeht, ist vom Übel.

Hören:
Die Absage der Bergpredigt ans Schwören ist zunächst einmal auf die Erfahrung zurückzuführen, daß im Streitgespräch der damaligen Gelehrten die *Bedeutung* der Worte manchmal bis zum Widersinn verdreht und damit »passend« gemacht wurde. Matthäus bringt Beispiele

dafür in den sogenannten »acht Weherufen« über die Schriftgelehrten und Pharisäer (Mt 23,13–33), die ein Gegenstück zu den »acht Seligpreisungen« über die Jünger sind. Auch in den obigen Versen werden Beispiele der damaligen Praxis angeführt. Wir wissen, daß Jesus dem Orden der *Esséner* nahestand, wenn er ihm nicht selbst angehörte. Von dieser Gemeinschaft berichtet der Schriftsteller Flavius Josephus (Schiwy S. 81): »Ein Wort von ihnen gilt mehr als ein Eid; das Schwören kommt bei ihnen nicht vor, denn sie halten es für noch schlimmer als den Meineid. Wer ohne Anrufung der Gottheit keinen Glauben finde, über den, sagen sie, sei schon der Stab gebrochen.« Ein aufschlußreicher Bericht: Die Bergpredigt lehnt ebenso klar die Berufung auf eine höhere Autorität ab, wenn es um *Über-Zeugung* im zwischenmenschlichen Bereich geht: *Auf dieser Ebene geht es gleichsam »a-theistisch« zu*[1]. *Keine höhere Macht soll ins Spiel gebracht werden, um als »Krücke« (»Rationalisierung« im Sinne eines psychologischen Abwehrmechanismus) mißbraucht zu werden.*

Tun:

1. *Ein-Deutigkeit* in Form eines klaren »Nein« kann zwar weh tun, aber *»Ent-Täuschung ist besser als Täuschung«*! Da der andere weiß, woran er ist, kann er sich nach einer Alternative umsehen[2].

2. Wenn jemand zu uns in irgendeiner Form »nein« sagt, indem er uns zum Beispiel einen Wunsch abschlägt oder uns angiftet, haben wir *drei Gründe, ihm dankbar zu sein:*

a) *Er gibt uns eine Information über sich:* darüber, was und wie er jetzt über uns denkt und empfindet oder was er zur Zeit von uns hält. Wir wissen jetzt ein wenig mehr, woran wir mit ihm sind. Wenn jemand uns eine Information über *sich* gibt, können wir – innerlich oder auch offen – zu ihm sagen: »*Danke, daß du mich so deutlich über dich, über dein Denken und Fühlen, ins Bild gesetzt hast!*«

b) *Der »Nein«-Sager gibt uns selbst Gelegenheit, uns auf unsere eigenen Reaktionsweisen zu »testen«:* Werden wir bei einem überraschenden »Nein« ärgerlich, wütend oder sauer, oder bleiben wir gelassen[3]? Wie *möchten* wir gerne reagieren? So, wie wir reagiert haben, oder anders? Der Satz *»Ich ärgere mich«* verrät uns viel über uns selbst. Wie der Text sagt, ist es nicht der *Andere*, der mich ärgert, sondern *ich* (Subjekt) ärgere *mich selbst* (Akkusativobjekt)!

Das bedeutet: Der andere ist, wenn ich mich ärgere, nicht *Ur-Sache*, sondern nur *Anlaß* meiner Reaktion. Konrad Adenauer sagte: »Wer sich ärgert, büßt die Sünden der Anderen.« Jetzt können wir uns fragen: Was rührt er *in mir* an, daß ich so reagiere? (Ein »Sender« kann nur

Bild und Ton auslösen, wenn der »Empfänger« auf seine Wellenlänge eingestimmt ist.) Wo habe ich das gelernt? Will ich diese Reaktionsweise weiter produzieren? Welche Folgen hat sie für mich und andere? Sich still in sich hinein zu *ärgern* führt auf Dauer zu psychosomatischen Problemen. *Wütend* zu explodieren und so seinem Herzen Luft zu machen, kann im Einzelfall sinnvoll sein. Wenn es jedoch zur Dauerreaktion wird, verhindert es eine angemessene Kommunikation: Während der Andere noch spricht, überlegen wir schon, wie wir ihm »eins draufbraten« können. Das allein verhindert schon, daß wir aufmerksam zuhören. Daß der Andere uns Gelegenheit gibt, all dies bei uns selbst »testen« zu können, sollte eigentlich ein Grund sein, unserem »Trainingspartner« (→ Kap. 2.8) sagen zu können: »*Danke, daß du mir meine eigenen Reaktionsmechanismen ein wenig mehr bewußt gemacht hast und mir so Gelegenheit gibst, sie zu überprüfen!*«

c) Bleiben wir bei einem »Nein« innerlich *gelassen*[3], eröffnet sich uns eine weitere Möglichkeit: Wir können überprüfen, ob die *Mitteilung* des Anderen wichtige Information enthält, die unsere selektive Wahrnehmung und/oder unser Wissen erweitert: *Ein dritter Grund, dem »Nein«-Sager dankbar zu sein.*

3. Das Menschenbild der Bergpredigt bietet uns neben diesen Möglichkeiten einen ganz anderen Weg an, der unsere und des Anderen Psychologie und Physiologie von innen verändert: »*Ich grüße das Göttliche in dir!*«[4]. Diese Sicht und Verhaltensweise, die uns in der Kontemplation (→ Kap. 35) geschenkt werden kann, relativiert *grundsätzlich* sowohl ein »Ja« als auch ein »Nein« und läßt uns über uns selbst *lächeln*.

Fazit:
Die Berufung auf alle möglichen Autoritäten ist der Bergpredigt fremd. Sie betont vielmehr: »An ihren *Früchten* sollt ihr sie erkennen!« (Mt 7,15–20: → Kap. 29). Das bedeutet: Die Überprüfbarkeit von Aussagen an der Erfahrung, die jemand bei ihrer Anwendung macht, ist das entscheidende Merkmal für ihre Glaub-Würdigkeit. Dies gilt nicht nur im zwischenmenschlichen Bereich. Eine klare Aussage, die die *Ent-Scheidung* zwischen einem »Ja« und einem »Nein« zuläßt, ist notwendig. Sie läßt dem anderen die Möglichkeit der *Zustimmung* oder des *Widerspruchs*. Damit wird deutlich:

In der Bergpredigt geht es nicht um schwächliches Nachgeben oder um Anpassung, sondern um eine überlegene und überlegene Sichtweise. Sie erlaubt es uns, zur Person des Anderen uneingeschränkt »ja«

*zu sagen, zu seinen Verhaltensweisen jedoch »ja« oder »nein« und dar-
aus gelassen Konsequenzen zu ziehen.*

»Fortiter in re-Suaviter in modo: Stark in der Sache, gelassen in der Weise!« sagt ein römischer Wahlspruch.

9. Widerstandslosigkeit
(Mt 5,38–42)

[38] Ihr habt gehört, daß gesagt worden ist: »Auge um Auge, Zahn um Zahn!« [39a] Ich aber sage euch: Widerstehet nicht dem Bösen, [39b] sondern wer dich auf deine rechte Wange schlägt, dem halte auch die andere hin. [40] Und wer dich vor Gericht bringt und deinen Leibrock nehmen will, dem lasse auch den Mantel. [41] Und wer dich nötigt zu einer einzigen Meile, mit dem gehe zwei. [42] Wer dich bittet, dem gib, und wer von dir borgen will, den weise nicht ab.

Hören:

1. Wer das Zitat »Auge um Auge, Zahn um Zahn« im Alten Testament im Zusammenhang nachliest, kann eine erstaunliche Entdeckung machen: Matthäus zitiert wörtlich aus dem 5. Buch Moses (5 M 19,18–21). Es bedürfte schon erheblicher Interpretationskünste, um diesen Text *nicht* im Sinne von *Vergeltung* zum Zweck der Abschreckung verstehen zu müssen. Gehen wir von dieser Stelle aus, so ist das Zitat in der Bergpredigt als abgelehnte These durchaus sinngemäß wiedergegeben. Im 2. Buch Moses (2 M 21,23–27) steht das Zitat jedoch in einem völlig anderen Zusammenhang. Hier geht es um die sogenannte »lex talionis«: Angerichteter Schaden soll in gleicher Weise wieder gut gemacht werden. Bei Sklaven gilt allerdings ein anderes Recht, also nicht gleiches Recht für alle (2 M 23,31 f.). Legt man diese Stelle zu Grunde, dann ist das Zitat in der Bergpredigt sinnentstellt wiedergegeben. Mit anderen Worten: Matthäus interpretiert die Stelle aus dem Alten Testament, die zu seiner »Antithese« paßt, wobei er die andere Stelle verschweigt oder – um es vorsichtiger auszudrücken – unberücksichtigt läßt. Schon zur Zeit der Entstehung des Neuen Testamentes ging man offenbar recht freizügig mit heiligen Schriften um, der jeweiligen Sichtweise und dem beabsichtigten Zweck folgend, und dies nicht nur im soeben zitierten Beispiel[1]. Gilt nun das Sprichwort »Quod licet Jovi, non licet bovi«, was hier meint: Was einem Evangelisten oder dessen Quellen erlaubt war, ist *uns* noch lange nicht erlaubt? Oder gilt auch heute: »Der Geist weht, wo er will; du hörst sein Brausen, weißt aber nicht, woher er kommt und

wohin er geht. *So ist es mit jedem, der geboren ist aus dem Geist.*«
(Jh 3,8); und: »Der Buchstabe tötet, der Geist aber macht lebendig!«
(2 K 3,6)? Die Bejahung dieser Frage kann implizieren:

Es ist gar nicht notwendig, der Originalfassung hinterher zu jagen[2].
Es gibt verschiedene → Ebenen der Schriftauslegung. Jede bereichert
unser Verständnis. Es gibt keine Deutung, die für alle Menschen aller
Zeiten verbindlich sein könnte[3].

2. »*Widerstehet nicht dem Bösen!*« Gleichgültig, ob es hier um *den*
Bösen oder um *das* Böse geht: Diese Aussage klingt noch provozieren-
der als die Aufforderung: »Sei willfährig gegenüber deinem Feind!«
(→ Kap. 5). Nur: Diesmal ist der Text sinngemäß richtig aus dem Griechischen übersetzt[4]. Wie ist diese *Provokation* zu verstehen? Nehmen
wir einmal an, daß Jesus während seiner »Lehr- und Wanderjahre« im
fernen Orient buddhistische Lehren der Widerstandslosigkeit kennengelernt und nach seiner Rückkehr nach Israel bewußt als *Anti-These* zu
»Auge um Auge, Zahn um Zahn!« vertreten hat? Oder wollte er mit
dem Prinzip der Widerstandslosigkeit keine Verhaltensregel geben,
sondern an einem weiteren Beispiel für die, die »die Geheimnisse des
Himmelreiches« (Mt 13,10–15) verstehen, eine weitere wichtige
psychologische Gesetzmäßigkeit demonstrieren, äußerlich für die, die
»hören und doch nicht verstehen« in Gleichnisse aus dem damaligen
Alltag gekleidet? Was kann der Satz unter *diesen* Voraus-Setzungen
bedeuten? Wer sich mit einer Person oder einer Situation *gedanklich,*
gefühlsmäßig und in seinen bildhaften Vorstellungen beschäftigt, »sät«
diese Gedanken und Gefühle, ob er es weiß und will oder nicht, in sein
»Unterbewußtsein«, von wo aus sie in verschiedenen Bereichen seines
Lebens gemäß dem schon mehrfach erwähnten *Grund-Satz »Wie innen*
– so außen!« zur Verwirklichung drängen. Das Markus-Evangelium
drückt diesen Sachverhalt in einem wunderschönen Gleichnis aus
(Mk 4,26–29: → Bewußtsein). Wir können diese Erkenntnisse auf
den Satz »Widerstehet nicht dem Bösen!« anwenden. Setzt sich jemand
gedanklich, gefühls- und vorstellungsmäßig überzeugt durch längere
Zeit hindurch mit einem tatsächlich oder vermeintlich *»Bösen«* innerlich auseinander, statt »gut über seinen Gegner zu denken« (→ Kap. 5),
so führt dies automatisch zu schädlichen Auswirkungen beim Denkenden und Fühlenden selbst. Es spielt, wie schon gesagt, keine Rolle, ob
diese Überzeugungen objektiv berechtigt sind oder nicht, ob sich die
betreffende Person dessen bewußt ist oder nicht. Daher betont die
Bergpredigt so oft die Not-Wendigkeit von *Vergebung* und *Loslassen.*
    Wer seit Jahren als Psychologe mit psychisch und psychosomatisch
Kranken arbeitet, weiß, wie »negative« Gefühle auf die Dauer im wahr-

sten Sinne des Wortes an uns zehren, während innere Ausgeglichenheit (Gelassenheit) gesundheitsschaffend und -erhaltend wirkt. Das psychologische Gesetz der Widerstandslosigkeit »Widerstehet nicht dem Bösen!«, das auch in anderen Religionen und Philosophien[5] anzutreffen ist, lautet, in unsere Sprache übersetzt:

Verweile nicht unnötig lange in »negativen« Gedanken, Gefühlen (Haß, Neid, Verbitterung) und Vorstellungen über dich, andere Menschen, Situationen oder Zustände. Laß belastende Erlebnisse aus der Vergangenheit los. Male dir deine und anderer Menschen Zukunft nicht unnötig in düsteren Bildern aus[6]; denn durch all dies schädigst du dich selbst und andere und trägst ungewollt und unbewußt dazu bei, daß »Böses« in deinem Leben, im Leben anderer Menschen und in unserer Welt (noch mehr) Gestalt annimmt.

Tun:

1. Im Buch Hiob heißt es (Hi 3,25): »Denn was ich fürchte, das kommt über mich; wovor ich schaudere, das trifft mich.« Diese Worte geben die Begründung für das psychologische Gesetz der Widerstandslosigkeit treffend wieder. *Psychische* Widerstandslosigkeit ist Voraussetzung für Widerstandslosigkeit in unseren *Beziehungen.* »*Gewalt erzeugt Gegengewalt*«: »Die das Schwert ergreifen, werden durch das Schwert umkommen!« sagt Jesus dem Petrus (Mt 26,52). Wollen wir diesen *Teufelskreis* durchbrechen – so sagen uns die Beispiele aus dem damaligen Alltag in den Versen 39–42 –, so müssen wir zunächst unsere *innere Einstellung* unserem »Feind« oder »Gegner« gegenüber ändern. Dies wird sich dann in unserem Verhalten zeigen. Dabei geht es nicht darum, alles mit sich machen zu lassen (→ Kap. 8). Das kann sehr unklug sein und mehr schaden als nützen, weil es einen äußeren Gegner dazu ermutigen könnte, uns oder Andere auszunutzen oder Gewalt zu gebrauchen. Hier geht es in Kenntnis des Gesetzes der Widerstandslosigkeit darum, unsere *inneren Feindbilder* durch eine überlegene und überlegene »Strategie« zu ersetzen. Die psychologische Regel läßt sich so formulieren:

Willst du den Teufelskreis von Gewalt und Gegengewalt in deinen Beziehungen durchbrechen, so ändere zunächst deine innere Einstellung gegenüber deinem »Feind«, so daß aus ihm ein »Gegner« wird. Dann überlege, wie du »gut über deinen Gegner denken« kannst. Der nächste Schritt ist, zu überlegen, wie du in deinem Verhalten Lösungen finden kannst, die für den anderen so überraschend und verblüffend sind, daß auch er aus seinem gewohnten Denken und Verhalten herausgerissen wird und nach den Gründen für dein Verhalten zu fragen beginnt. So kommst du in ein Gespräch mit deinem Gegner.

Beispiele aus dem damaligen Leben für solche überraschenden »*Lösungen zweiter Ordnung*« (Watzlawick u. a. 1974) finden sich in den Versen 39–42. Wir können sie *meditieren*: So gelingt es uns eher, sie in unseren Alltag zu übertragen. Wir können auch unsere »*linke Hirnhälfte*« aktivieren (→ Kap. 33). Patentlösungen gibt es nicht. Praktische Anregungen gibt auch das Kapitel 10.

2. Außer im individuellen und engeren sozialen Bereich gilt das Gesetz der Widerstandslosigkeit auch im soziologischen und weltweiten Maßstab (→ Kap. 37).

Fazit:

Die psychologische Regel, die die Bergpredigt in den Versen 38–42 an Beispielen erläutert, um uns aus unserem hypnotischen Tiefschlaf routinemäßigen Denkens, Fühlens und Verhaltens aufzuwecken, ist keineswegs weltfremd oder nur für wenige Spezialisten gedacht. Bei näherem Hinsehen gibt sie Menschen aller Zeiten und Kulturen höchst bedeutsame und praktische Hilfen zur Gestaltung ihres eigenen Lebens und persönlicher und weltweiter Beziehungen. »Die meisten Menschen sterben, ehe sie genug Vernunft haben, um zu verstehen, wie sie leben sollen«, sagt G. Bernard Shaw.

10. Einheit: Liebt eure Feinde!
   (Mt 5,43–48)

[43] Ihr habt gehört, daß gesagt wurde: »Du sollst deinen Nächsten lieben und deinen Feind hassen!« [44] Ich aber sage euch: Liebt eure Feinde; tut Gutes denen, die euch hassen, und betet für die, die euch verfolgen und verleumden, [45] auf daß ihr Söhne eures Vaters im Himmel werdet; denn er läßt seine Sonne aufgehen über Böse und Gute und läßt regnen über Gerechte und Ungerechte. [46] Denn wenn ihr die liebt, die euch lieben, welchen Lohn habt ihr? Tun nicht auch die Zöllner das Gleiche? [47] Und wenn ihr nur eure Brüder grüßt, was tut ihr besonderes? Tun nicht auch die Heiden das Gleiche? [48] Seid also vollkommen, wie euer Vater im Himmel vollkommen ist.

Hören:

1. Die Aufforderung zur *Nächstenliebe* findet sich im 3. Buch Moses (3 M 19,18), beschränkt sich jedoch nicht auf den Nächsten (3 M 19,33 f.). Die Worte »Du sollst deinen Feind hassen!« finden sich im Alten Testament nicht. Im Gegenteil: An verschiedenen Stellen

(Sp 24,17; 25,21–23) heißt es, man solle dem in Not geratenen Feind helfen: ein neuerliches Beispiel für die gestalterische Freiheit, die sich die Autoren des Neuen Testaments nehmen, damit etwas »paßt«. In Vers 44 fügen einige Handschriften hinzu: »Segnet, die euch Böses wünschen (euch verfluchen)!«, wobei das griechische »eulogeite«, versteht man es von seinen Bestandteilen her, statt mit »segnen« sinngemäßer mit »Gutes erwägen«, »gut sprechen« (lateinisch: bene-dicere!) oder »gut denken« wiedergegeben würde: ein Anklang an: »Denke gut über deinen Gegner!« (→ Kap. 5).

2. *»Liebt eure Feinde!«*: Der Text verwendet nicht das griechische »erao«, von dem unser Wort »Erotik« herkommt und das »lieben« im Sinne von »heftig verlangen, begehren, sich verlieben, leidenschaftlich lieben« bedeutet. Das hier verwendete »agapao« meint »hochschätzen« und infolgedessen lieben im Sinne von »gern etwas *tun*«. Schon durch die Wortwahl wird deutlich, daß es nicht darum geht, dem Feind *Gefühle* der Liebe entgegenzubringen. Im Vers 45 heißt es, daß der »Vater im Himmel« alle Menschen gleich behandelt, unabhängig davon, ob *wir* sie als »gut« oder »böse«, als »gerecht« oder »ungerecht« einstufen. Je mehr wir das erkennen, desto mehr werden wir seine »Söhne« und können so praktische Konsequenzen im Sinne des Verses 44 daraus ziehen. Dabei handelt es sich um einen *Prozeß* (»werden«).

3. *»Seid also vollkommen, wie euer Vater im Himmel vollkommen ist!«*[1]. In diesem Satz geht es nicht um »Moral«, auch nicht um einen Perfektionismus, der sich selbst und andere Menschen an einem selbstgeschaffenen polaren Maßstab (gut-böse, gerecht-ungerecht) mißt: Eine solche Einstellung überfordert nicht nur viele und beweist ihnen so laufend ihr Versagen, er provoziert ob der in ihm enthaltenen Abwertung der Menschen, die diesem Maßstab nicht entsprechen, geradezu individuelle und kollektive Feindbilder, Mißverständnisse, In-group/Out-group-Denken und Ablehnung fremder Denk- und Verhaltensweisen. Vers 45 zeigt vielmehr die innere Begründung für Vers 48:

Vom Gesichtspunkt des Ganzen (»Vater im Himmel«) aus gesehen gelten für alle Menschen gleiche Gesetzmäßigkeiten. Dabei ist es unerheblich, ob Menschen dies bewußt ist oder nicht. Es gibt auch keine Bevorzugten oder »Auserwählten«: Solche Prädikate sprechen Menschen im individuellen oder kollektiven Maßstab lediglich sich selbst zu. Unsere polare Sichtweise, die in Gegensatzpaaren wie »gut-böse« usw. wahrnimmt und urteilt, ist relativ.

Neigen wir, solange wir den Gesetzen der täuschenden Wahrnehmung und der Projektion (→ Kap. 24) unterliegen, nicht dazu, die Welt so zu sehen, wie wir sie erwarten? Können wir unterscheiden zwischen a) der Kategorisierung von *Personen* nach »gut« und »böse«, die von der Bergpredigt zugunsten des Umdenkens (→ Kap. 5) und der Widerstandslosigkeit (→ Kap. 9) abgelehnt wird, einerseits und b) der Einschätzung von *Denk- und Verhaltensweisen*, zu denen und zu deren Konsequenzen wir »ja« oder »nein« sagen können und unter Umständen auch müssen, andererseits? Die genannten Gesetze und die Kategorisierung sind es, die uns an der Praxis der Feindesliebe, wie sie in der Bergpredigt beschrieben ist, hindern. *Vom Gesichtspunkt des Ganzen aus gesehen gilt es, die Einheit zwischen dem »Vater« und seinen »Söhnen und Töchtern«, die schon immer da ist, hinter der Mannigfaltigkeit als deren Ausdruck zu sehen.* Diese Sichtweise ermöglicht uns zunehmend Verhaltensweisen, die nicht mehr von der individuellen oder kollektiven Abwertung anderer Menschen beeinträchtigt sind.

Tun:
Vers 44 zeigt uns konkrete Möglichkeiten, wie wir Feindesliebe praktizieren können:

1. *»Tut Gutes denen, die euch hassen!«* Paulus bringt im Brief an die Römer (R 12,20 f.) ein Zitat aus dem alttestamentlichen Buch der Sprüche, in dem das Ziel, der Weg und der Veränderungsprozeß im Gegner beschrieben werden: »Wenn dein Feind hungert, gib ihm zu essen; wenn er dürstet, gib ihm zu trinken« (Weg); »Denn tust du das, wirst du feurige Kohlen auf sein Haupt sammeln« (Veränderungsprozeß). »Laß dich nicht überwinden vom Bösen, sondern überwinde mit dem Guten das Böse!« (Ziel). Feurige Kohlen auf das Haupt eines Menschen sammeln zu sollen, klingt wenig freundlich. Doch was besagt das Bild? Das »Haupt« symbolisiert den Sitz unseres Bewußtseins, »feurige Kohlen« (er-)leuchten und tauen eisigen Haß auf. Gemeint ist also: Durch unser konkretes Tun erreichen wir, daß dem Anderen ein Licht aufgeht und daß seine negativen Gefühle uns gegenüber sich auflösen. Dieses Ziel verfolgen auch die in den Versen 39–42 (→ Kap. 9) genannten Beispiele: Durch unser für den Anderen völlig überraschendes Verhalten entwaffnen wir ihn gleichsam. Es geht um eine gezielte, überlegende und überlegene Durchbrechung eines Teufelskreises, durch den wir beim Anderen eine kognitive und emotionale Einstellungsänderung anbahnen können.

2. *»Sprecht gut zu denen (über die), die euch Böses wünschen!«* (»Segnet die, die euch verfluchen!«). Über und zu Menschen, die uns nicht mögen oder die wir nicht mögen, Böses zu denken oder zu sagen, fällt

45

den meisten von uns nicht schwer. Wer dicht vor einem Berg steht, sieht nur einen kleinen Ausschnitt. Ähnlich geht es dem Menschen, der gefühlsmäßig vor einem »Problem-Berg« steht: Er sieht nur noch das Problem beim anderen und ist sich nicht bewußt, daß der Andere genau wie er selbst nur aus einer sehr begrenzten Perspektive wahrnimmt und handelt. Wer sich der Sinnlosigkeit unseres polar wertenden Urteilens (»gut-böse«) bewußt wird und im Anderen dessen *Kern*, sein »Sohn-des-Vaters-im-Himmel-Sein«, wahrnimmt, kann seine eigene gefühlsmäßige Blockade allmählich auflösen und im wörtlichen Sinne des meist zur Floskel erstarrten Grußes »Grüß Gott!« zu seinem Gegner unhörbar – oder vielleicht auch laut – »Ich grüße Gott in Dir!« sagen (→ Anmerkung 4 zu Kap. 8). Diese Grund-Tat-Sache anzuerkennen und dem Anderen in geeigneter Form mitzuteilen heißt: den Anderen als *Person* liebenswert zu finden, gut über ihn als Person zu denken, entsprechend zu ihm und über ihn zu sprechen und so Haß und Mißtrauen allmählich aufzutauen. So kann aus dem Problem-Berg ein Zauber-Berg werden. Es geht nicht darum, alle *Verhaltensweisen* des Anderen gut zu finden oder alles mit sich machen zu lassen. Den anderen als »Sohn des Vaters« - als »An-Teil«, in dem alle Information und Energie des Ganzen anwesend ist – zu akzeptieren, ist durchaus vereinbar damit, im Verhaltensbereich Grenzen zu setzen.

3. »*Betet für die, die euch verfolgen und verleumden!*« Es erfordert viel guten Willen und Kraft, jemandem Gutes zu tun und gut zu jemandem zu sprechen, der uns haßt und uns dies auch spüren läßt. »Warum soll immer *ich* den ersten Schritt tun?« ist eine oft gehörte Frage. Diese Fragestellung geht von einer eingeschränkten Sichtweise aus, da sie eine Frage der »Interpunktion« ist (→ Kap. 5). Beim Beten geht es nicht um ein »Plappern« oder um einen frommen Ritus. *Gebet ändert unsere un(ter)bewußten Reaktionsmuster.* Dies ermöglicht *uns* eine Einstellungs-, Gefühls- und Verhaltensänderung, zu der wir uns dann nicht mehr zwingen müssen. *Wirksames Gebet kann auch Einstellungen und Gefühle bei unserem »Feind« auflockern.*« Dies ermöglicht ihm eine Verhaltensänderung uns gegenüber: Entweder kann er uns loslassen, das heißt, sich aus unserem Lebenskreis entfernen, oder er kann uns allmählich verändert gegenübertreten (→ Kap. 12).

Fazit:
In den sechs Gegensatzpaaren der Verse 21–47 geht es darum, polare Sichtweisen gegenüberzustellen:
1. Die *Thesen* »Ihr habt gehört, daß gesagt wurde:...« spiegeln Einstellungen und Verhaltensweisen wider, die dem aus unserer individuel-

len und kollektiven Sozialisation resultierenden »Durchschnitts«-Bewußtsein und -Verhalten, dem, was »man« so denkt und wie »man« sich verhält, entsprechen. Vielleicht wäre die Übersetzung »Ihr habt gehört, daß ›man‹ sagt« sinngemäßer. Hier werden die Gesetze selektiver → Wahrnehmung und zahlreiche Abwehrmechanismen voll wirksam. Individuelle und kollektive Fehleinschätzungen und Feindbilder, die sich in eingeschliffenen Verhaltensweisen zeigen, sind die Folge.

2. Die *Anti-Thesen* »Ich aber sage euch:...« geben psychologische Gesetzmäßigkeiten wieder, die auf einer anderen Ebene angesiedelt sind. Sie propagieren Problem-Lösungen höherer Ordnung. Werden sie erkannt und angewandt, so ist es möglich, unsere selektive Wahrnehmung zu erweitern, Abwehrmechanismen zu durchschauen, Feindbilder abzubauen, verändertes Verhalten zu zeigen und so ganz neue, unerwartete Erfahrungen zu machen. So gesehen ist es gleich-(un-)gültig, ob die Bergpredigt in Thesen und Anti-Thesen Autoritäten wie zum Beispiel das Alte Testament »richtig« oder »falsch« zitiert, ob sie Jesus etwas in den Mund legt oder eine authentische Aussage von ihm wiedergibt. Wir können Thesen und Anti-Thesen an unserer eigenen Erfahrung auf ihre Gültigkeit überprüfen: an den »Früchten«, wie die Bergpredigt sagt (Mt 7,15–20).

3. Erst die *Synthese*: »Seid also vollkommen, wie euer Vater im Himmel vollkommen ist!«, die sich auf alle sechs Gegen-Satz-Paare bezieht, ermöglicht uns eine *grundlegend* veränderte Sichtweise und Erfahrung, die der *Einheit aller An-Teile mit dem Ganzen*. Es geht hier um die Allumfassende (»kat'holon«) Synthese der Gegensätze (These und Anti-These), die kein »entweder – oder«, sondern ein »sowohl als auch« kennt, die »co-incidentia oppositorum« des Nikolaus von Cues und der Mystiker aller Religionen, wie sie auch im Yin-Yang-Symbol zum Ausdruck kommt. »In Gott sind alle Dinge gleich, und alle Dinge sind Gott!« sagt Meister Eckhart. Es geht darum, »im Einmaligen das Allgemeingültige, im Profan-Alltäglichen das Wesentlich-Transzendentale, im Zu-Fall das Blinkfeuer des Planes«[2], in den mannigfaltigen, uns polar erscheinenden Wirkungen Ent-Faltungen der einen Ur-Sache zu entdecken, Wirkungen, die aus den unterschiedlichen Anwendungen der für alle geltenden Gesetzmäßigkeiten (→ Kap. 4) resultieren. *Vollkommenheit* in diesem Sinne ist *»soziales Engagement von innen«*.

III. Wie innen – so außen
(Matthäus 6,1–34)

Wer heutzutage etwas auf sich hält, muß »sich selbst verwirklichen«.
Auf dem Psycho-Markt werden unterschiedliche Methoden mit unterschiedlichen »Ideo-Logien« (die zuweilen die Logik vermissen lassen)
angeboten. Es fällt schwer, sich des Eindrucks zu erwehren, daß manche dieser Angebote »Rück-Sicht« und »Vor-Sicht« entweder über-
oder unterbetonen. Das *Analysieren der Vergangenheit* gilt für einige
als unverzichtbar. Andere wollen nur im *»Hier und Jetzt«* leben. Wie
Klienten mit dem, was sie in »Work-Shops« erfahren haben, zu Hause
fertig werden, das wird bei einigen kaum mitbedacht. Wie solcherart
»Selbstverwirklichung« sich auf andere Menschen auswirkt, gilt weithin als »deren Problem«. Es mag sein, daß einige Leser/innen auch die
vorliegende Deutung der Bergpredigt in das »Psycho-Angebot« ein-
ordnen: Es ist ihr gutes Recht (→ Einleitung).
  Der Bergpredigt geht es um die *Verwirklichung unseres »Selbst«
durch »Ein(s)-Sicht«.* Daß diese ohne »Um-Sicht« auf den Anderen und
die gesamte Um-Welt nicht möglich ist, haben die Kapitel 5–10 gezeigt. Die Beziehung aller An-Teile untereinander (»waagerechte Dimension«) ist integrativer Bestandteil unserer *Selbst*-Erfahrung. Im
Abschnitt III geht es um die *»senkrechte Dimension«.* An drei Bei-Spie-
len (Kap. 11, 12 und 21) wird zunächst die Beziehung der An-Teile zum
Ganzen und deren Auswirkungen gezeigt. Jedes dieser drei Kapitel ist
gleich strukturiert:
  a) Als erstes wird jeweils – ähnlich den »Thesen« in Abschnitt II –
eine *außengeleitete Motivation*, die am Prestigegewinn durch die Um-
Welt orientiert ist, und deren Auswirkungen beschrieben. b) Als
zweites wird in Form einer »Anti-These« gezeigt, wie eine *innengeleitete Motivation* und der Weg zu ihrer Verwirklichung aussieht. c) Als
drittes wird die »Syn-These« gezeigt, wie der innengeleitete Weg zu
erfahrbaren Resultaten führt. Im Mittelpunkt des ganzen Abschnitts
III steht das *»Vater unser«* (Kap. 13–20). Dieses exemplarische Gebet
zeigt die *Einheit der waagerechten und der senkrechten Dimension.*
Schon in den beiden ersten Worten wird die Beziehung zwischen beiden Dimensionen deutlich: Die Beziehung der »Kinder« zu ihrem
»Vater« geht einher mit dem *»unser«*, der Beziehung der »Kinder« untereinander. Umgekehrt ist die Beziehung der »Kinder« untereinander

ohne die Verbindung zu »unserem (gemeinsamen) *Vater*« ohne »hinreichenden Grund« (→ Wissenschaft).

Beim *Kreuz* ist der Längsbalken ohne den Querbalken unvollkommen und der Querbalken ohne den Längsbalken nicht denkbar. In der romanischen Kunst weisen die Arme des »*Menschen-Sohnes*« waagrecht auf zwei *Menschen* neben ihm; der Kopf mit einer nach »oben« offenen Krone weist bis zu den Füßen senkrecht auf die Verbindung zwischen »Himmel« und »Erde« hin (→ Kap. 2.2). Die Verse 19 bis 34 (Kapitel 22) erläutern drei wichtige psychologische Gesetze, die hinter dem oben genannten Dreischritt »außengeleitetes Verhalten – innengeleitete Motivation – erfahrbare Resultate« stehen. Ihre Anwendung gibt uns den »Generalschlüssel« (Mt 6,33) in die Hand, der uns alle Türen öffnet:

> »Müsset im Naturbetrachten
> Immer eins wie alles achten;
> Nichts ist drinnen, nichts ist draußen:
> Denn was innen, das ist außen.
> So ergreifet ohne Säumnis
> Heilig öffentlich Geheimnis.«
> (Goethe, Epirrhema)[1]

11. Absichtslosigkeit: Das Gesetz vom Geben und Empfangen
(Mt 6,1–4)

[1] Gebt acht, daß ihr eure Gerechtigkeit nicht vor den Menschen tut, um euch sehen zu lassen vor ihnen; sonst habt ihr keinen Lohn bei eurem Vater im Himmel. [2] Wenn du daher Almosen gibst, so posaune nicht vor dir her, wie die Heuchler in den Synagogen und auf den Straßen tun, damit sie von den Menschen gelobt werden. Wahrlich, ich sage euch: sie haben ihren Lohn empfangen. [3] Wenn du aber Almosen gibst, so soll deine Linke nicht wissen, was deine Rechte tut, [4a] damit dein Almosen verborgen sei; [4b] und dein Vater, der im Verborgenen sieht, [4c] wird dir vor aller Augen zurückgeben.

Hören:

Diese Übersetzung der Verse 1–4 birgt – wieder einmal – einige Fallen. Das Wort »*Almosen*« hat in der deutschen Sprache einen völligen Bedeutungswandel zum Negativen erfahren. Entlehnt aus dem griechischen »eleemon = barm-herzig, ein Herz für die Armen habend«, hat es nichts zu tun mit Herablassung (→ Kap. 2), sondern meint das Geben aus dem Wissen, daß wir lediglich Verwalter unseres Besitzes sind: Es geht um Liebe und Gerechtigkeit, um soziale Verantwortung. Die übliche Übersetzung von Vers 4c *wird dir vergelten* kann zu der irrigen Meinung verführen, es sei ein Ausgleich im »Jenseits«, nach unserem leiblichen Tode, gemeint. Das griechische »apodidemi« bedeutet »abgeben, zurückgeben«. In zahlreichen alten Handschriften werden dem »zurückgeben« die Worte »en to phanero« hinzugefügt, was »sichtbar, vor aller Augen, öffentlich« bedeutet. Diese Worte fehlen in manchen Übersetzungen, vermutlich, weil sie nicht ins Konzept der »Korrektoren« paßten. Diese wurden, wie Eberhard Nestle in seiner Einleitung zur Textkritik des griechischen Neuen Testaments schreibt, »von den kirchlichen Behörden beauftragt, den Text der Schrift im Interesse dessen, was als Orthodoxie betrachtet wurde, zu korrigieren«[1]. Wie das Johannes-Evangelium sagt (Jh 20,30; 21,25), gibt es viele Dinge und »Zeichen«, die Jesus getan und gesagt hat, die »nicht in diesem Buche verzeichnet sind«. Viele von der amtlichen Sammlung (Kanon) ausgeschlossene neutestamentliche Schriften (»Apokryphen«)[2] wurden damals nicht nur unterschlagen, sondern auch vernichtet. Die Verse 1–4 beziehen sich auf eine Einrichtung im Jerusalemer Tempelbezirk, der »Halle der Verschwiegenen«, die den judenchristlichen Lesern in der Zeit Jesu wohlbekannt war. Um ihren Sinn für uns heute verstehen zu können, sei zunächst ihre *formale Struktur* herausgearbeitet:

1. *Außen:* [1–2] Verhalten, das dem Motiv entspringt, bei den »Leuten« (in der *öffentlichen Meinung*) in vorteilhaftem Licht zu erscheinen, bringt als Konsequenz Anerkennung von außen (»Lohn«), verhindert jedoch Konsequenzen auf einer anderen Ebene: durch den »Vater im Himmel«.

2. *Innen:* [3] Nur das *»nicht wissen«* um äußere Vorgänge und Situationen [4a] ermöglicht einen inneren (»verborgenen«) Prozeß.

3. *Außen:* [4b] Dieser führt durch *»sehen im Verborgenen«* [4c] zu Konsequenzen (»zurückgeben«), die »erfahrbar« (»vor aller Augen«) sind. Diese Struktur zieht sich wie ein roter Faden durch alle Kapitel dieses Abschnitts III. Um die Verse 1–4 verstehen zu können, müssen wir uns jedoch noch die Bedeutung einiger termini technici vor Augen führen:

1. *»Vater im Himmel«*: Der Begriff meint *das Ganze als (er-)zeugende Ur-Sachen-Ebene*. Die Kinder als die durch den Vater Gezeugten erfahren *»auf Erden«, der Ebene der Wirkungen bzw. der Manifestation*, ihren An-Teil am Ganzen.

2. »*Lohn*«: Das griechische »misthos« bedeutet »Lohn, Sold, Bezahlung, Honorar, Gehalt, Belohnung«, also durchaus kein »geistiges« Geschehen, sondern eine handfeste, beobachtbare Konsequenz, erfahrbar in *diesem* unserem Leben und nicht etwa in einem wie immer gedachten »Jenseits«.

3. »*Nicht wissen*«: Wir können, indem wir, wie Vers 6 (→ Kap. 12) sagt, »in unsere Kammer gehen und die Tür schließen«, zeitweilig alle äußeren Erlebnisse, Bedingungen und Situationen, also die Ebene der Wirkungen, »draußen« lassen (→ Kap. 34).

4. »*Im Verborgenen*«: Das »nicht wissen« ermöglicht es uns als Anteil-Habern am Ganzen, uns der nicht sichtbaren Ur-Sachen-Ebene im Innern (in unserer »Kammer«) bewußt zu werden. Dann können wir

5. »*sehen*«: gemeint ist die »Schöpferische Vorstellung« (→ Kap. 36). Deren Ergebnisse sind

6. »*vor aller Augen*«: das »Sehen« hat sichtbare, erfahrbare Konsequenzen.

7. Beim »*Geben*« von Almosen geht es um eine *materielle* Gabe. Was liegt näher, als auch den »Lohn«, der »vor aller Augen zurückgegeben« wird, im äußerlich erfahrbaren, unter anderem auch im materiellen, Sinne zu verstehen? Dieses Thema wird in der Bergpredigt an verschiedenen Stellen aufgegriffen und konkretisiert (Mt 6,25–34; 7,7–11). Unter diesen Voraussetzungen können wir die Verse 3 und 4 so in unsere Sprache übertragen:

Wer das Gesetz vom Geben und Empfangen – eines der »Geheimnisse des Himmelreiches«, die es zu »verstehen« gilt (→ Kap. 1) – verstanden hat, weiß: Wenn jemand von seinem materiellen Besitz, dessen »Verwalter« (Lk 16,1–8) er ist, absichtslos (2 K 9,7), ohne auf die Wirkung seines Tuns in der Öffentlichkeit zu spekulieren und ohne Verlustängste (Mt 6,25.31), anderen abgibt, wird er mehr erhalten, als er gegeben hat (Lk 6,38). Wer jedoch aus Angst, zu kurz zu kommen, oder aus eigensüchtigen Motiven materielle Güter (»Mammon«) hortet oder hinter ihnen herjagt, verstopft die Quelle, die ihm »gute Gaben zu geben weiß« (Mt 7,11), zu seinem eigenen Schaden, denn unter diesen Voraussetzungen kann das Gesetz vom Geben und Empfangen nicht wirksam werden.

Das Grund-Gesetz »Wie innen – so außen!« gilt immer und überall, auch auf der materiellen Ebene als Gesetz vom Geben und Empfangen. Richtig angewandt, führt es nicht nur zur Sicherstellung unserer materiellen Versorgung, sondern auch zu Überfluß, von dem wir wiederum mehr als vorher abgeben können. Wie wir noch sehen werden, ist dieses Gesetz auch für das Problem des Hungers in der Welt bedeutsam.

Tun:

1. Wenden wir das Gesetz vom Geben und Empfangen auf die Praxis an, so drängt sich folgende Überlegung auf: Wer in Armut lebt, ist nicht (nur) das bedauernswerte Opfer seiner Herkunft, politischer oder sozialer Verhältnisse oder sonstiger äußerer Umstände, sondern auch des eigenen Armuts-Bewußtseins. Dieses wiederum wird vom kollektiven Durchschnittsbewußtsein, das Armut im großen Maßstab wahrnimmt und sich damit beschäftigt, miterzeugt und laufend verstärkt. Das bedeutet auch: *Unser Denken und Empfinden, das auf das Denken und Empfinden anderer Menschen über verschiedene Informationskanäle Einfluß nimmt, erzeugt die Armut anderer mit, handele es sich um einzelne Menschen in Not oder um ganze Völker, die Hunger leiden.* Es macht keinen Unterschied, ob Armut und Mangel als (gott-)gegeben hingenommen werden, oder ob ein einzelner oder viele Menschen *gegen* die Armut in der Welt »*kämpfen*«: Die Wirkung ist in beiden Fällen die gleiche. Denn: auch durch den Versuch, dem »Bösen zu widerstehen«, wird »das Böse«, in unserem Falle die Armut, geradezu aufrechterhalten und verstärkt (→ Kap. 9). Im Umkehrschluß heißt das: Wollen wir Armut und Mangel im kleinen wie im großen, bei uns selbst und in der Welt, wirklich verringern, setzt dies eine grundsätzliche individuelle und kollektive Einstellungsänderung auf der bewußten und auf der un(ter)bewußten Ebene voraus, die dann in konkretes Verhalten mündet.

2. Die *Richtung* dieser Einstellungsänderung ist oben beschrieben worden. Jetzt geht es um *praktisches Verhalten*. Wenden wir das Gesetz vom Geben und Empfangen zunächst auf den *individuellen Bereich* an. Hier bedeutet es, tatsächlich von dem uns zur Verfügung stehenden Besitz oder Einkommen einen Teil an andere zu verschenken. Dabei kommt es nicht darauf an, daß wir über unsere Kräfte geben, sondern auf unsere *Gesinnung*, wie Jesus im Gleichnis von der armen Witwe (Mk 12,41–44) demonstriert. »Wenn zwei dasselbe tun, ist's nicht dasselbe!«: dann nämlich nicht, wenn die Motive unterschiedlich sind. »Einen *freudigen* Geber hat Gott lieb«, schreibt Paulus (2 K 9,7): den, der »vorbehaltlos aus dankbarem Herzen und ohne Hinschielen auf Gewinn oder sonst ein erhofftes Ergebnis« gibt (Schmidt, 1985). Der Pharisäer, der im Tempel öffentlich betet »Ich gebe den Zehnten von allem, was ich besitze!«, bekommt von Jesus eine Abfuhr (Lk 18,12), obwohl die Bibel immer wieder zum Geben des Zehnten auffordert[3]. Gemeint ist der zehnte Teil unseres Zuerwerbs. Das *tatsächliche* Weggeben ist nicht nur deshalb so wichtig, weil es Anderen, die in Not sind, hilft, sondern auch um unserer selbst willen: Wir dokumentieren so,

daß wir der Zusage der Bergpredigt, daß wir »vor aller Augen zurückerhalten werden«, tatsächlich – und nicht nur theoretisch – vertrauen. Der Versuch, »*ängstlich*« (Mt 6,25) zu sparen oder uns gegen alle möglichen Eventualitäten zu versichern oder alles zu sammeln (»Man könnte es ja noch mal brauchen!«), verewigt das Mangelbewußtsein und führt so zu den oben beschriebenen Folgen. »Deine Sprache verrät dich!«: Wenn wir auf das achten, was wir *sprechen*, kommen wir sehr schnell auf die Konzepte, die unser Armutsbewußtsein dokumentieren.

3. Das »vor aller Augen zurückerhalten« ist zunächst einmal *psychologisch erklärbar*: durch die Eröffnung neuer oder die Erweiterung vorhandener Kanäle, so daß schon immer vorhandene Quellen (reichlicher) fließen können. Damit ist gemeint:

a) Durch das *Loslassen* bewußter und un(ter)bewußter Konzepte können Assoziationen aus dem Speicher unseres → Unterbewußtseins hochkommen, die uns »plötzlich« Problem-Lösungen zeigen oder kreative Ideen entstehen lassen, die zu neuen Verhaltensweisen und so zu besseren Chancen für uns und andere führen (→ Kap. 34).

b) Das *Erfahren innerer Quellen* in Meditation und Kontemplation (des »Vaters im Verborgenen«) führt zu lächelnder Gelassenheit und Sicherheit und damit zu einer Ausstrahlung in Mimik, Gestik, Tonfall, Körperhaltung usw., die die Meta-Kommunikation verbessert und uns so bei Dritten neue Chancen eröffnet.

c) Wenn gefühlsgeladene bildhafte Gedanken wirkende Kräfte (Energien) sind, die als Informationen in einen allen Menschen zugänglichen überindividuellen Speicher (»Kollektives Unbewußtes«) eingehen und von dort unter bestimmten Bedingungen auch wieder abrufbar sind – eine Hypothese, für die vieles spricht (→ Kap. 36) –, dann ist es möglich, daß durch das »Überfluß-Bewußtsein« einzelner Menschen oder ganzer Gruppen sie selbst und/oder andere Menschen sensibilisiert werden, ihre Konzepte und ihr Verhalten im Sinne dieser Informationen zu erweitern.

4. Die Anwendung des Gesetzes vom Geben und Empfangen auf den Hunger in der Welt, die hier angesprochen ist, wird an anderer Stelle besprochen (→ Kap. 37). Es sei nicht verschwiegen, daß der beschriebene Weg nicht einfach ist (Mt 7,13 f.), setzt er doch eine völlige Einstellungsänderung voraus und erfordert Konsequenz. Aber das Ziel ist erreichbar. Je weiter wir auf diesem Wege gehen, desto mehr hört die Jagd nach »Profitmaximierung« mit all ihren schädlichen Folgen für uns und unsere Umwelt auf. Dies beschreibt die Bergpredigt sehr eindringlich in den Versen 6,25–34.

Fazit:

1. Auf den ersten Blick ist die »Moral von der Geschicht« (wieder einmal) ganz deutlich: An einem der damaligen Zeit geläufigen Beispiel soll uns veranschaulicht werden, daß innengeleitetes Verhalten wertvoller ist als außengeleitetes, und dies mit dem Fingerzeig auf eine höhere Instanz. Bei näherem Zusehen stellen sich jedoch die Verse 1–4 als ein Bild heraus, durch das mit Hilfe bestimmter Fachausdrücke eine *allgemein gültige psychologische Gesetzmäßigkeit* beschrieben wird. Diese ist in eine religiöse Erzählung eingekleidet, hat jedoch mit Religion im Sinne einer soziologisch definierbaren Größe – heute würden wir von Institutionen wie »Kirche« oder »Konfession« sprechen – nichts zu tun. Wer diese Hypothesen empirisch überprüfen will, braucht weder innerlich noch äußerlich einer religiösen Gemeinschaft anzugehören. Er muß überhaupt nicht religiös sein, um die Bedeutung dieser Verse akzeptieren zu können. Er muß nur bereit sein, eigene Einstellungsmuster als mögliche Vor-Urteile probeweise zugunsten anderer Denkweisen zurückzustellen, eine Haltung, die jeder Wissenschaftler praktiziert. Auch ein A-Theist kann von den Versen 1–4 zum eigenen Nutzen und zum Nutzen der ganzen Menschheit Gebrauch machen.

2. Einigen Lesern/innen mag der Inhalt dieses Abschnitts unglaublich, frivol, lächerlich usw. vorkommen. »Wie kann man die Heilige Schrift nur so materialistisch deuten?« ist eine oft gehörte Frage. Wer so reagiert, kann sich, wenn er will, selbst fragen: Aus welcher Richtung religiöser, kirchlicher, kultureller oder politischer Sozialisation resultiert meine Ansicht? Woher nehme ich den Mut, ausgerechnet *mein* Konzept als das »richtige« anzusehen? Ein Blick über den Zaun auf andere Kulturen, Religionen und Konfessionen zeigt, daß gleiche Texte in unterschiedlicher Weise ausgelegt werden, wobei viele meinen, ihre jeweilige eigene Auslegung entspreche der »Wahrheit«, und alle anderen seien daher falsch; ein Verhalten, das rein sozial- und tiefenpsychologisch erklärbar ist und mit Religion gar nichts zu tun hat, dafür aber um so mehr mit → »Glauben«. Schon im Buche Hiob (Hi 22,21) heißt es: »Beschließt du eine Sache, wird's dir gelingen, und über deinem Lebenswege strahlt ein Licht.« Und Goethe meint: »Wie sich Verdienst und Glück verketten, das fällt dem Toren niemals ein.«

12. Ein(s)-Sicht: Das Gesetz wirksamen Betens
(Mt 6,5–8)

[5] Und wenn ihr betet, so sollt ihr nicht sein wie die Heuchler; denn sie stehen gern in den Synagogen und an den Straßenecken und beten, damit sie gesehen werden von den Leuten. Wahrlich, ich sage euch: Sie haben ihren Lohn empfangen. [6a] Wenn aber du betest, so geh in deine Kammer, schließ die Türe zu [6b] und bete zu deinem Vater im Verborgenen; [6c] und dein Vater, der im Verborgenen sieht, wird dir vor aller Augen zurückgeben. [7] Wenn ihr aber betet, sollt ihr nicht plappern wie die Heiden, die sich einbilden, daß sie erhört werden, wenn sie viele Worte machen. [8a] Werdet daher nicht wie sie; [8b] denn euer Vater weiß, was ihr nötig habt, ehe ihr ihn bittet.

Hören:

1. Die Verse 5 und 6 gleichen in ihrer Struktur den Versen 1–4. Wieder kann zwischen einer äußeren, jedem verständlichen Be-Deutung und einem inneren Sinn unterschieden werden. Beide schließen einander nicht aus. Jesus zitiert aus dem Alten Testament (Is 26,20; 2 Kö 4,33). Die äußere Bedeutung von Vers 5 ist so klar, daß sie nicht weiter erläutert werden muß. Vers 6 ist sowohl inhaltlich als auch methodisch von größter Tragweite. *Inhaltlich* kommt mit dem Satz »Bete zu deinem Vater im Verborgenen« ein spezifisch religiöses Element in unsere Betrachtung, das Beten, und damit Leben, Gefühl, Wärme und Farbe in unser bisher vielleicht etwas abstrakt anmutendes Bild. Der griechische Text gibt eine wichtige Verstehenshilfe. Die Wortstellung in ihm legt nahe, daß er nicht im Sinne von »Bete im Verborgenen« – das heißt vor den Blicken anderer Menschen verborgen (äußere Bedeutung) – »zu deinem Vater« zu verstehen ist, sondern als »Bete zu deinem Vater, der im Verborgenen ist«. Im weiteren Wortlaut heißt es auch nicht »und dein Vater, der *ins* Verborgene sieht« (gleichsam von außen in etwas hineinsehend), sondern »dein Vater, der *im* Verborgenen sieht«. Der Sinn von Vers 6b und 6c ist also: *Wenn du betest, so suche deinen Vater, den liebenden, intelligenten, All-mächtigen Ur-Grund allen Seins und Wirkens, nicht irgendwo weit entfernt außerhalb von dir: Er ist in dir!* Meister Eckhart meint (Schelp S. 29): »Man soll Gott nicht als etwas betrachten, was außerhalb von einem ist, sondern als sein Eigentum und als das, was in einem ist.« Wenn der Vater in *mir* ist, dann ist er in *allen* Menschen. Wer das verstanden hat, weiß um die soziale, soziologische und weltweite Dimension dieses Ansatzes. Es hängt sehr von dem Bild ab, das jemand sich – bewußt oder unbewußt –

von »Gott« macht, ob und wie er diesen Ansatz akzeptieren (»Hören«) und in die Praxis umsetzen (»Tun«) kann. *Methodisch* zeigt Vers 6 einen Dreischritt:

a) *»Geh in deine Kammer und schließe die Türe zu!«* Indem wir die Tür unseres gewohnten Gedankenflusses schließen und so zeitweilig alle äußeren Erlebnisse, Bedingungen und Situationen, also die Ebene der wahrgenommenen Wirkungen und Erfahrungen (»Erde«: → Kap. 2.2), draußen lassen, können wir in unserer Mitte (»Kammer«) verweilen. Dies geschieht durch *»Nicht wissen«* in der Meditation.

b) *»Bete zu deinem Vater, der im Verborgenen ist!«* Das »nicht wissen« ermöglicht es uns, als An-Teil-Haber am Ganzen uns der Ursachen-Ebene in unserem Innern bewußt zu werden und so den »Vater« *in* uns zu finden. Der Weg, der dorthin führt, ist die Kontemplation.

c) *»Und dein Vater, der im Verborgenen sieht, wird dir vor aller Augen zurückgeben!«* Auf der Grundlage meditativer und kontemplativer Erfahrung ist es uns möglich, zu »sehen«: Dieses »Sehen« hat sichtbare Konsequenzen. Der Weg des »Sehens« ist die »Schöpferische Vorstellung«. Jedem dieser drei Wege wird ein eigenes Kapitel gewidmet (Kap. 34–36).

2. *»Euer Vater weiß, was ihr braucht, ehe ihr ihn bittet«* [8b]. Viele Menschen stellen sich Gott ähnlich einem antiken Tyrannen vor, der uns Menschen zu seinem Vergnügen wie lebendige Spielzeuge in einer Art Zoo, genannt »Erde«, hält und willkürlich behandelt, uns je nach Laune streichelt oder schlägt, oder der uns wie Schachfiguren – für uns völlig undurchschaubar – auf dem Schachbrett des Lebens hin und her schiebt. Diesem Willkürgott, der unser Schicksal in der Hand hat, oder – »fromm« formuliert – dieser »Vorsehung« sind wir auf Gedeih und Verderb ausgeliefert. Vielleicht gibt es ja eine Möglichkeit, ihn zu unseren Gunsten um- oder gnädig zu stimmen: unser Gebet. Aber auch diese Chance scheint ziemlich gering zu sein, erleben wir doch nur allzu oft unsere Ohn-Macht, wenn unsere Gebete erfolglos bleiben. Die (rationalisierende) Erklärung (damit die Theorie wieder stimmt) lautet dann meist: »Gott erhört uns nur, wenn es zu unserem Besten ist.« *Wann* aber etwas »zu unserem Besten« ist und *was*, das wiederum bleibt völlig undurchschaubar, abgesehen davon, daß ein solches Gottesbild und die aus ihm abgeleiteten rationalisierenden Begründungen den irdischen Repräsentanten dieses Gottes zu einer ungeheuren, »theologisch« abgesicherten Machtfülle verhelfen, gleich-(un-)gültig, welche Religion das »Bodenpersonal« des »lieben Gottes« vertritt. Sehen wir dazu dann noch die Ungerechtigkeiten und Katastrophen auf der Welt, dann provoziert eine derartige Gottes-Vorstellung zwangs-

läufig die Frage: »Wie kann Gott das zulassen?« An einen »Gott«, der solche Greueltaten und Schicksalsschläge wahllos über ganze Gruppen von Menschen oder über ganze Völker hereinbrechen läßt, mag mancher nicht mehr glauben. Er wendet sich enttäuscht von Glaube und Religion ab. Daß dieser Gott »tot« ist, wie Nietzsche formulierte, erscheint auf diesem Hintergrund vielen nur allzu plausibel. Zugegeben: eine Karikatur! Wer jedoch als Theologe mit Berufserfahrung und als Psychologe in der Psychotherapie mit Menschen auch über ihre religiösen Einstellungen spricht, weil er sie für einen wichtigen Faktor der Psycho-Hygiene hält, stößt nicht selten auf solche und ähnliche Vorstellungen. Hinter ihnen steht oft eine Übertragung von Erfahrungen mit dem leiblichen Vater oder andern Vaterfiguren auf den »Vater im Himmel« und/oder eine religiöse Erziehung durch Elternhaus, Schule oder Kirche, die, meist vor- und unbewußt, auf einem dualistischen Weltbild fußt. Danach werden Gott und seine Schöpfung – aus je nach philosophischen und religiösen Voraussetzungen unterschiedlichen Gründen – als zwei voneinander unabhängige Wirklichkeiten, die total voneinander getrennt sind, angesehen.

Dieser Hintergrund vermittelt dem Betenden vielleicht das Gefühl der Ehr-Furcht, allzuoft aber auch Gefühle der Ohn-Macht, des Ausgeliefert- und Allein-Seins, des Ins-Leere-Sprechens, die als »existentiell-ekklesiogene Neurosen« erhebliche Konsequenzen für die psychische und physische Gesundheit und auf der Beziehungsebene haben können. Von dieser psychologischen Warte einmal abgesehen: Liegt die Meinung, wir Menschen könnten Gott durch Gebet oder irgendein anderes Mittel ändern, umstimmen oder auch nur beeinflussen, nicht ungewollt in der Nähe von Blasphemie? Es geht hier keineswegs darum, die Gefühle von Menschen zu verletzen. Schließlich ist *jedes* Gottes-Bild, auch das in diesem Buch vertretene, relativ. Von Anfang an wird in der Bibel die Gefahr von Gottes-Bildern erkannt. Das Verbot im 3. Buch Moses (3 M 26,1) bezieht sich in erster Linie auf Götterstatuen, wie sie von frommen »Heiden« angefertigt wurden. Das biblische Verbot ist aber auch *psychologisch* nur allzu berechtigt, neigen wir doch dazu, Ab-Bilder für die Wirklichkeit zu halten, statt ihre Ur-Bilder zu suchen, wie schon in Platons Höhlengleichnis gezeigt wird. Die Irrtumswahrscheinlichkeit steigt ins Unendliche, wenn wir uns eine bildhafte Vorstellung von *Gott* machen. Gefährlich wird es, wenn Menschen sich Gott gleichsam als überdimensionierte, ins Riesenhafte vergrößerte quasimenschliche »Person«[1] vorstellen. Thomas von Aquin sagt[2]: »Von Gott können wir nicht wissen, was er ist, sondern nur, was er nicht ist.« *Jedes* Bild, *jede* Vor-Stellung, die wir uns von

Gott machen, ist mehr falsch als richtig. Das gilt auch von den im Neuen Testament gebrauchten Bildern (selbstredend auch von deren Auslegung in diesem Buch!). Wenn Gott zum Beispiel »Unser *Vater*« genannt wird, taucht sofort das Bild eines menschlichen Vaters in uns auf. Jeder projiziert bewußt oder unbewußt seine persönlichen Erfahrungen mit dem eigenen oder anderen Vätern in dieses Bild. Völlig ausgeklammert bleibt dabei auch der weibliche Aspekt Gottes; im Schöpfungsgedicht (1 M 1,26 f.; vgl. 1 M 9,6) wird das Ab-Bild des Ur-Bildes jedoch ausdrücklich als »Mann und Frau« beschrieben.

Die Bergpredigt zeigt uns eine Form des Betens, hinter der ein völlig anderes Gottes-Bild als das zu Beginn karikierte steht: [8 b] »Euer Vater weiß, was ihr nötig habt, ehe ihr ihn bittet« und [6,31–32]: »Macht euch nicht Sorge … Es weiß ja euer Vater im Himmel, daß ihr all dessen bedürft.« Bedeutet dies nicht: *Es steht für uns schon immer alles bereit, was wir benötigen; wir brauchen es nur anzunehmen: Das ist unser Part!* Es kommt gleichsam darauf an, das Gefäß unserer Annahmefähigkeit nach »oben« offen zu halten, damit die Gaben hineinfließen können. Das setzt voraus, daß das Gefäß im Sinne der 1. Seligpreisung (→ Kap. 2.1) aufnahmebereit, das heißt *leer* ist, sonst geht ja nichts oder nur wenig hinein. Das heißt aber auch: *Unser Beten verändert nicht Gott, sondern uns selbst!* Beten verändert das bewußte und un(ter)bewußte Denken, Fühlen und Verhalten des Betenden und der Menschen, für die er betet.

Tun:

1. Wenn Gott keine Willkürinstanz ist, sondern für jeden alles bereit hält, was er braucht, seien es im individuellen Bereich geistige, seelische und körperliche Gesundheit, intuitive Problemlösungen, materielles Versorgtsein, im sozialen Bereich gute private und berufliche Kontakte und im größeren Maßstab eine gerechte Weltordnung ohne Armut, Krankheit und Krieg, dann hängt es allein vom Menschen ab, ob er darum weiß, die Gesetzmäßigkeiten kennt, sie anwendet, sich öffnet und annimmt. Wenn Menschen dies nicht tun, ist dafür nicht Gott verantwortlich. Der Satz »Wie kann Gott das zulassen?« hat damit seinen Sinn verloren. Auch das viel diskutierte Problem des Verhältnisses von »Gnade«, »Vorherbestimmung« und »freiem Willen des Menschen« ist einer Lösung näher gekommen. Der *Mensch* ist in die Pflicht genommen.

2. Wer sich als einen Menschen begreift, der einem unendlich fernen, von ihm getrennten Gott »gegenüber«steht und ihn gleichsam anbetteln muß, daß er sich ihm gnädig erweise, verhält sich wie der daheim-

gebliebene Sohn (Lk 15,25–31), der sich bei seinem Vater über dessen angebliche Ungerechtigkeit beschwert, nichtsahnend, daß er den Vater nicht anzubetteln braucht, da er mit der unendlichen, nie versiegenden Quelle verbunden ist und nehmen kann, was er braucht. Er ist wie der unmündige Erbe, der sich in nichts vom Knecht unterscheidet, obwohl er der Herr von allem ist (G 4,1 f.) Er hat seine »Talente« nicht erkannt oder sie aus Zweifel an seinen eigenen Fähigkeiten vergraben (Mt 25,14–30).

3. Für die Praxis heißt dies, sich in der Kontemplation immer bewußter zu werden und auch zu erfahren: *Wir sind immer mit der Quelle verbunden:* »Mein Kind, du bist allezeit bei mir.« *Diese Quelle hält alles für uns bereit, was wir brauchen:* »Euer Vater weiß, was ihr nötig habt, ehe ihr ihn bittet.« *Der Inhalt der Quelle ist unser legitimes Eigentum:* »Alles, was Mein ist, ist dein.« *Wir können jederzeit von diesem Eigentum Gebrauch machen:* »Weil ihr Söhne seid, sandte Gott den Geist seines Sohnes in eure Herzen, der da ruft ›Abba, lieber Vater‹. Du bist also nicht mehr Sklave, sondern Sohn; wenn aber Sohn, dann auch Erbe durch Gott.« *Alle Fähigkeiten sind in jedem Menschen jederzeit aktivierbar.* Das Wachstum dieses Bewußtseins (»Geist« und »Denken« als kognitive Komponente) und dieser Erfahrung (»Herz« als emotionale Komponente) und ihre Verankerung in unserer Tiefe (»Seele« als Ausdruck für unser »Unterbewußtsein«) braucht Zeit, Geduld und beharrliches Sich-Öffnen in der Kontemplation. Es ist Grundlage für die »Schöpferische Vorstellung«.

Fazit:

Was hier in Anlehnung an das Neue Testament formuliert ist, läßt sich, wie in Kapitel 11 gezeigt, auch in einer Sprache ausdrücken, die für Angehörige anderer Religionen und für A-Theisten verstehbar und annehmbar ist. Ob wir die unaufhörlich sprudelnde »Quelle« nun Gott, unser Vater, Allah, Tao, Brahman, All-Einheit, liebende Allmacht oder wie auch immer nennen, ob wir in Anlehnung an Albert Einstein sagen »Wir leben in einem freundlichen Universum«, oder ob wir mit Begriffen aus der Mystik oder aus der Quantenphysik versuchen, das Un-Nennbare zu benennen, tut nichts zur Sache. Entscheidend ist unsere Offenheit für diese Quelle sowie die Kenntnis der Gesetzmäßigkeiten, nach denen sie sprudelt, und deren Anwendung. Das heißt: *wirksam beten.* Meister Eckhart meint (Schelp S. 28): »Mit wem es recht steht, wahrlich, dem ist es an allen Orten und bei allen Menschen recht. Mit wem es aber nicht recht steht, dem ist es an keinem Ort und bei keinem Menschen recht. Mit wem es recht steht, der hat Gott in

Wahrheit bei sich; wer aber Gott in Wahrheit hat, der hat ihn an allen Orten und auf der Straße und bei allen Leuten ebensogut wie in der Kirche oder in der Einöde oder in der Zelle.«

13. »Paradigmen-Wechsel«
(Mt 6,9–15)

[9a] So nun sollt ihr beten: [9b] Unser Vater, der Du bist im Himmel, [9c] geheiligt werde Dein Name. [10a] Dein Reich komme. [10b] Dein Wille geschehe, [10c] wie im Himmel, so auf Erden. [11] Unser tägliches Brot gib uns heute; [12a] und vergib uns unsere Schulden, [12b] wie auch wir vergeben haben unseren Schuldnern. [13a] Und führe uns nicht in Versuchung, [13b] sondern erlöse uns von dem Bösen. ([13c] Denn dein ist das Reich und die Kraft und die Herrlichkeit in Ewigkeit. Amen.) [14a] Denn wenn ihr den Menschen ihre Fehler vergebt, [14b] wird auch euch euer himmlischer Vater (eure Fehler) vergeben. [15a] Wenn ihr aber den Menschen nicht vergebt, [15b] wird auch euer Vater eure Fehler nicht vergeben.

Hören:
Unzählige Menschen haben seit fast zwei Jahrtausenden dieses Gebet in fast allen Sprachen der Erde gesprochen. Viele von ihnen waren und sind sicher der Meinung, sie hätten den Auftrag Jesu erfüllt, wenn sie die Worte dieses Gebetes in ehrlicher Absicht und mit Bedacht ausgesprochen haben. Dieser Meinung soll nicht widersprochen werden. Es darf jedoch gefragt werden, ob es noch eine andere Möglichkeit gibt, dieses Gebet zu verstehen: *als Text, der alle »Geheimnisse des Himmelreiches« (Mt 13,10–17: →Kap. 1) in verschlüsselter Form enthält.* Dann wäre das »Vater unser« als ein *Muster-Gebet* zu verstehen, ein »Paradigma« in der Bedeutung einer Grammatik, das alle wesentlichen Prinzipien der Bergpredigt anhand eines exemplarischen Textes zusammenfaßt und erklärt. Unter dieser Voraus-Setzung tun wir gut daran, dem in Vers 6 (→ Kap. 12) beschriebenen »Drei-Schritt« zu folgen, und in ihm vor allem dem »Bete zu deinem Vater, der im Verborgenen ist«: als *Kontemplation* einzelner Worte und Sätze und des gesamten Gebets. Vielleicht begreifen wir dann, daß diese Verse nicht nur einen völligen Wechsel unseres gewohnten Weltbildes oder »Paradigmas« anstoßen wollen, sondern wir erfahren auch ihre be-Geist-ernde Wirkung in uns, und durch uns auf unsere Umwelt. In dieser Be-Deutung soll das Gebet im folgenden betrachtet werden.

14. Ein(s)-Sicht und Um-Sicht
(Mt 6, 9 b)

[9 b] Unser Vater, der du bist im Himmel!

Hören:

1. *»Vater«.* Was macht das *Wesen* eines Vaters aus?: *Er zeugt Kinder, denen er sein Leben und seine Erbinformationen mitgibt; seine Kinder sind daher »gleichen Wesens« wie ihr Vater.* Dieses Charakteristikum trifft auf *jeden* Vater zu. Es ist unabhängig von Zeit, Kultur und persönlichen Eigen-Arten eines Vaters. Paulus kennzeichnet auf dem Areopag in Athen das Verhältnis zwischen dem himmlischen Vater und seinen Kindern so (A 17,28): »In ihm leben wir, bewegen wir uns und sind wir; wie auch einige von euren Dichtern gesagt haben: ›Wir sind ja sogar von seinem Geschlecht.‹« Um es in einem Bild zu veranschaulichen: Der Vater verhält sich zu seinen Kindern wie das ganze Meer zu den Tropfen im Meer. Dieses Bild hat zwei Aspekte:

a) Das »Ganze« ist größer und mehr als die Summe seiner »An-Teile«: »In ihm leben wir, bewegen wir uns und sind wir.« b) Jeder Tropfen ist von gleicher Qualität wie das Meer, nämlich Wasser: »Wir sind von seinem Geschlecht.« Das Wort *»Vater«* charakterisiert die *»senkrechte Dimension«,* die Beziehung zwischen »oben« und »unten«. Der Vater ist »im Himmel«, die Kinder sind »auf Erden«. Diese Begriffe drücken, wie wir noch sehen werden, ebenfalls die Beziehung zwischen dem Ganzen und seinen An-Teilen aus. Es geht um die *Ein(s)-Sicht«:* »Auf daß sie vollkommen sind *in Einheit«* (Jh 17,20–23).

2. *»Unser«.* Dieses Wort charakterisiert die *»waagrechte Dimension«,* die Beziehung zwischen den Kindern. Alle Menschen haben den gleichen Vater, sind also wesensmäßig miteinander verwandt. Das meint: *Die Einheit zwischen den Menschen ist wesensmäßig schon immer da. Es geht also nicht um die Herstellung dieser Einheit, sondern um ihr Bewußtwerden und die daraus praktisch zu ziehenden Konsequenzen.* Paulus charakterisiert die Beziehung der Kinder untereinander im Brief an die Römer (R 12,4 f.) durch folgendes Bild: »Wie wir nämlich an einem Leib viele Glieder haben, die Glieder aber nicht alle den gleichen Dienst verrichten, so sind wir als viele ein einziger Leib in Christus, im einzelnen aber untereinander Glieder.« In diesem Text werden zwei Aspekte betont:

a) *Die individuelle Eigenart jedes Menschen;*
b) *die Einheit in der Mannigfaltigkeit.*

Warum jedoch sollte das Wort »unser« nur einen bestimmten An-

Teil der ganzen Schöpfung, die Menschen, meinen und die übrige Schöpfung ausklammern? Schon im ersten Kapitel der Bibel, im Schöpfungs-Gedicht, wird dargestellt, wie *alles* nacheinander aus dem »Chaos« durch das Wort Gottes hervorgeht. Meister Eckhart beschreibt die Einheit der ganzen Schöpfung so (Smith 1985, S. 129): »Alles, was außen so vielfältig erscheint, ist im Wesen doch nur eins... Hier liegt die Einheit der Grashalme, der Stücke aus Holz und Stein, zusammen mit allen anderen.« Giordano Bruno, Dominikaner-Mönch wie Meister Eckhart, wurde 1600 als »Ketzer« verbrannt, weil er eine in Zeit und Raum unendliche Welt, erfüllt mit unzähligen Sonnen, und die lebendige Beseeltheit der All-Materie lehrte und meinte, daß die gesamte Schöpfung (Stein, Pflanze, Tier und Mensch) aus winzigen Geistfunken bestehe, die sich zu immer höheren Lebenseinheiten zusammenfinden, auch im Körper des Menschen. In unserer Zeit drückte der Jesuit Teilhard de Chardin (1959) ähnliche Gedanken aus. Das Wort *»unser«* meint also *Um-Sicht* auch mit unserer *Um-Welt*.

Tun:

1. Die Bergpredigt sagt, daß jeder gute Baum gute *Früchte* bringt und daß diejenigen, die ihr Licht leuchten lassen, das Licht der Welt sind durch ihre *guten Werke*, die die Menschen sehen und dann »den Vater preisen, der im Himmel ist« (Mt 5,14–16). Von dem, der sich in intuitiver Erfahrung der Einheit mit dem Vater bewußt ist, sagt Jesus (Jh 14,12): »Wer an mich glaubt, wird auch selber die *Werke* tun, die ich tue, und noch größere wird er tun.« Das heißt:

Die Beziehung zwischen dem »Vater« und seinen »Kindern« als Teil-Habern an seiner göttlichen Natur (2 P 1,4) kann sich nicht nur im individuellen Bereich, sondern auch weltweit auswirken. Sie ermöglicht uns Taten, die uns normalerweise wegen unserer begrenzten Wahrnehmung und unserer eingefahrenen Denkweisen als unmöglich erscheinen. Werden solche Taten von Anderen wahrgenommen, führt das zu einer Ent-Deckung der »senkrechten Dimension« auch bei diesen Menschen.

Meister Eckhart sagt (Smith 1985, S. 139): »Der Mensch, der im Lichte Gottes lebt, ist sich weder der Vergangenheit noch der Zukunft bewußt, sondern nur der einen Ewigkeit. Er ist tatsächlich bar jeder Verwunderung, denn alle Dinge wohnen in ihm. Deshalb kommt durch zukünftige Ereignisse oder Umstände nichts Neues auf ihn zu, denn er lebt im jetzigen Augenblick, unfehlbar, im immer grünen Kleide. Solchermaßen ist die göttliche Herrlichkeit dieser Kraft in der Seele.« Mit anderen Worten: *In der »senkrechten Dimension« spielt die Zeit, wie wir sie kennen, keine Rolle. In jedem Teil ist die Kraft und die*

Information des Ganzen enthalten. Diese Hypothesen müssen dem, der in einem »orthodoxen« Glauben oder im Denken des 19. und des beginnenden 20. Jahrhunderts beheimatet ist, völlig »verrückt« erscheinen. Es gilt, sie zu »*tun*«, das heißt sie zu »testen«: durch Kontemplation der Worte »Vater unser«.

2. Die *Beziehung der Menschen und Völker untereinander* ergibt sich aus ihrer Beziehung zum Ganzen. Paulus beschreibt sie so (G 3,28): »Da gilt nicht mehr Jude und Grieche, nicht Sklave und Freier, nicht Mann und Frau: denn alle seid ihr eins in Christus Jesus.« Das heißt für die Praxis: *Vom Wesen des Menschen her gibt es keine Diskriminierung aufgrund von Rasse, Religion, Geschlecht, sozialem Status usw., keine »Auserwählten« oder gering zu schätzenden, keine irgendwie geartete »Überlegenheit« einer Menschenrasse über eine andere. Rassische, kulturelle, politische und religiöse Vielfalt sind Aus-Druck der je einzigartigen Beziehung zwischen dem »Vater« und jedem seiner »Kinder«: Vielfalt ist nicht nur nicht vermeidbar, sondern, da bereichernd, ausdrücklich zu begrüßen. Ein Einheitsstaat oder eine Einheitsreligion sind von daher weder erreichbar (wie die Geschichte hinlänglich gezeigt hat) noch wünschenswert. Es kommt vielmehr darauf an, daß alle Menschen und Menschengruppen ihre wesensmäßige Einheit wahrnehmen und auf diesem Fundament die Relativität ihrer je eigenen »Ideo-Logie« und »Ideo-Logik« erkennen.*

Die Worte »Vater unser« sind also nicht als eine schöne Metapher zu verstehen. Wenn wir sie »hören und tun«, haben sie sehr praktische Konsequenzen. Wie diese konkret aussehen, dies zu entdecken ist den Menschen der jeweiligen Zeit zur Entscheidung überlassen.

Fazit:

1. In den beiden Worten »Vater unser« ist die ganze »Lehre und Macht« (Mt 7,29) wie in einem Senfkorn enthalten, die sich in den übrigen Texten der Bergpredigt zu einem Baum entfalten, »sodaß die Vögel des Himmels kommen und Wohnung darin nehmen« (Mt 13,31 f.); sprich: in dem alle Menschen, so unterschiedlich sie auch sind, Platz haben.

2. Der Eindruck ist nicht unberechtigt, daß Wissenschaftler heute methodisch (wieder-)entdecken, was große Religionsstifter und Weise der ganzen Menschheit intuitiv wußten, gelehrt und auch praktisch vorgelebt haben. So meint zum Beispiel der französische Mathematiker und Physiker Jean E. Charon, daß »jedes Elektron das gesamte Wissen unserer Welt in sich trägt« (Andreas und Davis S. 198). David Bohm, Professor für theoretische Physik, schreibt (zit. in: Schorsch S. 62):

»Alle Teile des Universums sind durch unteilbare Glieder miteinander verbunden, so daß es letztlich unmöglich ist, die Welt in unabhängig voneinander existierende Teile aufzuspalten.« Das Neue Testament weiß natürlich nichts von Quantenphysik und Elektronen, aber viele Hochreligionen machen in ihren Heiligen Schriften inhaltlich analoge Aussagen und geben mehr oder minder konkrete Anleitungen zu ihrer empirischen Anwendung. Marcus Aurelius, römischer Kaiser und Philosoph (121–180 n. Chr.) schreibt (zit. in: Schorsch S. 62): »Alles ist im Weltall miteinander verflochten; denn es ist eines dem anderen zugeordnet und verwirklicht an seinem Teil den Kosmos. Zu einer Welt fügt sich ja alles zusammen.« Wir werden auf diese Analogien noch ausführlich zurückkommen (→ Kap. 36 u. 37).

15. »Ich bin«

[9c] Geheiligt werde dein Name!

Hören:

Wer einen Menschen, der diesen Satz betet, nach dem *Namen* des »Vaters« fragt, wird sehr oft hören, darüber habe »man« sich noch keine Gedanken gemacht; diesen Namen zu wissen sei auch gar nicht nötig, denn durch das Aussprechen der Worte »Geheiligt werde dein Name!« werde dieser ja schon geheiligt, was immer auch darunter zu verstehen sei. Der Name einer Person bezeichnet in der Bibel ihr Wesen, ihren Charakter. Der Name Gottes wird im Alten Testament genannt (2 M 3, 13ff.): »Moses sprach zu Gott: ›Wenn ich nun zu den Kindern Israels komme und zu ihnen spreche: Der Gott eurer Väter hat mich zu euch gesandt!, und sie mich fragen: Wie heißt er?, was soll ich dann antworten?‹ Gott entgegnete dem Moses: ›Ich bin der: Ich bin!‹ Er fuhr fort: ›So sollst du zu den Israeliten sprechen: der ›Ich bin‹ hat mich zu euch gesandt… Dies soll mein Name für immer sein und dies mein Rufname von Geschlecht zu Geschlecht.‹« Der Satz »Geheiligt werde dein Name!« bezieht sich auch auf einen Text im Buch Ezechiel (Ez 36,23): »Nun will ich meinen großen Namen zu Ehren bringen, der unter den Völkern entweiht ist und den ihr mitten unter ihnen entweiht habt. Dann werden die Völker erkennen: Ich bin der Herr – Spruch des Gebieters und Herrn –, wenn ich mich euch gegenüber als heilig erweise vor ihren Augen.«

»Heiligen« heißt hier so viel wie »seine Macht *vor aller Augen* zur Geltung bringen« (→ Kap. 11, 12 u. 21). Auch in diesem Zusammenhang erscheint wieder der Gottesname *Ich bin*, diesmal in seiner über-individuellen Bedeutung. Auch im Neuen Testament gibt es eine ganze Reihe von *Ich bin*-Aussagen. Martin Buber übersetzt (Lapide 1986, S. 34) »*Ich bin* da« in der Bedeutung »*Ich bin* immer bei euch, immer anwesend.« Dies klingt an den letzten Satz des Matthäus-Evangeliums an, mit dem »der Lebende« seine Jünger zu allen Völkern sendet (Mt 28,20): »Seht, *ich bin* (ist) bei euch alle Tage bis zur Vollendung der Welt.« »Heiligen« ist etymologisch mit »heil« und dem englischen »whole = ganz« verwandt. In diesem Sinne bedeutet »heiligen«: *heil machen, ganz machen.*

Tun:
Die Bitte »Geheiligt werde dein Name!« ist von größter praktischer Bedeutung, denn »*Ich bin*« ist aufgrund unserer Einheit mit dem »Va-ter« (→ Kap. 14) als »*ich bin*« auch auf uns als seine »Kinder«, als seine »Anteil-Haber«, anwendbar. Die Bitte hat eine individuelle und eine überindividuelle Bedeutung: Individuell wird sie angewandt in der »Ich-bin«-Kontemplation (→ Kap. 35); überindividuell entfaltet sie ihre Kraft in der Kontemplation von Gruppen (→ Kap. 37).

16. Erneuerung unseres Denkens
   (Mt 6,10 a)

[10 a] Dein Reich komme!

Hören:
Nach Lukas (Lk 17,20 f.) ist das Reich Gottes bereits »*inwendig in uns*«[1], also *Gegenwart.* Wenn wir um sein *Kommen* beten, dann aus zwei Gründen:
1. Wir bitten darum, das Reich Gottes *in uns* (→ Kap. 13) möge sich auch »*vor aller Augen*«[2] in seinen Auswirkungen zeigen: nicht nur in unserem kleinen individuellen Bereich, sondern auch weltweit.
2. Der Akzent liegt auf dem Wort »*Dein*«. Um zu verstehen, was da-mit gemeint ist, tun wir gut daran, uns zu erinnern, daß *unser* Den-ken, Fühlen und Verhalten weithin nach psychologischen Gesetzmä-ßigkeiten abläuft, die uns nicht bewußt sind. Wir reagieren auf viele Situationen und Inhalte fast reflexhaft-automatisch. Unsere → Wahr-nehmung spiegelt uns nicht die Wirklichkeit wider, sondern weithin eine Welt, wie wir sie uns vorstellen und wünschen. Tiefenpsychologi-sche Flucht- und Abwehrmechanismen beeinflussen uns. Kurz: Wir sind in unserem Denken, Fühlen und Verhalten weithin abhängig von

dem, was wir in unserer persönlichen und kollektiven Lebensgeschichte erfahren und gelernt haben, von dem, was »man« in unserer
Kultur, in unserer Gruppe, in unserer Familie denkt und tut. Von jedem von uns gilt – mehr oder weniger – der Ausspruch des Mephisto
zu Faust: »Du glaubst zu schieben, und du wirst geschoben.« Selbst
wenn wir einige dieser psychologischen Mechanismen zu durchschauen lernen oder Ergebnisse anderer Wissenschaften zur Kenntnis
nehmen, ja selbst, wenn uns aus unserem Speicher → »Unterbewußtsein« oder aus dem »kollektiven Unbewußten« blitzartig intuitive Erkenntnisse oder Problemlösungen zuteil werden, so überschreiten wir
doch *eine* Grenze nicht: Unsere Wahrnehmung, unsere Erkenntnis
und unsere Erfahrung bleiben auf *die* Inhalte begrenzt, die auf individueller oder kollektiver Ebene bisher gemacht wurden, und zwar vom
»Durchschnitt« des Denkens und Verhaltens aller bisher lebenden
Menschen. Das heißt: Auch die Inhalte unseres individuellen »Unterbewußtseins« und des »kollektiven Unbewußten« stammen aus unserer und anderer Menschen *Vergangenheit*, die bis zum jetzigen
Zeitpunkt datiert. Das heißt aber auch: Solange wir auf diesen Zu-
gangsweg zur Wirklichkeit beschränkt bleiben, werden nach dem
Prinzip »Wie innen – so außen« auch unsere individuellen und kollektiven »*Früchte*«, die sich auf allen Ebenen des Lebens zeigen, auf diesen winzigen Ausschnitt begrenzt bleiben. Wir machen uns »die Art
dieser Welt zu eigen«, wie Paulus schreibt (R 12,2), wir sind »von dieser Welt«, wie Johannes sagt (Jh 8,23). Auf diese Weise kann lediglich
unser Reich kommen, aber nicht das Reich *Gottes*; denn: Wir denken
und verhalten uns im Sinne der Thesen »Ihr habt gehört, daß den Alten gesagt wurde«, aber nicht im Sinne der Anti-Thesen »Ich aber sage
euch« (→ Kap. 5–10); wir denken und verhalten uns »wie die Heuchler«, aber nicht wie Menschen, die »zu ihrem Vater beten, der im Verborgenen ist« (→ Kap. 11 & 12); wir denken und verhalten uns »wie
die Heiden«, die sich »zuerst« um äußere Bedürfnisse »sorgen«
(Ebene der Wirkungen), aber nicht um das Reich Gottes (Ebene der
Ur-Sachen) und seine Möglichkeiten für unsere individuelle und weltweite Versorgung wissen (Mt 6, 19–34 → Kap. 22).
3. Soll *Sein* Reich kommen, so setzt dies eine *grundsätzliche »Umwandlung durch Erneuerung unseres Denkens«* voraus (R 12,2), ein
Hinter-die-Kulissen-Schauen im Sinne des »metanoeite« (Mt 4,17),
ein »Verstehen der Geheimnisse des Himmelreiches« (Mt 13,10–17).
Wie wir in Kapitel 12 gesehen haben, gibt der »Vater im Himmel« nur,
wenn wir den *leeren* Becher unserer Annahmefähigkeit nach oben offen halten, wenn wir in der Be-Deutung der 1. Seligpreisung »arm und

leer werden für den Geist« (→ Kap. 2.1). So übersteigen (»transzendieren«) wir die Ebene unserer vergangenheitsbegrenzten Wahrnehmung und Erfahrung und öffnen uns der vollen und ganzen Wirklichkeit und Wahrheit (»Himmel, Reich Gottes«). So kann uns »dreißigfältige, sechzigfältige und hundertfältige Frucht« zuteil werden (Mt 13,8.23), das heißt: Das praktische, beobachtbare Ergebnis »vor aller Augen« wächst im persönlichen wie im überpersönlichen Bereich in ganz unerwarteter Weise ins Unermeßliche.

Tun:
Die beschriebene Umwandlung geschieht in Meditation, Kontemplation, Schöpferischer Vorstellung (→ Kap. 34–37) und in verschiedenen Formen von Gebet, individuell und/oder in Gemeinschaft vollzogen. Sie motiviert uns und andere zu konkretem Tun. Aus diesem Tun erwachsen »Früchte« (→ Kap. 29).

17. Ein(s)-verstanden
   (Mt 6,10 b. c)

Hören:
1. [10 b] *Dein Wille geschehe!* Für diese Bitte gilt, was für »Dein Reich komme!« herausgearbeitet wurde: *Unser* Wille ist vergangenheitsgebunden, da von unseren bewußten, vorbewußten und un(ter)bewußten Denk-, Gefühls- und Reaktionsmustern abhängig. Erst wenn wir *diese* Art von Willen transzendieren, ist es uns möglich, unser Ego zu transzendieren und auch anderen Menschen Wege dafür zu ebnen. Die Frage stellt sich: *Was ist der Wille des »Vaters im Himmel«?* Die Beantwortung dieser Frage hängt weithin von unserem Gottes- und Vaterbild ab. Wer, wie in Kapitel 12 skizziert, den »Vater im Himmel« bewußt oder un(ter)bewußt mit einem irdischen Vater identifiziert, dem wird das Einverstandensein mit dem Willen des himmlischen Vaters meist dann bewußt, wenn es um schmerzliche Erfahrungen geht. In solchen Situationen zu beten »Dein Wille geschehe!« kann Trost und Kraft geben, fühlt der Beter sich doch von einer höheren Macht geborgen und akzeptiert, auch wenn er deren Willen nicht versteht, wie ja auch für ein kleines Kind der Wille des Vaters beziehungsweise dessen Begründung weithin undurchschaubar ist. Es ist nicht Absicht der folgenden Zeilen, Menschen, die so oder ähnlich denken, zu verspotten oder zu verletzen. Es geht vielmehr um die Vermittlung einer ergänzenden Sichtweise, die sehr reale Konsequenzen hat. Ge-

fragt werden darf, inwieweit bei jedem Gottesbild die Meinung Feuerbachs zutrifft: »Der Mensch schuf Gott nach seinem Bild und Gleichnis.«

Psychologisch gesehen wirken solche Vorstellungen – seien sie obigen oder anderen Inhalts – als Fremd- und Selbstsuggestionen im Sinne einer sich selbst erfüllenden Prophezeiung, wie dies schon im Buch Hiob anklingt (Hi 3,25). Auch die Aussage Jesu »Euch geschehe nach eurem Glauben!« (Mt 9,29) kann in dieser Richtung verstanden werden. Ein Blick auf kirchliche Frömmigkeitsformen zeigt, daß auch dort – sicher unbewußt und ungewollt – Texte sehr suggestiv wirken können. Um nur zwei Beispiele aus dem katholischen Bereich, in dem der Verfasser aufgewachsen ist, zu nennen:

a) Was geschieht innerlich mit einem Menschen, der oft im »Salve Regina« von der Erde als »diesem Tal der Tränen« singt? Wenn er das, was als Zustandsbeschreibung gemeint ist und teilweise im kleinen wie im großen leider auch zutrifft, innerlich als Tatsache, die sich nicht ändern läßt, oder als »Willen Gottes« übernimmt, wirken diese Worte suggestiv, und dies auch noch im Medium des Gesangs, der mit Rhythmus und Reimen dazu besonders geeignet ist.

b) Was geschieht mit einem Beter, der sich sehr oft mit den »Geheimnissen des schmerzhaften Rosenkranzes« innerlich identifiziert, sie sich vielleicht auch noch bildhaft und gefühlsmäßig vorstellt, was in manchen Anleitungen ausdrücklich als Ideal hingestellt wird? Und dies in einer meditativen, fast tranceinduzierenden Form und Atmosphäre, wie sie das Rosenkranzgebet darstellt! Solche und ähnliche Gebets- und Gesangsformen, wie zum Beispiel auch Litaneien oder das Psalmgebet der Mönche, gibt es in vielen Religionen. Sie sind vorzügliche Mittel der meditativen Einstimmung. Es kommt jedoch, psychologisch gesehen, auf den *Inhalt* an, der meditiert wird. Auf unsere Fragestellung angewandt bedeutet das: *Was der Beter für den »Willen Gottes« hält, mit dem er sich einverstanden erklärt, kann auch das Ergebnis von fremd- und selbstsuggestiven Inhalten sein.* Vielleicht lohnt es sich, über diese mögliche Selbst-Täuschung nachzudenken: Ent-Täuschung kann zwar schmerzhaft sein, aber sie ist auf Dauer besser als Täuschung.

Was sagen die Bergpredigt und andere Texte des Neuen Testaments über den Willen des Vaters im Himmel aus? Betrachten wir einige Beispiele. Zugegeben: auch diese Bilder und deren Deutungen sind relativ. *»Euer Vater weiß, was ihr braucht, ehe ihr ihn bittet!«* Dieser in Kapitel 12 erklärte Satz besagt: Es steht für uns schon immer alles bereit, was wir benötigen; der Wille des Vaters ist es, daß wir es von unserem

»Konto« abrufen und annehmen. In diesem Sinne liegt es in der Entscheidung jedes einzelnen Menschen, ob, inwieweit und wie *Sein* oder *unser* Wille geschieht. Das *Gleichnis von den Arbeitern im Weinberg* (Mt 20,1 – 16) spricht von einer *Vereinbarung* zwischen dem Gutsherrn und den Arbeitern. Das meint: Wir können entscheiden, ob wir auf das Angebot eingehen wollen oder nicht. »Ich werde euch das geben, was recht ist«, vereinbart der Gutsherr mit denen, die erst später mit der Arbeit beginnen. Selbst die, die nur eine Stunde gearbeitet haben, bekommen den gleichen Lohn wie die, die »die Last und Hitze des Tages getragen haben«. Als Letztere sich ungerecht behandelt fühlen, begründet der Gutsherr sein Tun: »Ist es mir nicht erlaubt, mit dem Meinen zu tun, was ich will? Oder ist dein Auge böse, weil ich gut bin?« Das heißt: *Unsere menschlichen Maßstäbe sind nicht die des Vaters im Himmel. Wenn es einen »Willkürgott« gibt, dann einen, dessen Wille es ist, aus seiner Fülle heraus unterschiedslos gut zu sein.* Der Gutsherr kommt auf die Arbeiter zu, die »müßig auf dem Markt stehen«, und spricht sie an: Die einzige Bedingung, die der Vater stellt, um uns gut sein zu können, ist, daß wir auf sein Angebot eingehen.

Das *Gleichnis vom verlorenen Sohn* (Lk 15, 11 – 32) zeigt zweierlei:

a) Selbst wenn wir uns wie der erste Sohn total verirrt haben, nimmt der »Vater« uns nicht nur wieder ohne jede Bedingung auf, sobald wir umkehren. Noch dazu gibt er uns aus seiner Fülle das Beste, was er hat: *Der Wille des Vaters ist es, ohne Vorbedingungen zu uns gut zu sein* (→ Mt 5,43 – 48: Kap. 10).

b) Solange wir wie der zu Hause gebliebene Sohn nicht begreifen, daß wir »immer beim Vater sind« und daß alles, was sein ist, auch unser ist und wir auch davon Gebrauch machen können, mögen wir uns abmühen, soviel wir wollen: Wir werden uns im Vergleich zu anderen ungerecht behandelt fühlen und »zornig« werden, nicht ahnend, daß wir uns unser Schicksal – aus Unwissenheit – selbst zuzuschreiben haben; denn: *Der Wille des Vaters ist es, daß wir uns der Überfülle, die allen Menschen zur Verfügung steht, bewußt werden und davon Gebrauch machen.* Jesus sagt von sich (Jh 10,10): »Ich bin gekommen, damit sie Leben und Fülle haben«; und (1J 4,8.16): »*Gott ist die Liebe!*« Kann der Vater im Himmel wollen, daß seine Kinder leiden?

2. [10 c] *Wie im Himmel – so auf Erden!*

Seit geraumer Zeit sprechen naturwissenschaftliche Forschungen für die These, daß in jedem Teil unseres Universums die Information des Ganzen enthalten ist. Davon war in Kapitel 14 schon kurz die Rede. In ihrer Sprache und für ihren Bereich haben seit Jahrtausenden Religionsstifter und Weise ähnliches durch Beobachtung und Intuition erkannt, gelehrt und seine Anwendung in der Praxis gezeigt. Die »Tabula smaragdina«, vermutlich im 2. bis 3. Jahrhundert nach Christus in Ägypten entstanden und dem Priester und Weisen Hermes Trismegistos zugeschrieben (vgl. F. A. Yates: Giordano Bruno and the Hermetic Tradition. New York 1964), enthält als zweite These folgenden Satz: »Das, was unten ist, ist gleich dem, was oben ist; und das, was oben ist, ist gleich dem, was unten ist, um zu vollbringen die Wunderwerke eines einzigen Dinges.« Bekannter ist die schon öfter zitierte Kurzfassung dieser These: »Wie oben – so unten!« Ähnliche Thesen waren im Altertum in verschiedenen Religionen bekannt. Sie bringen zum Ausdruck: *Alles im Universum ist den gleichen Gesetzmäßigkeiten unterworfen* (→ Kap. 4). *Dies gilt im Großen (»oben«) wie im Kleinen (»unten«). Wegen der Einheit (»einziges Ding«) von »oben« und »unten« sind »Wunderwerke« möglich und ereignen sich auch.* Der 1493 geborene Theophrast von Hohenheim, genannt Paracelsus, wendet das Prinzip »Wie oben – so unten« auf das Verhältnis des Menschen zum Kosmos an. Er bezeichnet den Menschen als »Mikrokosmos« (kleiner Kosmos) im »Makrokosmos« (großer Kosmos). Damit meint er: *Makrokosmos und Mikrokosmos sind eine Einheit. Der Mensch als Mikrokosmos ist Teil des Lebens des Makrokosmos. Daher gelten für die Menschen die gleichen Gesetzmäßigkeiten, die für das Universum gelten.*

Die Bergpredigt kleidet das Prinzip »Wie oben – so unten« in der damaligen religiösen Sprache in die Worte »Wie im Himmel – so auf Erden!« *Jesus* war sich seiner universellen spirituellen Natur und seiner Einheit mit dem Ganzen voll bewußt. Er sagte von sich (Jh 5,19): »Der Sohn vermag aus sich selbst nichts zu tun, was er nicht den Vater tun *sieht*[1]; denn was dieser tut, das tut auch der Sohn *in gleicher Weise*«; und: »Der Vater, der in mir wohnt, er ist am Werke« (Jh 14,10). Jesus wußte um die Einheit von Makrokosmos und Mikrokosmos, von »Himmel« und »Erde«, und um die in beiden gleichermaßen geltenden Gesetzmäßigkeiten, von denen er sagte (Mt 5,18: → Kap. 4): »Bis der Himmel und die Erde vergehen, wird nicht ein einziges Jota und ein einziges Häkchen vom Gesetz vergehen, bis alles vollendet ist.« In Anwendung dieser den meisten Menschen unbekannten Gesetzmäßigkeiten konnte er »die *Wunderwerke* eines *einzigen* Dinges« vollbringen. Nichteingeweihten mußte er als jemand erscheinen, der mit übernatürlichen, anderen nicht zur Verfügung stehenden Kräften ausgestattet war.[2] Er führte seine Jünger jedoch in die »Geheimnisse des Himmelreiches« ein und sagte ihnen ausdrücklich, sie könnten, wenn sie glaubten, die gleichen Werke tun wie er, ja noch größere (Jh 14,12). Auf diesem Hintergrund sagen uns die Worte »Wie im Himmel – so auf Erden«, in unsere Sprache übertragen:

Die Kraft und die Information des Ganzen (Himmel) ist in jedem seiner einzelnen An-Teile (auf Erden), also auch in jedem Menschen, vorhanden, da das Ganze (als Ur-Sachen-Ebene) und seine An-Teile (als Ebene der Wirkungen) eine Einheit sind. Dabei ist das Ganze mehr als die Summe seiner An-Teile. Im ganzen Universum gelten immer und überall die gleichen Gesetzmäßigkeiten. Es geht darum, »einverstanden« zu sein (Dein Wille geschehe!). Dies kann, wer »Eins verstanden« hat: seine Einheit mit dem Ganzen. Er weiß, daß er nur aus der Sicht (»den Vater tun sehen«) und in der Kraft (»der Vater tut die Werke«) des Ganzen handeln kann. Unter dieser Voraussetzung jedoch kann er sein Wissen in Form einer wissenschaftlichen Gesetzmäßigkeit praktisch anwenden. Das Ergebnis erscheint denen, die über diese Information nicht verfügen, als »Wunder«.

Tun:

1. Wenn Sie meinen, daß die im Teil »Dein Wille geschehe!« aufgestellten Hypothesen genügend Wahrscheinlichkeit besitzen, können Sie daran gehen, sie zu überprüfen. Das heißt praktisch: Sie können sich fragen: Was halte ich für den »Willen Gottes« (wenn Sie religiös sind)? Was halte ich für »Schicksal« (wenn Sie A-Theist sind)? Auf welchem religiösen, weltanschaulichen, kulturellen, politischen, familiären Hintergrund haben sich meine Konzepte gebildet? Gibt es Menschen, die über die gleichen Erfahrungen anders denken und empfinden? Woher kommen deren Einstellungen? Bin ich (meine Kirche etc.) allein im Besitz der Wahrheit? Oder sehe ich nur einen Aspekt der Wahrheit, und andere sehen andere Aspekte? Wenn ja: Kann das zu einer Erweiterung meines Blickwinkels führen? Kann es sein, daß ein Teil dessen, was ich für den »Willen Gottes« (»Schicksal, Bestimmung, Ergebnis der Sternkonstellation bei meiner Geburt« usw.) halte, im Sinne einer sich selbst erfüllenden Prophezeiung von mir selbst verursacht wird, weil die psychologische Gesetzmäßigkeit »Euch geschehe nach eurem → Glauben!« immer und überall gilt, unabhängig davon, ob ich das weiß und will oder nicht? Wenn ja: Was davon will und kann ich ändern? Was ist nicht (mehr) zu ändern? Wie kann ich das angehen, was ich ändern möchte? Außer den in diesem Buch an verschiedenen Stellen beschriebenen Wegen gibt es zahlreiche psychologische Einstellungsänderungs-Techniken[3]. Welche steht mir gefühlsmäßig am nächsten? »Vorsicht Falle!«: Was einem »nach der Mütze« ist, ist nicht immer zu empfehlen, da es manchmal nur die eigenen Vor-Urteile

bestätigt. Jeder kann sich jedoch nur seinen eigenen Weg suchen und ihn gehen. Es gibt kein Rezept für alle Fälle. Weiter können Sie sich fragen: Was kommt bei meinen Bemühungen praktisch heraus? Hier ist noch einmal Vorsicht angezeigt, da heute »positives Denken« manchmal in einem sehr oberflächlichen Sinne propagiert wird, was im Endergebnis zu massivem Enttäuschtsein führen kann. Solche Modeerscheinungen sind hier nicht gemeint. Da manche Denk-, Gefühls- und Verhaltensmuster sehr lange und zum Teil un(ter)bewußt verankert sind, ist Geduld und Beharrlichkeit erforderlich (→ Kap. 27). Es empfiehlt sich, mit leichten Aufgaben zu beginnen, deren Realisierung als möglich und wahrscheinlich erscheint.

2. Wenn die im Teil »Wie im Himmel – so auf Erden!« aufgestellten Thesen Sie ansprechen, können Sie sich überlegen: Wie sehe ich meine Beziehung zum Ganzen? Komme ich mir als verlorenes Stäubchen im Universum vor? Oder sprechen mich die folgenden Sätze an (Mt 10,29–31): »Verkauft man nicht zwei Sperlinge um einige Pfennige? Und doch fällt keiner von ihnen zu Boden ohne euren Vater. Von euch aber sind sogar die Haare des Hauptes alle gezählt. Darum fürchtet euch nicht: Ihr seid wertvoller als viele Sperlinge.« Woher kommen meine Einstellungen und Gefühle? Welche Erziehung und welche Art von Erfahrung mit »Vätern«, die ich unbewußt auf den »Vater im Himmel« übertrage, steckt dahinter? Möchte ich diese Konzepte beibehalten? Wo kann ich mich weiter informieren, um meinen Horizont zu erweitern[4]? Habe ich das »Eine verstanden«: daß in mir die gesamte Information und Kraft des Ganzen anwesend sind? Wie stehe ich zu dieser Aussage? Wie kann ich sie in meiner Sprache formulieren, damit sie für mich glaubhaft und wirkmächtig wird? Traue ich mir zu, in der Kraft des Ganzen »Wunder« zu tun? Auf welchem Gebiet? Wie kann ich beginnen?

Fazit:
Unseren Willen durchzusetzen mag manchmal in Richtung der Ego-Verwirklichung führen (von der »Verwirklichung« Anderer dadurch Betroffener einmal abgesehen!); ob solche Strategie zur *Selbst*-Verwirklichung führt, ist fragwürdig. Vermutlich stecken in jedem Menschen mehr Möglichkeiten, als wir bis jetzt ahnen.

18. Hier und jetzt
   (Mt 6,11)

[11] Unser tägliches Brot gib uns heute!

Hören:
1. Die äußere Bedeutung dieses Satzes hat mehrere Aspekte: *Brot* meint nicht nur Nahrung, sondern alles, was wir zum Leben brauchen (Lamsa). Das Wort *unser* weist auf die soziale Dimension der Bergpredigt hin, von der schon mehrmals die Rede war. Das *tägliche* Brot, das uns *heute* gegeben werden soll, erinnert an die Erzählung vom Manna im Alten Testament (2 M 16,1–36). Ob man viel oder wenig *sammelte*, blieb sich letztlich gleich: Jeder hatte das zur Verfügung, was er benötigte. Wer jedoch für den nächsten Tag etwas aufbewahrte und sich so ganz »natürlich« verhielt – wer möchte nicht Vorsorge für die Zukunft treffen, indem er Vorräte anlegt? –, zeigte damit, daß er dem durch Moses gegebenen Versprechen Gottes nicht traute und daß er die Gesetzmäßigkeit, die hinter dem Verbot der Bevorratung stand, nicht verstanden oder nicht akzeptiert hatte. Er mußte die Konsequenzen, das Faulen der Vorräte, tragen. »Unser tägliches Brot *gib* uns heute!« Auch dieses »gib« paßt nicht zu unseren gewohnten Einstellungen, sind wir es doch gewohnt, für unseren Lebensunterhalt aus eigenen Kräften *sorgen* (Mt 6,25) zu müssen, und wir verhalten uns auch so. Diese Überlegungen zeigen: *Schon die äußere Bedeutung dieses Satzes hat einige Widerhaken, die von uns ein Umdenken erfordern, wollen wir den Inhalt ehrlich akzeptieren können.*
2. Welche überlegende und überlegene geistige Strategie, die alles »normale« Denken auf den Kopf, oder besser: auf den Geist stellt, hinter dem Satz »Unser tägliches Brot gib uns heute!« steht, erkennen wir, wenn wir uns von Johannes, der von den vier Evangelisten die *innere* Bedeutung der Botschaft Jesu am offensten zum Ausdruck bringt, inspirieren lassen. Eine zentrale Aussage Jesu lautet bei ihm (Jh 6,32–35): »*Ich bin (ist) das Brot des Lebens.*« Johannes bezieht diesen Satz sicher nicht auf Jesus als Menschen, geschweige denn auf seinen materiellen Leib. Vielmehr ist der Name Gottes »Ich bin« gemeint, der »geheiligt« werden soll (→ Kap. 15). Daraus erhellt: *Beim »täglichen Brot« geht es primär um eine innere Einstellung, unser »Ich bin-Bewußtsein«.* Wird uns dieses Bewußtsein *gegeben*, können wir abrufen, was für uns schon immer bereit steht, und wir erhalten alles, was wir zum Leben brauchen. Hier wird eine Gesetzmäßigkeit wirksam, die schon bei der Mannaerzählung im Hintergrund steht und die in der Bergpredigt eine her-

ausragende Rolle spielt. Der zentrale Satz, gleichsam ein Passepartout, der alle Türen öffnet, wurde schon erwähnt: »Suchet *zuerst* sein Reich – und seine Gerechtigkeit und dies alles wird euch dazugegeben werden« (Mt 6,33: → Kap. 22). Mit anderen Worten: In der Triade »Körper (Materie) – Seele (Psyche) – Geist (Bewußtsein)« sind psychisches Recht-Sein (»Gerechtigkeit«) und materielle Versorgung (»Was wir essen, trinken, anziehen«: »dies alles«) Folgen unseres Geist-lichen Ich-bin-Bewußtseins (und nicht die Folgen unseres »kleingläubigen ängstlichen Sorgens«). Der Akzent dieser Vater-unser-Bitte liegt auf dem Wort *heute*. Hier kommt eine sehr wichtige psychologische Gesetzmäßigkeit zum Ausdruck: *Daß uns das Not-wendige jederzeit zur Verfügung steht, hängt davon ab, ob wir es hier und jetzt als schon gegeben »sehen« und somit annehmen.*[1]

Tun:
Es wird im Kapitel 22 beschrieben.

Fazit:
1. In der Bergpredigt spielt unsere materielle Versorgung eine wichtige Rolle. Von einer einseitigen »Jenseits«-Orientierung und einer sich daraus ergebenden Verachtung irdischer Güter kann keine Rede sein. Dies ist die eine Seite.
2. Die andere Seite ist die klare Ablehnung der Ansammlung materieller Güter *aus Angst*, zu kurz zu kommen, da wir das Benötigte jederzeit, von einem Tag zum anderen, erhalten können und da aus der Jagd nach solchen Gütern viele Übel entstehen. Ist dies nun eine weltfremde, naive Vorstellung, da wir uns doch durch alle möglichen Vorsorge-Maßnahmen (Sparen, Versicherungen, Altersversorgung usw.) für die Zukunft »absichern« müssen, und da die Erfahrung doch zeigt, daß die Reichen die Macht haben? Oder ist es ein Widerhaken, dessen Sinn wir erst noch verstehen lernen müssen?

19. Vergebung
   (Mt 6,12.14–15)

[12a] Vergib uns unsere Schulden, [12b] wie auch wir vergeben haben unseren Schuldnern. [14a] Denn wenn ihr den Menschen ihre Fehler vergebt, [14b] wird auch euch euer himmlischer Vater (eure Vergehen) vergeben. [15a] Wenn ihr aber den Menschen nicht vergebt, [15b] wird auch euer Vater eure Verfehlungen nicht vergeben.

Hören:

1. Allein schon der Kommentar zu Vers 12 in den Versen 14 und 15 weist auf die Wichtigkeit der Vergebung durch uns hin. Der Grund wurde bereits dargelegt (→ Kap. 5 und 9). Er läßt sich so zusammenfassen: *Solange wir nicht »loslassen«, das heißt, solange wir Schuldgefühle, Vorwürfe, Haß oder Verbitterung in uns kultivieren oder zulassen, sei es gegen uns selbst oder gegen andere Menschen, werden wir selbst innerlich nicht frei. Dabei spielt es keine Rolle, ob unsere Gefühle »objektiv« berechtigt sind oder nicht. Die Folgen zeigen sich in jedem Fall »vor aller Augen« in Form geistiger, seelischer oder körperlicher Krankheit, gestörter Beziehungen und materieller Not: alternativ oder kumulativ.*

2. Das Gesetz der Vergebung gilt nicht nur im persönlichen Bereich, sondern auch im Verhältnis von Gruppen und ganzen Völkern zueinander. Wenn an einem Volk oder einer Rasse in Form von Völkermord oder Pogromen Unrecht verübt wird, bleibt dieses Erleben nicht nur im Bewußtsein und im Gefühl, sondern es sinkt auch in die Tiefenschichten der Opfer, ihrer Angehörigen, ihrer Rasse und ihres Volkes, manchmal auch in das der Täter. Der Versuch, solches zu »vergessen«, führt nur zu weiterer Verdrängung, das heißt, zur weiteren Einspeicherung des Erlebten in tiefe Schichten mit allen oben beschriebenen negativen Folgen. Ein Weg, diese Erlebnisse zu verarbeiten, führt über deren Bewußtmachung und die folgende Vergebung für die Täter durch die Opfer. Es geht dabei um das Loslassen der *Gefühle*, so daß ein *Denken* an diese Ereignisse nicht mehr zu den beschriebenen negativen Auswirkungen führt. Geschieht dieses Loslassen nicht, so schädigen sich die Opfer weiter selbst, ohne es zu wissen, geschweige denn zu wollen[1]. Ähnliches gilt für die Täter. Auch ihnen hilft kein »Vergessen« oder trotzige Parolen wie »Endlich muß einmal ein Schlußstrich gezogen werden!« Die Täter müssen sich bewußt machen, was geschehen ist, und dann sich selbst vergeben. So werden sie von un(ter)bewußt gesteuerten Selbstbestrafungstendenzen frei und damit fähig, entsprechende Konsequenzen aus dem Geschehen zu ziehen. Damit wird nicht der Weg zu einer »Normalisierung« der Beziehungen – wenn damit ein *Vergessen* der Vergangenheit gemeint ist –, wohl aber der zu einer positiven Kommunikation zwischen Opfern und Tätern frei.

3. Die gleiche Gesetzmäßigkeit wird in der Bergpredigt noch einmal als »Gesetz des Ausgleichs« und als »Gesetz der Projektion« auf der Beziehungsebene demonstriert (→ Kap. 23 und 24). Auch der Rat Jesu, die Feinde zu lieben (→ Kap. 10), hat in ihr seine Grundlage. Die Anwendung dieses Gesetzes wird wenig später gezeigt, als Jesus einem Gelähmten *vor* dessen Heilung seine »Sünden« vergibt (Mt 9,1–8).

4. Deutlicher kann es nicht mehr gesagt werden: Wer seine Beziehungen zu anderen Menschen nicht in Ordnung bringt, darf nicht erwarten, daß er auf höherer Ebene entlastet wird. Ersteres ist Voraussetzung für das zweite. In unserer Sprache ausgedrückt: *Die Information und die Kraft des Ganzen kann den An-Teilen nur zukommen, wenn diese untereinander harmonieren. Dies deshalb, weil die »Empfänger-Teile« sonst so gestört sind, daß sie die »Wellen« des »Senders Ganzes« nicht empfangen können.* Jesus illustriert diesen Sachverhalt auch im Gleichnis vom unbarmherzigen Knecht (Mt 18,23–35).

Tun:
→ Kapitel 5 und 9.

Fazit:
Das Thema »Vergebung« kommt im Neuen Testament sehr oft und in verschiedenen Beispielen vor. Es geht dabei keineswegs um »Moral« oder um eine heroische, im psychologischen Sinn sehr fragwürdige »Selbstverleugnung«, sondern um überlegtes und überlegenes Denken, Fühlen und Verhalten auch im eigenen wohlverstandenen Interesse. Nur ein Beispiel sei noch angeführt (Mt 18,21 f.): »Da trat Petrus herzu und sagte zu ihm: ›Herr, wie oft darf mein Bruder gegen mich sündigen und ich soll ihm vergeben? Bis siebenmal?‹ Jesus sprach zu ihm: ›Nicht bis siebenmal, sondern siebzigmal siebenmal!‹« Der persische Mystiker Hafis sagt: »Wenn jeder alles von den anderen wüßte, es würde jeder gern und leicht vergeben« (Peseschkian 1977, S. 216).

20. Einheit oder Dualismus?
   (Mt 6,13)

[13 a] Und führe uns nicht in Versuchung, [13 b] sondern erlöse uns von dem Bösen; ([13 c] Denn Dein ist das Reich und die Kraft und die Herrlichkeit in Ewigkeit. Amen.)

Hören:
1. Durch Jahrhunderte hindurch war der Satz »Führe uns nicht in Versuchung« für viele Christen ein Stein des Anstoßes: Wie kann der Vater im Himmel seine Kinder in Versuchung führen? Widerspricht dies nicht seinem Wesen, das doch Liebe ist? Der griechische und lateinische Text sind jedoch eindeutig. Wir müssen uns damit auseinandersetzen.

Das griechische »peirasmos« bedeutet »Erprobung, Prüfung mit fraglichem Ausgang«. Dies ist nicht von vornherein etwas Negatives. »Versuchung« in dieser Bedeutung *kann*, muß aber nicht seinen Ausgang als Versagen nehmen. Im Sinne des bekannten Satzes »Jede Krise kann eine Chance sein!« kann die Erprobung auch positiv gesehen werden: als Möglichkeit zum Lernen, zu ganz neuen Erfahrungen, als Bewährungsprobe. Solange wir jedoch nicht »Meister« (Lk 6,37–40) sind und unser Versagen daher im Bereich der Wahrscheinlichkeit liegt, ist die Bitte »Führe uns nicht in Versuchung« sehr sinnvoll. Es gibt keinen Grund, sich darüber zu entrüsten oder den Text umzuändern.

In vielen alten Religionen gab es Bewährungsproben, die jemand bestehen mußte, bevor er in den Kreis der Eingeweihten aufgenommen – mit den »Geheimnissen des Himmelreichs« (Mt 13,10–17) vertraut gemacht – und mit wichtigen Aufgaben betraut wurde. Jesus kannte diese Praxis mit Sicherheit. Vielleicht hat er während seiner Ausbildung zum Meister im Osten sich solchen Prüfungen unterzogen. Er war jedenfalls von »Versuchungen« nicht ausgenommen (H 4,15), nur bestand er jede Probe. Bildhaft wird dies im Matthäus-Evangelium dargestellt (Mt 4,1–11). Diese »Versuchungen« waren gleichsam die Generalprobe auf seine Kraft und seine Fähigkeit, die erweisen sollte, ob er für die kommende Aufgabe vorbereitet war. Was ist der gemeinsame Nenner der drei Proben? Es fällt auf, daß es sich bei keiner um »Sünde« in der uns heute geläufigen Bedeutung handelt, auch nicht um Beziehungsprobleme zwischen Jesus und anderen Menschen. Es geht vielmehr um die Frage: Gestaltet der Mensch Jesus seine Welt im Bündnis mit dem *dualistischen Prinzip »Teufel«*, indem er zum Beispiel die Menschen durch Schauwunder an sich zu fesseln versucht? Oder vertraut er darauf, daß er nicht vom *»Brot«* allein, dem äußerlich Sichtbaren, sondern vom *»Wort Gottes«*, seinem inneren *Ich bin*-Bewußtsein, lebt und wirkt? Jesus entscheidet sich jeweils für die letztere Alternative und besteht damit die Probe. An diesem Punkt wird deutlich: Es geht nicht um Teilbereiche menschlichen Lebens, um moralische Verfehlungen etwa im Sinne unseres herkömmlichen Sündenbegriffs, sondern um eine Grund-Satz-Entscheidung: Der »Teufel« ist keine Instanz außerhalb von uns; er ist *in uns*, wie das Reich Gottes »inwendig in uns« ist (Lk 17,21). Wie die »Engel«, die Jesus nach Bestehen seiner Probe dienen, *Geist* sind, so auch der »Teufel«. Nur ist er nicht heiliger, heilender, ganzmachender Geist, sondern als Diabolos ein durcheinanderwerfender, verwirrender, trennender Geist. Das bedeutet: *»Ort« heiligen und un-heiligen Gei-*

stes ist unser eigenes Bewußtsein mit all seinen wach- und un(ter)bewußten kognitiven und emotionalen Qualitäten. »Teufel« und »Engel« sind zwei Aspekte unseres eigenen »Geistes«.

2. Die beiden Sätze »Und führe uns nicht in Versuchung, sondern erlöse uns von dem Bösen« gehören zusammen. Zu vermuten ist: Wenn es bei der »Versuchung« um eine Grundsatz-Entscheidung geht, die sich auf der *innerseelischen Ebene* abspielt, dann auch bei der »Bewahrung vor dem Bösen«.

Einen entscheidenden Hinweis, worum es sich dabei handelt, gibt Johannes (Jh 17,11–17): »Heiliger Vater, *bewahre sie* (die Jünger) *in deinem Namen*, den du mir gegeben hast, auf daß sie *eins* seien wie wir... Ich bitte nicht, daß du sie aus der Welt nehmest, sondern daß du sie *bewahrst vor dem Bösen*. Sie sind nicht *von* der Welt, wie auch ich nicht *von* der Welt bin. *Heilige* sie in der Wahrheit; dein Wort ist Wahrheit.« Aus diesem Text erhellt: *Der Name des Vaters »Ich bin« ist die Kraft, die die Jünger vor dem Bösen bewahrt.* Der letzte Satz dieses Gebetes führt an dessen Anfang zurück: »Geheiligt werde dein Name!« *Das »Böse« ist der dualistische Glaube an ein Getrenntsein von Gott und der Schöpfung, des Ganzen von seinen An-Teilen, der das »Ich-bin-Bewußtsein« der Einheit verdunkelt.* Dualistisch zu glauben heißt, »*von* der Welt« zu sein, sich, wie Paulus sagt (R 12,2), »die Art dieser Welt zu eigen zu machen«. *Durch »Erneuerung unseres Denkens«* (R 12,2) *wandeln wir uns um.* So werden wir »geheiligt« (heil gemacht) in der Wahrheit, die uns frei macht (Jh 8,32).

Tun:

Unsere Versuchungen ereignen sich im Alltag, im kleinen wie im weltweiten Maßstab. Sie sind Teilaspekte einer Grundsatz-Entscheidung. Wir bestehen im Sinne der Bergpredigt die Probe, je mehr wir begreifen: daß wir Salz und Licht für die ganze Erde sind, statt uns egoistisch in unsere kleine Welt zurückzuziehen (→ Kap. 3); daß es eine große, immer und überall gültige Gesetzmäßigkeit gibt, von der auch heute noch kein einziges Jota und kein einziges Häkchen überholt ist, statt von Menschen gemachten Vorschriften hinterher zu laufen (→ Kap. 4); daß wir selbst unser Schicksal gestalten, statt andere dafür verantwortlich zu machen (→ Kap. 5); daß es sehr sinnvoll ist, bei Problemen welcher Art auch immer alternative Blickwinkel einzunehmen und so bisher gewohntes Denken, Fühlen und Verhalten durch anderes ersetzen zu können, statt in die Falle unserer begrenzten Wahrnehmung zu tappen (→ Kap. 6); daß es klüger ist, Probleme als Herausforderungen zum Lernen anzusehen und sich ihnen zu stellen, statt vor ihnen davonzulaufen, indem wir die bequemste Lösung wählen (→ Kap. 7); daß eindeutige Zustimmung oder eindeutiger Widerspruch, auch wenn er eine Ent-Täuschung zur Folge hat, besser ist, als sich vor einer Ent-Scheidung zu drücken oder sich auf Autoritäten zu berufen (→ Kap. 8); daß wir den Teufelskreis von Gewalt und Gegengewalt durchbrechen können, indem wir gut über unseren Gegner denken, statt dem Bösen zu widerstehen (→ Kap. 9); daß die Änderung unseres Blickwinkels es uns ermöglicht, selbst zu unseren Feinden gut zu sein, statt nach der Regel des Krämergeistes »Do, ut des!« (Ich gebe, damit – oder weil – du gibst!) nur zu den Menschen gut zu sein, die zu uns gut sind (→ Kap. 10); daß alles, was wir zum Leben brauchen, für uns bereit steht, und wir es nur abzurufen brauchen, statt unseren Vater im Himmel als einen Willkürgott anzusehen und anzubetteln (→ Kap. 11); daß wir uns in Meditation und Kontemplation in unsere »Kammer« zurückziehen können, wenn wir von innen leben wollen, statt in den Augen der Öffentlichkeit möglichst perfekte Rollen zu spielen und uns vom Publikumsgeschmack hypnotisieren zu lassen (→ Kap. 12); daß wir innerlich und äußerlich frei werden, wenn wir »loslassen« (vergeben) können, statt Schuldgefühle, Haß oder Verbitterung in uns zu kultivieren (→ Kap. 19); daß unsere Versorgung mit allem Lebensnotwendigen gesichert ist, wenn unser Bewußtsein und unser Herz die Zusammenhänge klar erkennt, statt uns von der Jagd nach materieller Sicherheit einnebeln zu lassen (→ Kap. 22); daß es gilt, den Generalschlüssel, der uns den Zugang zu allem öffnet, zu suchen und zu finden, statt kleingläubig und ängstlich auf den nächsten Tag zu starren (→ Kap. 22); daß es gilt, sich klar für einen Weg zu entscheiden und ihn auch zu gehen, statt dauernd zwischen mehreren Alternativen hin und her zu schwanken (→ Kap. 22); daß es besser ist, sich am eigenen Portepee zu fassen, statt seine Probleme auf andere Menschen zu projizieren und dort anzuprangern (→ Kap. 24); daß Kommunikation und Verhalten zwischen Menschen in Ordnung ist oder kommt, wenn wir der Goldenen Regel folgen, statt uns an äußeren Maßstäben zu orientieren (→ Kap. 26); daß jeder von uns, auch wenn er dabei in den Augen der Mehrheit aneckt, seinen eigenen Weg gehen kann und muß, statt sich nach dem kollektiven Bewußtsein, nach dem, was »man« tut oder was gerade »in« ist, zu richten (→ Kap. 27); daß wir gut daran tun, religiöse und weltliche »Propheten« und Gurus an ihren »Früchten« zu erkennen, das heißt an dem, was sie selbst und ihre Anhänger praktizieren und praktisch erreichen, statt uns von schönklingenden Worten und Programmen einlullen zu lassen (→ Kap. 29); daß es nicht genügt, dies alles zur Kenntnis zu nehmen (»hören«) und darüber zu »diskutieren«, sondern daß es gilt, das Erkannte in die Tat umzusetzen (»tun«) (→ Kap. 31).

Fazit:
1. Wahrhaftig ein Mammutprogramm, das uns in der Bergpredigt angeboten wird! Auf diesem Hintergrund erscheint die Bitte »Führe uns nicht in Versuchung, sondern bewahre uns vor dem Bösen!« sehr sinnvoll, solange wir nicht wie Jesus oder einer der anderen großen Weisen der Menschheit »Meister« (Lk 6,39–40) sind. Vielleicht ergeht es uns wie den Menschen damals (Mt 7,28–29): »Als Jesus diese Reden vollendet hatte, waren die Scharen (die Massen) außer sich (erstaunt, entsetzt) über seine Lehre; denn er lehrte sie wie einer, der Macht hat, und nicht wie ihre Schriftgelehrten und Pharisäer.«

Unser größter Fehler wäre es, wollten wir uns jetzt ähnlich verhalten, wie es die Pharisäer damals besten Wissens mit ihren 613 Geboten und deren Auslegungen versuchten: alle Einzelheiten möglichst perfekt erfüllen zu wollen (→ Kap. 4). Wir würden scheitern wie sie.
2. Die Bergpredigt weist einen anderen Weg: »Suchet *zuerst* das Reich Gottes – und seine Gerechtigkeit, und dies alles wird euch *dazugegeben* werden« (Mt 6,33: → Kap. 22). Das meint: Je mehr und je intensivere Erfahrungen uns durch Loslassen in Meditation, Kontemplation, Gebet und Schöpferischer Vorstellung geschenkt werden, desto sicherer und spontaner werden wir die Prüfungen unseres Alltags bestehen. Und wir werden entdecken: Die Bergpredigt ist so aktuell wie vor 2000 Jahren, umfassender und praxisrelevanter als jedes heutige psychologische System.
3. Einige Handschriften lassen das Vater-unser mit den Worten schließen: [13 c] »Denn dein ist das Reich und die Kraft und die Herrlichkeit in Ewigkeit. Amen.« Diese Worte sind eine Zusammenfassung aus dem Alten Testament (1 C 29,10–13): »David pries den Herrn vor der ganzen Gemeinde und sprach: ›Gepriesen bist du, Herr, Gott Israels, *unseres Vaters, von Ewigkeit zu Ewigkeit. Dein, o Herr, ist die Größe, die Stärke, der Ruhm, der Glanz und die Majestät; denn alles im Himmel wie auf Erden* gehört dir! Dir, o Herr, gebührt das Königtum. Als Haupt überragst du alles. Reichtum und Ehre kommen von dir. In deiner Hand liegen Kraft und Stärke. In deiner Hand liegt es, *Größe und Macht einem jeden zu verleihen.* Und nun, unser Gott, danken wir dir und preisen deinen herrlichen *Namen.*«

Glauben wir, daß es, wie im Text gesagt, in der Hand unseres Vaters liegt, auch »einem jeden von *uns* Größe und Macht zu verleihen«? Oder sind diese Schlußworte nur Floskeln, die wir »daherplappern wie die Heiden«? Dann können sie für uns nicht praxisrelevant sein. Das Wort *Amen* ist verwandt mit dem bekannten *A-um* oder *Om*. Durch das wiederholte Beten oder Singen dieses Wortes wird das Gebet meditativ verinnerlicht.

21. Psycho-Hygiene: Innenwelt-Verschmutzung zeugt Umwelt-Verschmutzung
(Mt 6,16–18)

[16] Wenn ihr fastet, so schaut nicht trübselig drein wie die Heuchler; denn diese entstellen ihr Antlitz, damit die Menschen sehen, daß sie fasten. Wahrlich, ich sage euch: Sie haben ihren Lohn empfangen. [17] Wenn aber du fastest, so salbe dein Haupt und wasche dein Gesicht, [18] damit du mit deinem Fasten nicht auffällst vor den Menschen, sondern vor deinem Vater, der im Verborgenen ist; und dein Vater, der im Verborgenen sieht, wird dir vor aller Augen vergelten.

Hören:
1. In diesen Versen werden eine bestimmte Struktur und Motivation zum zweitenmal wiederholt (→ Kap. 11 und 12). Das gleiche Prinzip wird diesmal am Beispiel des Fastens demonstriert: *Nicht äußere Verhaltensweisen sind entscheidend, sondern unsere innere Einstellung; denn es gilt die Gesetzmäßigkeit »Wie innen – so außen!«* Jesus drückt diese Gesetzmäßigkeit für die damaligen Zuhörer sehr anschaulich aus (Mt 23,25 f.): »Wehe euch, ihr Schriftgelehrten und Pharisäer, ihr Heuchler! Ihr reinigt das *Äußere* des Bechers und der Schüssel, *innen* aber sind sie angefüllt mit Raub und Unmäßigkeit. Reinigt *zuerst das Innere* des Bechers und der Schüssel, damit auch ihr *Äußeres* rein werde.«
2. Die Verse 16–18 zeigen die gleiche Regel in verschlüsselter Form. Das *Haupt* ist der »Sitz« der Gedanken, die in unserem Angesicht äußerlich sichtbar werden. *Salben* bedeutet »Pflegen, geschmeidig machen, stärken«: So wurden zum Beispiel Kranke gesalbt, damit sie gesund wurden (J 5,14). Wer sein *Gesicht wäscht*, befreit es von Schmutz. Gesagt werden soll also ein weiteres Mal:
Unsere Gedanken entscheiden, was in unserem Leben »vor aller Augen« geschieht. Es kommt darauf an, sehr pfleglich mit unseren Gedanken umzugehen, damit unsere äußeren Erfahrungen in Ordnung sind. Umwelt-Verschmutzung ist im individuellen und kollektiven Bereich eine Folge von Innenwelt-Verschmutzung.
3. Daß Fasten nur in Verbindung mit einer bestimmten inneren Ein-

stellung sinnvoll ist, veranschaulicht eine Erzählung im Matthäus-Evangelium (Mt 17,14–21). Die Jünger bringen es nicht fertig, einen epileptischen Jungen zu heilen. Auf ihre Frage nach dem Grund ihres Versagens antwortet Jesus: »Diese Art wird nicht anders ausgetrieben als durch Gebet und Fasten.« Es fällt auf, daß das Gebet *vor* dem Fasten genannt ist. *Fasten* ist Verzicht auf etwas, Enthaltung von etwas, Loslassen; nur wenn Fasten mit *Gebet* einhergeht, das zu einer Einstellungsänderung in allen Schichten unserer Psyche führt (→ Kap. 12), wirkt es *heilend*.

4. Das Neue Testament zeigt an verschiedenen Stellen deutlich die Relativität des Fastens in den Augen Jesu, der dazu eine sehr distanzierte Einstellung hat. So sagt er zum Beispiel einmal (Mt 11,18f.): »Johannes ist gekommen, aß und trank nicht, und man sagt: ›Er hat einen Dämon!‹ Der Menschensohn ist gekommen, ißt und trinkt, und man sagt: ›Seht, dieser Mensch ist ein Fresser und Weinsäufer, ein Freund der Zöllner und Sünder!‹« Mit anderen Worten: Jesus war kein Asket. Außerdem wußte er: Es ist sowieso zwecklos, sich nach dem richten zu wollen, was »man« sagt, auch wenn es um das Thema Fasten geht. Auch die Jünger haben zu Lebzeiten Jesu während ihrer Ausbildung zu Meistern (Lk 6,39–40) wahrscheinlich nicht gefastet, keine »Askese geübt« (Mt 9,14–17). Schon Buddha hatte nach jahrelangen Kasteiungen unter dem Bodhi-Baum erkannt, daß dieser Weg nicht zur Erleuchtung führt. Das wußte auch Jesus. Er verwechselte nicht die Ursache (die Ich-bin-Erfahrung) mit der Wirkung (dem Loslassen-Können der »Welt«). Gerade in dieser Erkenntnis besteht ja das grundsätzliche Umdenken. Jesus drückt das mit dem Bild vom Kleid, vom Wein und den Schläuchen aus (Mt 9,16f.): Neue Denkweisen vertragen sich nicht mit alten, verbrauchten Gewohnheiten.

Tun:

1. Manche Religionsgemeinschaften kennen Vorschriften, was ihre Gläubigen essen oder trinken dürfen und was nicht, wann und in welcher Form sie fasten sollen und wann nicht. Dem Neuen Testament und in ihm der Bergpredigt sind, wie schon öfters demonstriert, solche Detailvorschriften fremd: Es gibt innere Grund-Sätze, aber keine für alle Menschen gültigen äußeren Verhaltensanweisungen und Regeln. Jesus wußte: *Wenn die geistige Einstellung richtig ist, ergeben sich alle Einzelheiten von selbst.* So kann er seine Jünger zum Beispiel recht locker anweisen (Lk 10,8f.): »Betretet ihr eine Stadt und nimmt man euch auf, so eßt, was euch vorgesetzt wird!« Ein gutes Beispiel finden wir auch im Brief des Paulus an die Römer (R 14,1–23). In seinen Augen ist es

83

nicht von Bedeutung, was jemand ißt oder nicht ißt: Dies hat auf sein »Angenommensein« keinen Einfluß: eine Einstellung, die sicher dogmatischen Ernährungs-Aposteln nicht schmecken dürfte! Lediglich aus Rücksicht auf Andersdenkende kann es ratsam sein, auf bestimmte Speisen und Getränke von Fall zu Fall zu verzichten. Auch hier geht es nicht ums Prinzip, ob zum Beispiel etwas »rein« oder »unrein« ist, sondern um Flexibilität im Wissen um die Relativität solcher Urteile. Letztlich gilt die persönliche Entscheidung in *Freiheit*: »Hast du eine Überzeugung, so habe sie für dich vor Gott; glücklich, wer sich nicht selbst verdammt für das, was er für recht hält... Alles, was *nicht* aus Überzeugung geschieht, ist Sünde!«

2. Körperliches Fasten kann aus verschiedenen Gründen sehr sinn-voll sein; manchmal ist es notwendig, zum Beispiel zur Erhaltung oder Wiederherstellung körperlicher Gesundheit. Eine ausschließliche Konzentration auf Art und Menge der Nahrungsaufnahme kann jedoch lediglich zu vorübergehendem Erfolg führen; denn so lange wir unsere individuellen und kollektiven, in unserer Lebensgeschichte erworbenen bewußten und un(ter)bewußten »Programme« beibehalten, die uns im wörtlichen Sinn »in Fleisch und Blut übergegangen« sind, werden unsere tiefen Schichten alle Bemühungen immer wieder zunichte machen. Zur *Physio-Hygiene* (nahrungsmäßiges Fasten) muß die *Psycho-Hygiene* (eine tiefgehende Einstellungsänderung) hinzukommen. Nur so kann der »Problem-Berg« wirklich ins »Meer« gestürzt werden (Mt 17,14–21). Wer dies weiß und beobachtet, braucht nicht mehr ängstlich auf jedes Gramm zu achten. Er muß auch nicht sklavisch auf die Qualität der angebotenen Nahrungsmittel bedacht sein. Jesus wußte – wie der Orden der Essener – sicher auch, daß die Art, wie unser Körper mit schädlichen Stoffen fertig werden kann, von unserer inneren Einstellung mitbestimmt wird. Heute würden wir sagen: Unsere Abwehrkräfte (Immunsystem) werden von psychischen Faktoren beeinflußt. Vielleicht ist ein Satz im folgenden Zitat in diesem Sinne zu verstehen: »Als Zeichen aber werden denen, die *glauben*, diese zur Seite sein: In meinem Namen werden sie Dämonen austreiben, mit neuen Zungen reden, Schlangen aufheben, *und wenn sie etwas Tödliches trinken, wird es ihnen nicht schaden.* Kranken werden sie die Hände auflegen, und diese werden gesund werden« (Mk 16,17f.).

Fazit:
Regeln und Empfehlungen, zum Beispiel in Form von Fast- und Abstinenztagen, können als Anstöße und zur Orientierung hilfreich sein.

84

Wir brauchen uns jedoch von niemand vorschreiben zu lassen, was, wieviel und wann wir essen und trinken und fasten sollen. Das Entscheidende ist unsere innere Einstellung. Aus ihr folgt unser Verhalten.

22. Sucht oder Suche: Das Gesetz der Versorgung
   (Mt 6,19–34)

Hören:
Dieses Kapitel greift das Gesetz vom Geben und Empfangen (→ Kap. 11) und die Bitte »Unser tägliches Brot gib uns heute!« (→ Kap. 18) auf. Es wiederholt einige wichtige Grundregeln, deren Beobachtung für unsere Versorgung mit dem Lebensnotwendigen unerläßlich sind, und konkretisiert sie in einem Bild aus der Natur.
1. *»Wie im Himmel – so auf Erden!«* [19] Sammelt euch nicht Schätze *auf Erden*, wo Motte und Rost sie verzehren und wo Diebe einbrechen und stehlen, [20] sondern sammelt euch Schätze *im Himmel*, wo weder Motte noch Rost sie verzehren und wo Diebe nicht einbrechen und stehlen. [21] Denn wo dein Schatz ist, da wird auch dein Herz sein.

Auf materiellen Besitz aus zu sein und möglichst viel davon ansammeln zu wollen, das zeugt von keiner Ein-Sicht in die wirklichen Gesetzmäßigkeiten; denn Sicherheit bekommen wir auf diese Weise nicht. Im Gegenteil: Wir werden immer wieder erfahren, wie instabil unsere Versorgung im individuellen wie im kollektiven Maßstab ist. Ist ein Problem gelöst, kommt schon das nächste. Vieles geht durch unvorhergesehene Ereignisse verloren. Es nützt nichts, nach dem Motto »Mehr desselben« (Watzlawick 1974) immer wieder die gleichen Methoden in unterschiedlichen Abwandlungen zu versuchen. Es gilt vielmehr, eine Strategie auf einer anderen Ebene und Lösungen höherer Ordnung zu finden. Es gibt diesen Weg, der uns und anderen absolute Sicherheit bietet und uns noch dazu ohne schädlichen »Streß« [1] und dessen negative Folgen leben läßt: Wenn wir das Prinzip »Wie im Himmel – so auf Erden« oder »Wie oben – so unten« (→ Kap. 17) auf unsere Versorgung anwenden:
Die innere Ein(s)-Sicht, daß wir (auf Erden) in einem freundlichen Universum (Himmel) leben, ist nicht von unseren finanziellen, politischen, gesellschaftlichen, also von äußeren Verhältnissen abhängig und kann uns deshalb auch von niemandem und von keinem Ereignis (Rost und Motten) genommen werden. Je mehr uns bewußt wird, daß wir in jedem Teil (auf Erden) die Information und Kraft des Ganzen (Him-

mel) finden – »Pars pro toto« nannten das die Römer –, desto mehr werden wir mit dem Herzen dabei sein: eine wesentliche Voraussetzung für wirksames Beten (→ Kap. 12).

2. *Wie innen – so außen!* [22] Die Leuchte deines Leibes ist dein Auge. Ist nun dein Auge klar, wird dein ganzer Leib im Licht sein. [23] Ist aber dein Auge untauglich, so wird dein ganzer Leib im Finstern sein. Wenn darum das Licht, das in dir ist, Finsternis ist, was mag das für eine Finsternis sein!

Der Text spricht vom *Auge*, nicht von »den Augen«! Dieses »Auge« ist eine »Leuchte«. Wie der rote Punkt zwischen den Augen indischer Frauen das »dritte Auge« symbolisiert, das nur *eines* ist, weil es *die Einheit wahrnimmt*, während unsere beiden körperlichen Augen die Welt der Polarität und Dualität sehen und sie so deuten (Griffith S. 95), so ist auch hier das Auge ein Symbol für unsere Wahrnehmung. Von ihrer Qualität hängt es ab, ob unser »Leib«, unsere erfahrbare äußere Wirklichkeit, im Licht oder in der Finsternis ist (→ Kap. 6 und 24). Es kommt darauf an, daß das Auge »klar« ist. Das griechische Wort »haplous« bedeutet »einfach«, oft mißverständlich mit »einfältig« übersetzt, was ursprünglich der Gegensatz zu »zwie-spältig« war! Gemeint ist also: *Die Art unserer Erfahrungen mit uns selbst und der ganzen Außenwelt hängt von unserer Wahrnehmung ab. Nimmt diese hinter allen Erscheinungen die Einheit wahr, werden unsere Erfahrungen »lichtvoll« sein. Läßt sich unser Bewußtsein hingegen vom polaren, »zwie-spältigen« Augen-Schein täuschen, so werden unsere Erfahrungen »trübe« sein.* Schon Epiktet sagt: »Nicht die Dinge beunruhigen uns, sondern unsere Meinung, die wir über die Dinge haben«; und Schopenhauer: »Deine Gedanken sind dein Schicksal!«: »Wie innen – so außen!«

3. *Ein-Deutigkeit oder Ambivalenz?* [24] Niemand kann zwei Herren dienen; denn entweder wird er den einen hassen und den anderen lieben, oder er wird dem einen zuneigen und den anderen verachten. Ihr könnt nicht Gott dienen und dem Mammon!

Es heißt: Wir können nicht Gott und dem Mammon zugleich *dienen*. Es ist aber durchaus möglich und sinnvoll, wie sich zeigen wird, Gott zu *dienen* und dadurch über den Mammon zu *herrschen*. Das bedeutet: Indem und weil wir uns »Schätze im Himmel sammeln« *(»zuerst* das Reich Gottes suchen«), wird uns der »Mammon« *dazugegeben!* Unsere *Einstellung* zum »Mammon« ist entscheidend: Sind wir seine Sklaven – und das können wir auch sein, wenn wir wenig oder nichts besitzen! –, dann werden wir ihm nachjagen und das Erjagte eifersüchtig sammeln und bewachen; fühlen wir uns als Verwalter

86

(Lk 12,41–48) im Sinne des Gesetzes vom Geben und Empfangen (→Kap. 11), wird uns im Überfluß zuteil. Es ist nicht einfach, uns die Sichtweise der Bergpredigt zu eigen zu machen und uns »Schätze im Himmel« anzulegen. Oft ist es schon schwer genug, zu *erkennen*, ob wir im Empfinden, Denken und Handeln himmel- oder erdgebunden sind. Oder wir schwanken zwischen »Gott und dem Mammon« hin und her: Einerseits erkennen wir, was wir tun »sollten«; andererseits ist unser Herz auf Grund unserer polaren Wahrnehmung und der daraus resultierenden dualistischen Deutung unserer Welt individuell und kollektiv, bewußt und un(ter)bewußt, seit Jahrtausenden darauf programmiert, »Schätze auf Erden« zu sammeln:

Wir sehen Armut und Reichtum um uns herum höchst ungleich unter den Menschen und Völkern verteilt und wollen entweder »die Verhältnisse ändern« – was im Klartext manchmal heißt: die Besitzverhältnisse zu unseren Gunsten umverteilen –, oder wir stellen resigniert fest, daß der Lauf der Welt nun mal so sei: Hat nicht Jesus schon gesagt (Mt 26,11): »Arme werdet ihr immer unter euch haben.«? Wir haben am Modell anderer Menschen gelernt, wie man es machen muß, um ein möglichst großes Stück des »Kuchens« für uns zu ergattern, da wir selbstverständlich, bewußt und/oder un(ter)bewußt, voraussetzen, daß er eben nur begrenzt vorrätig sei. Wir haben am Erfolg unseres eigenen Verhaltens gelernt: »Ohne Fleiß kein Preis!«, wobei »Fleiß« manchmal durch »Schweiß« ersetzt wird (vg. 1 M 3,19). Konzepte wie »Man muß für alle Eventualitäten vorsorgen!« sind nicht nur in unserem Bewußtsein, sondern auch tief un(ter)bewußt verankert. Haben wir nicht alle schon gesehen, was passiert, wenn jemand diese Regel nicht befolgt? Wobei das Fortsetzungskonzept »Ausnahmen bestätigen die Regel!« es uns erspart, zu überlegen, wie diese Ausnahmen zustande kommen; denn sonst müßten wir ja unsere Vor-Urteile revidieren und tatsächlich unsere Denk- und Verhaltensgewohnheiten ändern! Wir befürchten zu kurz zu kommen, auf andere Menschen oder den Staat angewiesen zu sein und im Alter darben zu müssen. Erweist sich nicht gerade in jüngster Zeit, auf wie schwachen Beinen der sogenannte »Generationenvertrag« steht? Selbst wenn alle diese Konzepte nicht in uns eingespeichert wären, erhöben sich bei vielen religiösen Menschen, je nach Religion, Kirche oder Konfession unterschiedlich, weitere Einwände, die gefühlsmäßig tief verankert sind, da schon seit frühester Kindheit gelernt: Ist es überhaupt im Sinne Jesu, um materielle Güter zu bitten, wo er doch selbst (angeblich) in Armut gelebt (Lk 8,3) und den Ausruf »Selig die Armen!« an den Beginn der Bergpredigt gestellt hat (Mt 5,3)? Ist nicht Geld die Wurzel aller Übel, wie schon Paulus (angeblich) schreibt (1 Tm 6,10)? Müssen wir nicht leiden, um getröstet zu werden, wie es schon in der 2. Seligpreisung heißt (Mt 5,4)? Heißt es nicht: »Wen Gott lieb hat, den züchtigt er!« (Sp 3,12)? Sind wir es als »Sünder« überhaupt wert, daß es uns gut geht? Diese Konzepte und Fragen ließen sich mühelos fortsetzen. Sie zeigen beispielhaft, welche Abwehrmechanismen es zu klären und zu überwinden gilt. Aus Vers 24 wird jedenfalls deutlich: Es gilt, eine klare Entscheidung zu treffen und auch durchzuhalten. Entweder konzentrieren wir uns ein-deutig – und nicht zwie-spältig – auf den »Himmel« *oder* auf die »Erde«, gedanklich und in unseren Gefühlen (»lieben – hassen, zuneigen – verachten«). Wollen wir auf Nummer sicher gehen, indem wir in beide Alternativen *gleicherweise* Energie investieren (»Gott dienen *und* dem Mammon« statt »*zuerst* sein Reich zu suchen«), setzen wir uns zwischen zwei Stühle. Wenn und solange wir nicht alles auf die Karte »Himmel« setzen wollen, ist es schon klüger, uns eindeutig und mit ganzer Kraft auf die »Erde« zu konzentrieren, wie wir dies ja gelernt haben. »Die Kinder dieser Welt sind unter ihresgleichen klüger als die Kinder des Lichts«, sagt Jesus im Gleichnis vom ungerechten Verwalter (Lk 16,1–13), weil sie mit aller Konsequenz auf *ein* Pferd setzen und so immerhin den Spatz in der Hand statt der Taube auf dem Dach haben, allerdings mit allen oben geschilderten negativen Begleiterscheinungen.

4. »Schwankt nicht hin und her!« [25] Darum sage ich euch: macht euch nicht Sorge für euer Leben, was ihr essen oder trinken sollt, noch für euren Leib, was ihr anziehen werdet. Ist nicht das Leben mehr als die Speise und der Leib mehr als die Kleidung? [26] Seht auf die Vögel des Himmels: Sie säen nicht, sie ernten nicht, sie sammeln nicht in die Scheunen, und euer himmlischer Vater ernährt sie. Seid ihr nicht viel wertvoller als sie? [27] Wer unter euch vermag mit seinen Sorgen seinem Lebensweg eine einzige Elle hinzuzufügen? [28] Und was macht ihr euch Sorgen um die Kleidung? Betrachtet die Lilien des Feldes, wie sie wachsen: Sie arbeiten und spinnen nicht, [29] und doch sage ich euch: Selbst Salomon in all seiner Pracht war nicht gekleidet wie eine von ihnen. [30] Wenn nun Gott das Gras des Feldes, das heute steht und morgen in den Ofen geworfen wird, so kleidet, wieviel mehr euch, ihr Kleingläubigen? [31] Macht euch nicht Sorgen und sagt nicht: Was werden wir essen, was werden wir trinken, womit werden wir uns bekleiden? [32a] Denn nach all dem trachten die Heiden.

»Oh du heilige Einfalt!«, ist »man« versucht auszurufen, »so kann auch nur ein Orientale vor zweitausend Jahren sprechen! Dann doch lieber ein ›Heide‹ sein, der die Realität zur Kenntnis und dafür den Vorwurf in Kauf nimmt, ein ›Kleingläubiger‹ zu sein!« Der Leser jedoch, der den Ausführungen bis hierher gefolgt ist, erkennt, daß dieser Text die etwas abstrakten Verse 19–24 aus einer sehr konkreten, realistischen Perspektive zeigt: Das griechische »merimnao« meint die das Gemüt gleichsam spaltende, hin und her zerrende Erwägung der Möglichkeiten, insbesondere der schlimmen. »Hé psyché« ist die Seele als Trägerin des physischen Lebens (Nestle 1953, S. 15). Von daher wurde die Überschrift dieses 4. Teils so gewählt, wie der erste Teil von Vers 25 »Macht euch nicht Sorge für euer Leben« sinngemäß am besten übersetzt wird. Nicht die Entscheidung für *einen* der beiden »Herren« ist das Gefährliche, sondern das sich nicht entscheiden Können, *welchem* von beiden wir »dienen« wollen. So bekommt unser Gemüt, unsere Tiefenschicht, widersprüchliche Informationen. Entsprechend diffus werden auch unsere Erfahrungen sein. Ähnlich lautet Vers 31 in wörtlicher Übersetzung: »Schwankt nicht hin und her, *sprechend*: Was sollen wir essen…? »Sprechen« ist Aus-Druck unserer Gedanken und Gefühle. Sind sie durch ängstliches »Sorgen« aufgrund von »Kleingläubigkeit« bezüglich unserer Versorgung gekennzeichnet, so schaffen wir das, was wir befürchten (Hi 3,25). Es gilt das psychologische Gesetz:

Indem wir uns in unseren Gedanken und Gefühlen, in unserem Gemüt, fortwährend mit Mangelzuständen und drohendem Unheil, mit Schuld- und Unwürdigkeitsgefühlen etc. beschäftigen, verhalten wir uns der Regel »Widerstehet nicht dem Bösen!« (→ Kap. 9) genau entgegengesetzt. Wir merken gar nicht, daß wir auf diese Weise Armuts- und Mangelbewußtsein in unsere Tiefenschichten immer wieder und immer mehr einprägen, wodurch wir gemäß der Gesetzmäßigkeit »Wie innen – so außen!« eine sich selbst erfüllende Prophezeiung in Gang setzen und so unser und anderer Menschen Elend (mit-)produzieren.

»Nach all dem trachten die Heiden.« Die Heiden der damaligen Zeit waren durchaus religiöse und auch fromme Menschen. Der Begriff meint hier diejenigen, denen es im Unterschied zu den Jüngern »nicht gegeben ist, die Geheimnisse des Himmelreiches zu verstehen. Denn wer sie (verstanden) hat, dem wird gegeben werden, und er wird im Überfluß haben; wer (sie) aber nicht (verstanden) hat, dem wird auch das, was er hat, genommen werden« (Mt 13,10–17). Diese Worte zeigen noch einmal deutlich den Zusammenhang zwischen dem Verstehen universeller Gesetzmäßigkeiten, der »Geheimnisse des Himmelreichs«, und dessen Folge für unser Leben, auch für unsere

Versorgung mit dem Lebensnotwendigen. Ob wir verstehen oder nicht verstehen, das hängt nicht davon ab, ob wir einer bestimmten Religion oder Konfession angehören oder nicht, sondern davon, wie wir wahrnehmen und welche Konsequenzen wir daraus ziehen.

5. *Der Generalschlüssel* [32 b] Euer Vater im Himmel weiß ja, daß ihr all dessen bedürft. [33 a] Suchet daher zuerst sein Reich, [33 b] und seine Gerechtigkeit und dies alles wird euch dazugegeben werden.[2]

Vers [32 b] wurde bereits im Zusammenhang mit Vers 8 kommentiert (→ Kap. 12). Vers 33 a/b gibt uns gleichsam einen »Passepartout«, einen Generalschlüssel, der uns alle Türen öffnet: »Suchet *zuerst* sein Reich!« Wenn das Reich des Vaters im Himmel gefunden ist, werden wir alles andere als Zugabe erhalten: »Gerechtigkeit«, das heißt: soziales Engagement von innen (→ Kap. 5–10) und alle Dinge des täglichen Lebens. Das bedeutet:

Wir können uns voll und ganz auf die Haupt-Sache, das Suchen des »Reiches Gottes«, in Meditation und Kontemplation konzentrieren. Wir brauchen uns nicht damit abzuquälen, möglichst viele Vorschriften möglichst genau einzuhalten (→ Kap. 4 und 20) oder uns im zwischenmenschlichen Bereich mit unzähligen »Kleinigkeiten« des Alltags herumzuschlagen, denn »gerechtes« Verhalten ergibt sich von selbst: Es wird uns mit den Dingen des täglichen Bedarfs gratis hinzugegeben, je mehr uns die Erfahrung der Einheit, das »Reich Gottes«, geschenkt wird: eine ungeheure Entlastung! Johannes beschreibt die gleiche Wahrheit mit anderen Worten (Jh 10,10): »Ich bin gekommen, damit sie *Leben* haben und damit sie *Fülle* haben.« Der Kirchenvater Klemens von Alexandrien erklärt:[3] »Strebe nach dem Großen, und das Kleine wird dir hinzugegeben; suche nach dem Himmlischen, und das Irdische wird dir zufallen.« Tin Fu King, ein chinesischer Weiser, lehrt:[4] »Wer den Weg des Himmels beobachtet und dessen Wirken übernimmt, wird alle seine Ziele erreichen.«

6. *Das Gesetz vom Hier und Heute* [34 a] Macht euch daher nicht Sorge für den morgigen Tag; [34 b] denn der morgige Tag wird für sich selber sorgen. [34 c] Jedem Tag genügt seine Plage.

Wer auch nur einmal in einem vorderorientalischen oder nordafrikanischen Basar war, kennt den äußeren Hintergrund dieses Verses: Viele Händler schließen ihren Laden, wenn sie soviel verdient haben, daß sie heute davon leben können; das Geld für den nächsten Tag wird morgen verdient. Vers 34 hat aber auch eine innere Bedeutung. Er ist die *psychologische Konsequenz* aus den Versen 19–33: Wer einmal die verborgenen Gesetzmäßigkeiten (»Geheimnisse«) des Universums (»Gottesreich«) gefunden, verstanden und angewandt hat, wessen »Auge« also *klar* ist, der hat die Erfahrung machen können, daß er sich in der Tat keine Sorgen um die Zukunft mehr machen muß. Er kann ganz im Hier und Heute leben. Gleichzeitig greift Vers 34 noch einmal Vers 11 »Unser *tägliches* Brot gib uns *heute*!« auf. Wer im »Ich-bin-Bewußtsein« verankert ist, weiß: *Was wir hier und jetzt, heute, als schon gegeben »sehen« und somit annehmen, wird uns mit absoluter Sicherheit zuteil werden.* Wir sollen *heute nicht* für den *morgigen* Tag sorgen: Dies meint Vers 34 c »Jedem Tag genügt seine Plage«. Unter Voraussetzung der oben beschriebenen psychologischen Konsequenz wird der morgige Tag tatsächlich *für sich selber* sorgen. Markus beschreibt diesen Vorgang in einem Bild (Mk 4,26–29: → »Unterbewußtsein«). Gemeint ist ein schon an verschiedenen Stellen beschriebenes psychologisches Gesetz:

Was wir heute mit Über-Zeugung in unser »Unter-Bewußtsein« (»Erde«) eingeben (»Samen«), wird zukünftig (»morgen«) von selbst, ohne daß wir etwas dazutun müssen, nach dem Prinzip »Wie innen – so außen!« zur Verwirklichung (»Frucht, Ernte«) kommen.

Tun:

1. Zunächst seien einige Fragen formuliert, die zum Nachdenken anregen können: Glaube ich nur das, was ich sehe, was sich »wissenschaftlich beweisen« läßt – auch das ist letztlich eine Form von → Glauben, dessen Voraussetzungen letztlich nicht überprüfbar sind (→ Wissenschaft)! –, oder ziehe ich in Betracht, daß auch ganz andere Sichtweisen möglich sind, die mir neue Horizonte eröffnen können? Wie ist meine Einstellung zum Geld? Jage ich ihm nach, weil ich in seinem Erwerb und in seinem »Sammeln« die einzige Möglichkeit sehe, mich abzusichern, und/oder weil ich »möglichst viel aus dem Leben herausholen« will? Oder aus welchen anderen Gründen? Bin ich der Ansicht, daß »Geld stinkt«? Warum? Paulus schreibt (1 Tm 6,10): »Die *Gier* nach Geld ist die Wurzel allen Übels«, nicht das Geld selbst. Beide Einstellungen, die Gier wie auch die Ablehnung, bedeuten innere Abhängigkeit und damit Unfreiheit. Stehe ich dem Mittel »Geld« innerlich locker gegenüber, seine Möglichkeiten sowohl genießend als auch wissend, daß ich nur »Verwalter« bin? Kann ich mein Geld frei fließen lassen und anderen davon mitgeben, wohl wissend um das Gesetz vom Geben und Empfangen (→ Kap. 11)? Ist mir bewußt, daß ich mit Geben das Empfangen in reicherem Maße in Gang setze (Schmidt, Die Goldene Regel), daß also, wenn »meine Linke nicht weiß, was meine Rechte tut«, mir reichlich zurückgegeben wird? Von welchen Dingen, die ich nach der Devise »Man könnte es ja noch mal brauchen!« seit

Jahren angehäuft, aber noch nie oder nicht mehr benutzt habe, kann ich mich trennen, um einen ersten praktischen Schritt in Richtung »Loslassen« zu tun?

2. *Wie* und *wo* sollen wir das Reich Gottes suchen? *Wie* und *wo* ist es zu finden? Bevor wir diese Fragen beantworten können, tun wir gut daran, uns noch einmal einige Aussagen des Neuen Testaments ins Gedächtnis zurückzurufen: »Das Reich Gottes ist *inwendig in euch*«, sagt Jesus zu den Pharisäern (Lk 17,21). Das heißt doch: Das Reich Gottes ist bereits da, es ist bereits eine Realität. Wenn wir es bis jetzt nicht gefunden haben, so vielleicht deshalb, weil wir am falschen »Ort« gesucht haben: überall außen, vielleicht in einem räumlich oder zeitlich weit entfernt vorgestellten »Himmel« oder »Jenseits«, nur nicht in uns selbst und in anderen Menschen. Vielleicht haben wir auch gar nicht gesucht, weil wir die Bergpredigt für eine Angelegenheit von Spezialisten oder Träumern hielten und meinten, daß sie für uns, die wir doch mit beiden Beinen auf der Erde stehen, nicht in Frage komme oder nicht anwendbar sei. Vielleicht haben wir auch mit einer falschen oder ungenügenden Einstellung gesucht: weil wir nicht begriffen haben, daß die Erfahrung des Reiches Gottes eine radikale Umstellung unseres Denkens und Fühlens auf allen Ebenen unseres Bewußtseins voraussetzt.

3. Die Bergpredigt zeigt verschiedene Wege, die je unterschiedlich gegangen werden können. Der allen Wegen gemeinsame Nenner heißt: *Wie du geglaubt hast, so soll dir geschehen!* « (Mt 8,13). Das bedeutet für unsere Fragestellung: Es ist Not-wendig, zutiefst davon überzeugt zu sein, daß wir das Reich Gottes suchen und finden *können* und daß der *Weg*, den wir individuell, unserem Denken und Fühlen entsprechend, gewählt haben, zum Ziel führt. Den Königsweg, der für jeden Menschen, gleichgültig welcher Rasse, Religion oder sozialen Status, gangbar ist, gibt die Bergpredigt in Mt 6,6 (→ Kap. 12) an; er wird in den Kapiteln 34–37 in die Praxis übersetzt. Bei diesen Formen »wirksamen Gebets« geht es um die »senkrechte Dimension«. Sie ist eine, aber nicht die einzig wesentliche Komponente. Die andere ist die »waagrechte Dimension«. Die Bergpredigt faßt sie in der »Goldenen Regel« zusammen (→ Kap. 26).

Fazit:

Je intensiver wir uns in Meditation und Kontemplation in die Gedanken der Bergpredigt hineinversenken, desto mehr wird unsere innere »Finsternis«, unsere höchst begrenzte Wahrnehmung, dem »Licht, das *in uns* ist«, weichen. Desto eher können wir uns entscheiden, nicht hinter dem Geld herzujagen, sondern gelassen auf dem Hintergrund des Satzes »Euer Vater weiß ja, daß ihr all dessen bedürft!« von der bereitstehenden Fülle Gebrauch zu machen.

IV. Ent-Täuschung

23. Saat und Ernte: Das Gesetz des Ausgleichs
(Mt 7,1–2)

[1] Richtet nicht, damit ihr nicht gerichtet werdet. [2] Denn mit dem Urteil, mit dem ihr richtet, werdet ihr gerichtet werden, und mit dem Maß, mit dem ihr meßt, wird euch gemessen werden.

Hören:

1. Lukas fügt dem Matthäustext hinzu: »Sprecht frei, und ihr werdet freigesprochen werden. Gebt, und es wird euch gegeben werden; ein gutes, vollgedrücktes, gerütteltes und gehäuftes Maß wird man euch in euren Schoß geben« (Lk 6,37f.). Paulus schreibt: »Es ist so: Wer spärlich sät, wird auch spärlich ernten, und wer mit vollen Händen sät, wird mit vollen Händen ernten. Jeder gebe, wie er es sich vorgenommen hat, in seinem *Herzen*, nicht mit Unlust oder Zwang; denn einen *freudigen* Geber hat Gott lieb« (2 K 9,6); und: *»Was einer sät, das wird er auch ernten!«* (G 6,7). Auch beim Gesetz des Ausgleichs spielt unsere gefühlsmäßige, bewußte und un(ter)bewußte Einstellung – unser »Herz«, wie Paulus es nennt – eine wesentliche Rolle.

2. Wer auch nur ein wenig Einblick in das Gedankengut fernöstlicher Religionen hat, mag sich erstaunt die Augen reiben: Ist im Kernstück des Neuen Testaments, der Bergpredigt, etwa vom Gesetz des »Karma« die Rede? Wer will, kann die obigen Texte so verstehen. Sie könnten jedenfalls ebensogut beispielsweise in buddhistischen Schriften stehen. Auch wenn Jesus nicht persönlich im heutigen Indien, Pakistan, Kaschmir oder Tibet gewesen wäre (→ Ebenen der Schriftauslegung) oder wenn er und/oder die neutestamentlichen Schriftsteller niemals mit fernöstlichem Gedankengut in Berührung gekommen wären, was schon deshalb unwahrscheinlich ist, weil es in den Schriften des Esséner-Ordens eine Rolle spielt, wäre diese Verwandtschaft nicht verwunderlich: handelt es sich doch um eine psychologische Gesetzmäßigkeit, die allen großen Religionsstiftern der Antike geläufig war, weil sie sie als äußerst wache Geister entdeckt, überprüft und für allgemein gültig befunden haben. Die Bergpredigt sagt in den Versen 1 und 2 unmißverständlich: *Unser »Schicksal« ist das Ergebnis sowohl unserer*

kollektiven als auch unserer individuellen bewußten, vorbewußten und un(ter)bewußten Denk-, Gefühls- und Verhaltensmuster. Das bedeutet: Einerseits verursacht das, was andere Menschen bewußt und vorbewußt denken und empfinden (»Kollektiv-« oder »Durchschnitts-Bewußtsein«) und was auf diese Weise ins »Kollektive →Unbewußte« eingespeichert wird, unser »Schicksal« (unsere körperliche, seelische und geistige Gesundheit und / oder Krankheit, die Qualität unserer Beziehungen sowie Art und Umfang unserer materiellen Versorgung) mit; andererseits verursachen wir umgekehrt das »Schicksal« anderer Menschen mit. Die »Saat« kann schon länger zurückliegen. Vielleicht ist sie uns nicht mehr bewußt. Vielleicht »säen« wir, ohne es zu ahnen, auch jetzt. Dabei ist es nicht von Bedeutung, ob wir um das »Säen« wissen oder nicht, ob wir es für »berechtigt« halten oder nicht: Die »Saat« geht in jedem Falle früher oder später auf. Auch unsere individuellen bewußten und vorbewußten Gedanken und Gefühle verursachen unser eigenes »Schicksal« mit, insofern sie stark genug sind, um in unser individuelles Unterbewußtsein eingespeichert zu werden. Kollektive und / oder individuelle Gedanken, Gefühle und Vorstellungen brauchen nicht in beobachtbares Verhalten einzumünden, um unser und anderer Menschen Leben zu beeinflussen. Es genügt, daß sie un-(ter)bewußt gespeichert sind. Dadurch, daß Menschen ähnliche oder gleiche Reaktionsmuster und -bereitschaften zum Beispiel in Form von Ängsten und Befürchtungen oder auch in Form »positiver« Erwartungen gespeichert haben, sind sie empfänglich für die durch andere Menschen ins »kollektive Unbewußte« eingespeicherten Inhalte. Um in einem Bild zu sprechen: Die Empfänger sind auf die Kanäle der Sender eingestellt und lassen so deren Informationen zur Wirkung kommen. Eine »Immunisierung« ist dadurch möglich, daß wir uns die in diesem Kapitel und im Abschnitt II »Soziales Engagement von innen« (Kap. 5–10) beschriebenen Gesetzmäßigkeiten bewußt machen und sie anwenden. So ist unser »Empfänger« auf die entsprechenden »positiven Wellenlängen« eingestellt und verwirklicht nur, was diese ausstrahlen.

3. Wenn dies alles zutrifft, erhebt sich eine ganze Reihe von Fragen. Dreht sich hier das »Rad der Wiedergeburten«, das nur unter der Bedingung zum Stillstand kommen kann, daß wir alles »Karma« nach wer weiß wie vielen »Re-Inkarnationen« aufgearbeitet haben? Ein Gedanke, der, wenn man so will, schon im Alten Testament anklingt: »Ich, der Herr, dein Gott, bin ein eifersüchtiger Gott, der die Schuld der Väter an den Kindern, am dritten und vierten Geschlecht, heimsucht bei denen, die mich hassen« (2 M 20,5 f.). Sind Begriffe und Bilder

96

wie zum Beispiel »Erbsünde« und »Fegefeuer« in der christlichen Theologie in diesem Sinne zu verstehen? Der Gedanke der Reinkarnation war zur Zeit Jesu auch in Palästina geläufig. Er wird im Neuen Testament nicht geleugnet (Pryse 1984) und wurde auch von den altchristlichen Konzilien nicht endgültig verdammt. Wie dem auch sei, die Bergpredigt gibt eine sehr klare Antwort: Auch wenn es »Reinkarnationen« geben sollte, ist die Kette der Ursachen und damit das »Rad der Wiedergeburten« in jedem Falle, was auch immer in welchem Sinne »gesündigt« worden sein sollte oder welches »Karma« auch immer sich angesammelt haben sollte, durch *Vergebung* zu durchbrechen (→ Kap. 19), und zwar *sofort*.[1] Dies geschieht, ohne daß wir lange dafür oder daran »arbeiten« müssen, wie das Gleichnis von den Arbeitern im Weinberg (Mt 20,1–16) zeigt. Zu einem der Verbrecher, die mit ihm gekreuzigt wurden, sagt Jesus: »*Heute noch* wirst du mit mir im Paradiese sein« (Lk 23,43). Und bei Johannes (Jh 6,47) heißt es: »Wer glaubt, *hat* ewiges Leben!« Wir brauchen nur, wie der verlorene Sohn (Lk 15,3–32), »in uns zu gehen« und zu unserem Vater »zurückzukehren« und/oder wie der daheim gebliebene Sohn uns bewußt zu werden: »Kind, du bist immer bei mir, und all das Meine ist dein!« Damit ist es relativ gleich-(un-)gültig, ob es Reinkarnationen gibt oder nicht. Sogenannte Reinkarnations*therapien können* unter Umständen psychotherapeutisch von Wert sein; ihr Inhalt sagt jedoch nichts über die Gültigkeit oder Ungültigkeit der Reinkarnations*hypothese*[2] aus.

Tun:
Wollen wir einerseits für uns, für andere Menschen und für die Umwelt die positiven Möglichkeiten des Gesetzes des Ausgleichs nutzbar machen und andererseits seinen Gefahren entgehen, tun wir gut daran, uns die in der Bergpredigt beschriebenen psychologischen Gesetzmäßigkeiten immer wieder bewußt zu machen (»hören«) und sie dann – schrittweise – anzuwenden (→ Kap. 31).

Fazit:
Einerseits: Ist eine größere Gerechtigkeit als die im Gesetz des Ausgleichs beschriebene möglich? Ist ein größerer Grad von Freiheit für uns denkbar, vorausgesetzt, wir sind uns dieser Zusammenhänge bewußt? Wir können zwar die Gesetzmäßigkeiten nicht ändern, haben jedoch die Form ihrer Anwendung und damit ihre Auswirkungen weitgehend in der Hand. Andererseits: Wem diese Zusammenhänge zum erstenmal bewußt werden, dem wird vielleicht angst und bange werden: Er kann jetzt nicht mehr die (böse) »Umwelt«, seien es die eigenen

Eltern, »die Gesellschaft«, »die Verhältnisse« oder was auch immer, einseitig für das verantwortlich machen, was mit ihm geschieht. Wie bequem funktionierte doch dagegen der bisherige Rationalisierungs-Mechanismus! Auch der Mechanismus der Projektion (→ Kap. 24), der eigene verdrängte Konzepte auf andere überträgt und sie dort anprangert, ist »entlarvt«: Wie gut tat es dagegen, den Splitter im Auge des anderen zu sehen, den Balken im eigenen Auge jedoch nicht! Ebenso ist eine infantile Regression zu einem »Gott«, der willkürlich »belohnt« oder – meist »ungerecht« – »bestraft« oder der wie ein Fernsehauge alles überwacht, nicht mehr möglich: *Dieser* »Gott« ist, wie Nietzsche zu Recht sagt, tot. Der Mensch ist mündig geworden und trägt die Verantwortung!

24. Splitter und Balken
   (Mt 7,3–5; Lk 6,39–40)

[Mt 7,3] Was siehst du den Splitter im Auge deines Bruders, und den Balken im eigenen Auge beachtest du nicht? [Mt 7,4] Oder wie kannst du zu deinem Bruder sagen »Laß mich den Splitter aus deinem Auge ziehen!«, und siehe, in deinem Auge ist der Balken? [Mt 7,5] Du Heuchler! Zieh erst den Balken aus deinem Auge und dann sieh zu, wie du den Splitter aus deines Bruders Auge ziehst. [Lk 6,39] Auch ein Gleichnis sagte er ihnen: Kann wohl ein Blinder einen anderen Blinden führen? Werden sie nicht beide in die Grube fallen? [Lk 6,40] Der Jünger ist nicht über dem Meister; wenn er voll ausgebildet ist, wird jeder sein wie sein Meister.

Hören:
Lukas stellt die beiden Verse 39 und 40 seinem dem Matthäus-Text gleichlautenden Text voran. Vom »Auge« als dem Symbol unserer Wahrnehmung und unseres Bewußtseins war schon mehrmals die Rede. Der Lukas-Text zeigt uns das *»Gesetz der täuschenden Wahrnehmung«.* Solange wir nicht »voll ausgebildet« und damit »Meister« sind, gleicht unsere Wahrnehmung der von Blinden, die sich unter ihresgleichen bewegen. Wir erkennen in keinem Fall die volle Wirklichkeit, sondern tappen mehr oder minder im dunkeln. Da wir uns dessen nicht bewußt sind – wir haben gleichsam ein Brett vor dem Kopf oder einen Balken im Auge –, stolpern wir in offenstehende Fallen. Sie werden dargestellt im *»Gesetz der Projektion«.* Wir projizieren Probleme, von denen wir nicht wissen, daß es unsere eigenen sind – wir nehmen sie

nicht als die unseren wahr, da wir sie »verdrängt« haben! – auf andere Menschen und prangern sie dort an. Dies gilt in großem Maßstab unter Völkern, die sich gegenseitig oder einseitig mit stereotypen Meinungen belegen und entsprechend behandeln, genauso wie im kleinen zwischenmenschlichen Bereich. Die solcherart gestörten Beziehungen schaden nicht nur den anderen, sondern sie fallen gemäß dem Gesetz des Ausgleichs (→ Kap. 23) früher oder später wie ein Bumerang auf die jeweiligen Urheber zurück. Die Bergpredigt sagt an dieser Stelle unmißverständlich, daß an gestörten wie an geglückten Beziehungen zwischen Menschen, im kleinen wie im großen, immer beide Parteien beteiligt sind und beide auch die Folgen zu tragen haben: »*Beide* fallen in die Grube.«

Was hier vor fast 2000 Jahren niedergeschrieben wurde, haben verschiedene Wissenschaften im 19. und 20. Jahrhundert zum Teil wiederentdeckt und bestätigt. Psychologen haben die Gesetze der sozialen und der Personwahrnehmung erforscht. Analytiker, Tiefenpsychologen und Psychotherapeuten haben erkannt, daß unser Verhalten durch zahlreiche, uns nicht bewußte Abwehrmechanismen mitbestimmt wird, zu denen auch die Projektion gehört. Selbst in den Naturwissenschaften ist völlige »Objektivität« nicht möglich, da die Hypothesen des Experimentators und seine Beobachtertätigkeit den Ausgang eines Experiments mitbestimmen. Schon Gautama Buddha sagt im 6. Jahrhundert vor Christus: »Wir sind, was wir denken. Alles, was wir sind, entsteht mit unseren Gedanken. Mit unseren Gedanken machen wir die Welt«; und Demokrit (460–371 v. Chr.): »Nur scheinbar ist ein Ding süß oder bitter, nur scheinbar hat es Farbe. In Wirklichkeit gibt es nur Atome und den Raum.«

Tun:

Die oben genannten Beispiele lassen sich fortsetzen: ein deprimierendes Ergebnis für uns Menschen? Ja, solange wir *glauben*, daß die Wahrnehmung über unsere *Sinne* der einzige uns zur Verfügung stehende Informationskanal ist, und solange wir nicht akzeptieren, daß uns in den heiligen Schriften der Menschheit *völlig neue Hypothesen* zur Verfügung stehen, deren Überprüfung unser Denken, Fühlen und Handeln *radikal* (an der Wurzel) erweitern und verändern kann. Die Frage lautet: Wie können wir im Sinne des Lukas »Meister« werden? In der Bergpredigt werden eine ganze Reihe von Möglichkeiten genannt, durch die wir den durch Projektion und andere Abwehrmechanismen mitbedingten Teufelskreis durchbrechen können (→ Kap. 5, 6,33–37).

Fazit:
Die Bergpredigt sagt uns klar, daß unser Meister-Schüler-Verhältnis
einmal enden kann und soll, gleichgültig, wer derzeit unser Meister ist.
Jeder Mensch kann und soll selbst »Meister« werden. Wie dies geschehen kann, wird im folgenden Kapitel beschrieben.

25. Brot oder Steine
(Mt 7,7–11)

[7] Bittet, und es wird euch gegeben werden; suchet, und ihr werdet
finden; klopfet an, und es wird euch aufgetan werden! [8] Denn *jeder*,
der bittet, empfängt, und wer sucht, der findet, und wer anklopft, dem
wird aufgetan. [9] Oder wer ist unter euch, der seinem Sohn, wenn er
ihn um Brot bittet, einen Stein gäbe? [10] Oder wenn er um einen Fisch
bittet, ihm eine Schlange gäbe? [11] Wenn nun ihr, die ihr böse seid,
euren Kindern gute Gaben zu geben wißt, um wieviel mehr wird euer
Vater im Himmel denen Gutes geben, die ihn bitten!

Hören:
Heutzutage ist es – zuweilen auch in christlichen Zirkeln – »in«, zu
betonen, daß es gelte, »unterwegs« zu sein; auf das *Erreichen* des Ziels
komme es gar nicht oder nicht so sehr an. Auf dem Hintergrund des
obigen Textes sei die Frage gestattet, ob solche Behauptungen nicht
etwa eine Rationalisierung oder eine »Saure-Trauben-Reaktion« dar-
stellen: Weil die »Trauben« (das Ziel) zu hoch hängen (unerreichbar ist
oder erscheint), werden sie als »sauer« (nicht erstrebenswert) abqualifi-
ziert. Die Verse 7–11 stehen jedenfalls zu einer solchen Auffassung,
aber auch zu unseren Erfahrungen in einem merk-würdigen Kontrast.
Wenn in der Bergpredigt eine Aussage wiederholt oder variiert wird,
so ist dies ein Hinweis, daß es um etwas sehr Wichtiges geht; so auch in
den Versen 7–11. Es wird betont: »*Jeder*, der bittet, empfängt!« Die in
der Bergpredigt vorgezeichneten Wege sind also nicht etwas nur für
»Spezialisten«, zum Beispiel Mönche, oder für »Auserwählte«. Wie
kommt es dann aber, daß so viele Menschen aller Religionen so oft im
Gebet um etwas gebeten haben, ihr Bitten aber offenbar nicht erhört
wurde? Dies ist eine Tatsache, die mit noch so großen Interpreta-
tionskünsten nicht hinwegzuleugnen ist. Straft diese vieltausendfache
Erfahrung den obigen Text nicht Lügen? Wer dies nicht annehmen
möchte, muß nach einer anderen Erklärungsmöglichkeit suchen. Er
kann sich zum Beispiel fragen, ob er von falschen Voraussetzungen

ausgeht und daher nicht im Sinne der Bergpredigt bittet. In Kapitel 12 wurde bereits eine wesentliche Komponente beschrieben, die es zu beachten gilt: die Art unseres Gottesbildes. Das Neue Testament nennt aber noch eine Reihe anderer sehr konkreter Voraussetzungen, die gegeben sein müssen, damit unser Bitten erfolgreich sein kann.

1. *»Wie du geglaubt hast, so soll dir geschehen!«* (Mt 8,13) Gleich im Anschluß an die Bergpredigt wird in der Erzählung vom römischen Hauptmann gezeigt (Mt 8,5–13), wie deren Grund-Sätze praktisch angewandt werden. Es geht nicht darum, ob jemand einer bestimmten Religion angehört oder ob er in den Augen von Frommen ein verachteter »Heide« wie der römische Hauptmann ist. Jesus nennt einen ganz anderen Maßstab: »Wahrlich, ich sage euch: einen so *großen Glauben* fand ich bei keinem in Israel.« Die Zugehörigkeit zu einer bestimmten Gruppe kann ein Hindernis sein, wenn sie Vor-Urteile, auch religiöser Art, zementiert. Der Glaube des Hauptmanns bezieht sich auf die Macht des gesprochenen Wortes, das auch bei einem anderen Menschen, der vielleicht gar nichts davon weiß, eine Wirkung hervorrufen kann, selbst wenn dieser andere räumlich nicht anwesend ist. »Und der Knecht wurde geheilt zu jener Stunde«: so beschaffener Glaube bewirkt auf Bitten hin *sofort* Veränderung, in diesem Falle Heilung. Aus dieser Erzählung stammt auch die Quintessenz in Form des Satzes »Wie du geglaubt hast, so soll dir geschehen!« Hier wird eine wichtige psychologische Gesetzmäßigkeit deutlich: *Das, was auf unser Bitten hin geschieht* (*»so«*), *hängt von der Art unseres Glaubens* (*»wie«*) *ab.* Wenn wir also »plappern wie die Heiden« – hier wird deutlich, daß auch das »Heide sein« keine Garantie für die Erhörung von Bitten ist! –, das heißt, wenn wir den Dreischritt wirksamen Betens (→ Kap. 12) nicht beachten, wird uns nicht das zuteil werden, was wir mit bloßen Worten erbitten.

2. *»Wenn ihr Glauben habt und nicht zweifelt…«* (Mt 21,21). Ein weiteres wichtiges Merkmal wirksamen Bittens ist: *nicht zweifeln.* Nach dem Hebräerbrief (H 11,1) geht es nicht um eine Augenblicksmeinung, sondern um »feste Zuversicht« und »Überzeugung«. Im Jakobusbrief (J 1,5–8) heißt es: »Er bitte aber gläubigen Vertrauens, *ohne irgendwie zu zweifeln.* Denn wer zweifelt, gleicht der Meereswelle, die vom Wind bewegt und hin und her getrieben wird. Ein solcher darf ja nicht meinen, er werde vom Herrn etwas empfangen. Er ist doch ein Mensch mit zwiespältiger Seele, ohne Halt und Ziel auf allen Wegen.« Das ist deutlich. Jakobus meint das gleiche wie die Bergpredigt, wonach niemand zwei Herren dienen kann und wir nicht in unserem Gemüt hin und her schwanken sollen (→ Kap. 22). Markus präzisiert den

Matthäus-Text noch (Mk 11,23): »Wer… nicht zweifelt *in seinem Herzen*, sondern glaubt, daß *alles* geschieht, was er sagt, dem wird es geschehen.« Hier ist der Kern wirksamen Bittens beschrieben:

Der Glaube darf nicht nur unserem »Willen« oder unserem relativ oberflächlichen Wachbewußtsein entspringen; er muß in unserer Tiefenschicht, in unserem »Herzen«, wurzeln. Heute würden wir sagen: Unser Glaube muß un(ter)bewußt verankert sein. Widersprechen unsere un(ter)bewußten Gefühle und Reaktionsmuster, kurz, unsere »Seele« und unser »Herz«, dem, was wir bewußt erbitten, bleibt unser Bitten wirkungslos.

An dieser Klippe dürften die meisten Bitten und Wünsche auch gutmeinender Menschen, gleich-(un-)gültig, welcher Religion, Kirche oder Konfession sie angehören oder ob sie A-Theisten zu sein glauben, scheitern. Schauen wir in die Evangelien, so sehen wir, daß Jesus seinen Jüngern oft »Kleingläubigkeit« vorwirft: Wir stehen also nicht alleine mit unseren Zweifeln, sondern befinden uns in illustrer Gesellschaft! Erst nach der Kreuzigung Jesu und der Begegnung der Jünger mit dem *lebenden Christus* erkennen sie die volle Wahrheit, die sie frei macht (Jh 8,32), und vermögen sie auch umzusetzen, wie die Apostelgeschichte zeigt.

3. *»Wenn ihr Glauben habt wie ein Senfkorn…«* (Mt 17,14–21). Als die Jünger einen mondsüchtigen Jungen nicht heilen können, führt Jesus auf ihre Frage hin ihren »kleinen Glauben« als Begründung an. Ihm stellt er einen Glauben gegenüber, der sie befähigen kann, selbst einen »Berg« zu versetzen; mit einem solchen Glauben sei ihnen *nichts* unmöglich. Ein Charakteristikum dieses Glaubens ist: Er soll sein »wie ein Senfkorn«. Was sind die Eigenschaften eines Senfkorns? Jesus sagt an anderer Stelle (Mt 13,32) von ihm: »Es ist zwar das kleinste unter allen Samenkörnern. Wächst es aber empor, ist es größer als die Kräuter und wird zu einem Baum, so daß die Vögel des Himmels kommen und in seinen Zweigen wohnen.« Nicht auf die Kleinheit des Senfkorns kommt es an, sondern auf seine *Kraft*, die trotz seiner Unscheinbarkeit in ihm steckt und zu seiner Entfaltung führt, so daß auch andere sich bei dem Glaubenden heimisch fühlen. Hier wird die *soziale Intention des Glaubens* angesprochen, die in der Bergpredigt in den Satz mündet: »Ihr seid das Licht der Welt!« (Mt 5,14–16). Wirksames Beten darf also nicht individualistisch oder gar egoistisch ausgerichtet sein, sondern muß das Wohl des Ganzen im »Auge« (Bewußtsein) behalten. Außerdem ist das Senfkorn ein *Gewürz*. Hier werden wir daran erinnert, daß wir »das Salz der Erde« sind (Mt 5,13). Verliert das Salz seine *Kraft*, so taugt es zu nichts mehr: Ein schaler Glaube, der sich vielleicht nur an

irgendwelchen überkommenen Traditionen orientiert, bleibt wirkungslos. Auch die *Heilwirkung* des Senfkorns darf nicht vergessen werden. Jesus nennt im letzten Vers die beiden Zugangswege: Gebet und Fasten (→ Kap. 21).

4. *»Glaubt, daß ihr es empfangen habt...«* (Mk 11,24). Der volle Text lautet: »Bei allem, um was ihr bittet und fleht, glaubt, daß ihr es empfangen *habt*, und es wird euch zuteil werden.« Johannes betont (1 J 5,14 f.): »Und dies ist die Zuversicht, die wir zu ihm haben, daß er uns erhört, wenn wir seinem Willen gemäß um etwas bitten. Und wissen wir, daß er uns erhört, wenn wir um etwas bitten, dann wissen wir auch, *daß wir schon im Besitz des Erbetenen sind*, um das wir gebeten haben.« In diesem Text sind drei Aspekte zu beachten:

»Seinem Willen gemäß« (→ Kap. 17); *»Wissen wir, daß er uns erhört«* (→ Kap. 12); *»daß wir schon im Besitz des Erbetenen sind«*: Hier und in den Worten *»Glaubt, daß ihr es empfangen habt«* geht es um ein seit Jahrtausenden bekanntes wichtiges psychologisches Gesetz, das im vergangenen Jahrhundert von Suggestions- und Hypnoseforschern wiederentdeckt wurde: *Daß unser Bitten die erhofften Ergebnisse bringt*, setzt – neben anderen bereits beschriebenen und noch zu beschreibenden Merkmalen – *voraus, daß wir unser Ziel genau bestimmen und es uns in unserer Vorstellung bildhaft und gefühlsmäßig als schon erreicht vergegenwärtigen.* In neuerer Sprache würden wir von »Schöpferischer Vorstellung« oder »Kreativer Imagination« (→ Kap. 36) sprechen. Warum ist eine solche »Technik« (»hé technè = die Kunst«!) sinnvoll? In Abschnitt 2 wurde aufgezeigt, daß Glaube in unserer Tiefenschicht, in unserem »Herzen« oder – in neuerer Ausdrucksweise – in unserem individuellen »Unterbewußtsein« und im »kollektiven Unbewußten« verankert sein muß, soll unser Bitten zum Erfolg »vor aller Augen« (→ Kap. 11 f.; 21) führen. Auch neuere psychologische Forschung weist in diese Richtung.[1] Inhalte unseres Unterbewußtseins äußern sich bildhaft und gefühlsgeladen in unseren Träumen. Umgekehrt prägen sich mit Gefühl und »mit vollen Sinnen« aufgeladene, also Sinn-volle Bilder, gleich welchen Inhalts, tief in uns ein und beginnen unsere Wahrnehmung, unser Denken und Fühlen, unsere körperlichen Funktionen und unser äußeres Verhalten zu steuern, wie schon mehrfach beschrieben. Darin liegt eine Gefahr, aber auch eine Chance. Eine Gefahr, da unsere eigenen bildhaften Gedanken und Gefühle uns psychisch und physisch krank, leistungsbesessen oder leistungsunfähig, überangepaßt oder aggressiv machen und sich so auf uns und andere auswirken können, auch wenn wir um diese Hintergründe nicht wissen. Gerade in der Psychotherapie läßt sich dies immer

wieder beobachten. Unsere Chance besteht darin, daß, wenn wir um diese Gesetzmäßigkeit wissen, wir sie zu unserem und zum Nutzen anderer Menschen anwenden können. Es geht um die bildhaft und gefühlsmäßig vorweggenommene Erfüllung dessen, was wir erbitten. Wir betrügen uns damit nicht selbst, wie oft eingewandt wird. Wir wenden nur gezielt – wenn man so will: wissenschaftlich exakt – eine psychologische Gesetzmäßigkeit an, wie sie in den obigen Texten empfohlen und in zahlreichen psychologischen Untersuchungen als wirksam beschrieben wird.

5. *»Ich danke dir, daß du mich erhört hast!«* (Jh 11,38–44). Die meisten Menschen, die die Erzählung von der Auferweckung des Lazarus lesen, mögen sie für eine fromme Legende halten oder ihr eine »symbolische Bedeutung« (welche?) zuschreiben. Uns geht es hier nicht um die Frage, ob diese Geschichte »historisch« so stattgefunden hat oder nicht (→Ebenen der Schriftauslegung). An dieser Stelle ist *die Struktur* der Erzählung von Interesse. Sie hat Modellcharakter: Zunächst heißt es: »Jesus richtete seine *Augen nach oben*.« Dieser Fachausdruck kennzeichnet eine auch heute noch bekannte und benutzte Möglichkeit der Trance-Induktion bzw. zur Einleitung eines »veränderten Bewußtseinszustandes«. Gemeint ist die Konzentration auf das sogenannte »Dritte Auge«, von dem auch in der Bergpredigt die Rede ist (Mt 6,22–23). Es handelt sich um die Stelle auf der Stirn zwischen den Augenbrauen, etwas unterhalb der Stelle, an der indische Frauen den bekannten roten Punkt tragen. Wie Psychologen uns sagen,[2] vermittelt meditative Versenkung als veränderter Bewußtseinszustand einen anderen als den gewohnten Bezugsrahmen, in dem bisher für »unmöglich« Gehaltenes als sinnvoll und bisher für »selbstverständlich« Gehaltenes – unsere gewohnten Konzepte – als relativ sinnlos erscheint. Die Erzählung von der Auferstehung des Lazarus dürfte auch als Demonstration dieser psychologischen Gesetzmäßigkeit gemeint sein, wenn wir den folgenden Text mitberücksichtigen. Dazu kommt, daß diese Augenhaltung die »Schöpferische Vorstellung« erleichtert. Die Innenseite unserer Stirn dient dabei gleichsam als »Leinwand«, auf der das gewünschte Bild erscheint oder der »Film« abläuft.

»Vater, ich *danke dir, daß du mich erhört hast.*« Wenn das noch nicht Sichtbare als schon gegeben geglaubt wird (→ oben 4.), ist Dank an den Geber die logische Konsequenz. Aber auch psycho-logisch hat das Danken in diesem Zusammenhang eine wichtige Funktion, ist es doch begleitet von starken *Gefühlen*, einem wesentlichen Merkmal für das Gelingen. Wenn der Leser sich bisher gefragt hat, wie er diese Komponente verwirklichen kann, denn Gefühle lassen sich bekanntlich nicht auf Kommando hervorrufen, so wird hier ein entscheidender Hinweis gegeben. Deshalb schreibt Paulus (P 4,6): »Nichts mache euch Sorge, sondern laßt in allem durch Gebet und Flehen eure Anliegen *unter Danksagung* kundwerden vor Gott!« »*Nach* diesen Worten rief er mit lauter Stimme: Lazarus, komm heraus!« Eine wichtige Regel wirksamen Bittens wird hier demonstriert: *Nach* der schöpferischen Vorstellung sollen wir uns – nach Möglichkeit – so *verhalten*, als wäre das Erbetene schon sichtbar. Dieses Verhalten ist wiederum von großem Einfluß auf unser Unterbewußtsein und erleichtert wesentlich die Erfüllung unserer Bitte. Würden wir das Gegenteil tun, nämlich uns so verhalten, als ob wir bezweifeln, daß das Erbetene wirklich eintritt, würden wir durch das dahinter wirksame Denken und Fühlen unsere Tiefenschicht mit einer Information speisen, die der in Form der Bitte vorangegangenen Information entgegengesetzt ist. Unser »Auge«, das heißt unser Bewußtsein, wäre nicht »klar« (ein-deutig), sondern zwiespältig; wir würden gleichsam »zwei Herren dienen«, wie es in der Bergpredigt heißt (Mt 6,24). Das Resultat würde dem entsprechen: keine oder nur eine undeutliche oder geringe Verwirklichung des Erbetenen. Diese Schritte »Meditative Vergegenwärtigung / Schöpferische Vorstellung – Danken – Verhalten« zeigen uns eine weitere wesentliche Voraussetzung wirksamen Bittens (→ Kap. 36).

6. »*Alles ist möglich dem, der glaubt*« (Mk 9,2–29). Es lohnt sich, den Zusammenhang, in dem dieser Satz steht, nachzulesen. Jesus ist mit Petrus, Jakobus und Johannes von einem »hohen Berg«, auf dem sie »ganz für sich allein« waren und auf dem Jesus »verwandelt« und sein Gewand »leuchtend« wurde, »hinabgestiegen«. Der Leser wird schon ahnen, daß es sich bei den in Anführungsstriche gesetzten Worten um Fachausdrücke handelt. Der »hohe Berg« ist, wie schon öfter erklärt, ein Symbol für unser Bewußtsein der Gegenwart Gottes. Dieses kann nur jeder für sich (»ganz allein«) erfahren. Es wird manchmal begleitet von einer Lichterscheinung (»leuchtend«), von der viele Meditierende berichten und die auch nach außen als »Aura« sichtbar werden kann (seit Jahren mittels der Kirlian-Fotografie reproduzierbar). In unserer Sprache könnten wir auch sagen: Jesus und die drei Apostel sind aus ihrer meditativen Versenkung und »Erleuchtung« wieder in ihr Alltagsbewußtsein zurückgekehrt (»hinabgestiegen«). Da holt sie die äußere Realität ein. Sie finden die übrigen Jünger im Streit mit den Schriftgelehrten. Der Grund: Sie hatten nicht vermocht, einen kranken Jungen zu heilen, und es kommt zu einem Volksauflauf. Informiert über den Anlaß, fährt Jesus sie an: »O du ungläubiges Geschlecht! Wie lange noch soll ich bei euch sein, wie lange noch euch ertragen?« Wäh-

rend der Junge zu ihm gebracht wird, erleidet er einen Anfall. Sein Vater sagt in dieser Situation: »Wenn du etwas vermagst, so habe Erbarmen mit uns und hilf uns!« Aus dieser Bitte spricht Glaube und Zweifel zugleich. Jesus entgegnet ihm aus dem Bewußtsein seiner soeben erfahrenen Erleuchtung: »Wenn du etwas vermagst? Alles ist dem möglich, der glaubt.« Was geht in uns vor, wenn wir diesen Text lesen und unsere bisherige Erfahrung befragen? *Alles* soll dem, der glaubt, möglich sein? Wenn *uns* dies *nicht* möglich ist – so lautet der Umkehrschluß –, sind wir in den Augen Jesu »Ungläubige«! Immerhin: Selbst Jesus hat, wenn wir Markus glauben dürfen, es während seiner öffentlichen Wirksamkeit in Palästina offenbar nicht vermocht, allen seinen Jüngern diese Art wirksamen Glaubens zu vermitteln. Wiederum befinden wir uns in guter Gesellschaft! Aufschlußreich ist, daß, nachdem sich die Jünger den Vorwurf des Unglaubens gefallen lassen mußten, der Vater des Jungen sich durch die Aussage Jesu angesprochen fühlt: »Ich glaube, Herr. Hilf meinem Unglauben!« Dieser Vater stellt mit seinem Ausruf trefflich die Gespaltenheit in uns dar, die der Grund für das Scheitern vieler unserer Gebete ist: Glauben (wollen) im bewußten Bereich, Unglauben im tiefen emotionalen Bereich. Wem es geschenkt wird, beides zu integrieren, dem ist alles möglich. Solange dies nicht der Fall ist, sind wir auf Hilfe von anderen angewiesen, die stellvertretend für uns glauben, wie der Vater auf die Hilfe Jesu. Markus erklärt uns in einem uns schon bekannten Bild die Macht des Glaubens (Mk 11,23): Wirksamer Glaube besteht darin bzw. kommt dadurch zustande, daß »der Berg« sich »hinweghebt« und »ins Meer stürzt«. »Meer« und »Wasser« sind seit altersher ein Symbol für unser Unterbewußtsein. Es geht also darum, daß unsere bewußten Gedanken und Gefühle sich von ihrem bisherigen »Stand-Punkt«, dem Glauben an das Getrenntsein von der Gegenwart Gottes, »wegheben« und sich als Bewußtsein seiner Gegenwart (»Berg«) ohne jeden Zweifel in unsere Tiefenschicht (»Meer«) einsenken. Dies bewirkt eine radikale Einstellungsänderung in allen Schichten unseres Bewußtseins (»Geist«) oder, wie Johannes es ausdrückt, ein »Wiedergeboren werden aus Wasser und Geist« (Jh 3,5).

Tun:
Es besteht darin, die oben genannten Gedanken schrittweise zu verinnerlichen und parallel dazu zu versuchen, erste klare Ziele festzulegen.

Fazit:

Statt über die Ungerechtigkeit in der Welt zu lamentieren und dafür auch noch Gott verantwortlich zu machen, ist es vernünftiger, zu versuchen, sich die Zusammenhänge klar zu machen und dann entsprechende Schritte zu unternehmen. Goethe meint: »Wie sich Verdienst und Glück verketten, das fällt dem Toren niemals ein.«

V. Syn-These

26. Die Goldene Regel
(Mt 7,12)

[12] Alles nun, was ihr wollt, daß euch die Menschen tun, das sollt ebenso auch ihr ihnen tun! Das ist das Gesetz und die Propheten.

Hören:
1. Die Goldene Regel kommt in ihrer positiven oder negativen Form in vielen Religionen vor (Schmidt S. 57; Ghai S. 80 f.). Ihr liegt offenbar eine gemeinsame Ethik zugrunde. *Gott* wird in ihr interessanterweise mit keinem Wort erwähnt. Insofern ist die Goldene Regel a-theistisch. Sie könnte damit als Verhaltensmaxime für alle Menschen, gleich welcher Rasse, Religion oder Kultur, dienen, etwa als Hintergrund der Menschenrechtsdeklaration der Vereinten Nationen. Eine großartige Perspektive! »Der Teufel steckt im Detail!« sagt ein Sprichwort. Bezogen auf die Goldene Regel:

Das Problem liegt in ihrer *Deutung*, die wiederum von der hinter ihr stehenden, bewußten und un(ter)bewußten Ideo-Logie und Ideo-Logik, dem Menschen- und Weltbild einzelner oder ganzer Gruppen von Menschen abhängt. Unterschiedliche Deutungen wiederum führen zu unterschiedlicher *Praxis*: Wer beispielsweise aus welchen Gründen auch immer, vielleicht aus »bitterer Erfahrung«, davon überzeugt ist, daß »ein Mensch des anderen Wolf« ist – »Homo homini lupus!«, sagten die Römer –, kann die Goldene Regel nur in ihrer negativen Form »Was du nicht willst, das man dir tu, das füg auch keinem andern zu!« verstehen: gleichsam als Nichtangriffspakt, als Nicht-Krieg, der noch lange nicht mit Frieden identisch ist. Oder im Sinne der »Lex talionis«, wie sie auch im Alten Testament und in der Bergpredigt (Mt 5,33–37: → Kap. 9) in der These »Auge um Auge, Zahn um Zahn!« zitiert wird: Wenn du nicht willst, daß dir ein Auge ausgestochen wird, dann hüte dich, mir eins auszustechen! Im Hintergrund mag auch das Konzept »Jeder ist sich selbst der Nächste!« stehen. Hier geht es um *Gerechtigkeit*, deren Wahrung durch äußere Instanzen überwacht und garantiert werden muß. Von hier aus ist der Weg zu Michael Kohlhaas nicht weit. Ein lateinisches Sprichwort drückt diese Haltung so aus: »Fiat justitia, pereat mundus! – Die Welt mag untergehen, wenn nur Gerechtigkeit geschieht!« Wer die Goldene Regel im Sinne von »Edel sei der Mensch, hilfreich und gut!« versteht, wird eher ihre positive Form (Vers 12) bevorzugen. Was passiert jedoch, wenn Enttäuschungen kommen, und sie kommen mit Sicherheit: wenn andere sich eben nicht an die Goldene Regel halten? Mit welcher Motivation ist sie dann durchzuhalten? Die Goldene Regel läßt sich auch »antiautoritär« interpretieren und anwenden. Läuft jedoch eine mißverstandene (nicht im Sinne O'Neills verstandene und praktizierte!) Interpretation nicht Gefahr, Einfühlungsvermögen und Akzeptanz bis zur Selbstaufgabe zu praktizieren und dadurch letztlich auch dem anderen nicht zu dienen, wenn Liebe mit »jemandem den Willen tun« – damit er sich zum Beispiel »frei entfalten kann« – verwechselt wird? Nach allen (lern-) psychologischen Regeln und Erfahrungen kann so Willkür und Tyrannei geradezu gezüchtet werden. Dann schlägt Akzeptanz oft in ihr Gegenteil um, weil man sich anders nicht mehr zu helfen weiß. Thomas von Aquin sagt, Liebe ohne Gerechtigkeit sei die Mutter der Unordnung. Und ein Sprichwort sagt: »Intelligenz ohne Liebe ist kalt, Liebe ohne Intelligenz ist naiv!« Im übrigen zeigt auch das Beispiel Jesu im Neuen Testament, daß er als Vertreter der Goldenen Regel durchaus Grenzen zu setzen wußte (→ Mt 23,1–33).

Der rational orientierte Mensch wird sich die Goldene Regel eher in der Form des Kantschen kategorischen Imperativs in seiner »Kritik der praktischen Vernunft« zu eigen machen wollen: »Handle so, daß die Maxime deines Willens jederzeit zugleich als Prinzip einer allgemeinen Gesetzgebung gelten könnte!« Es wäre schön, ließe sich dieser Imperativ auch praktisch verwirklichen. Man mag es bedauern oder nicht: Wie schon in der Bergpredigt zum Beispiel als »Gesetz der täuschenden Wahrnehmung« und als »Gesetz der Projektion« beschrieben und von Psychologen und Psychotherapeuten wiederentdeckt, wird unser Verhalten weithin nicht von unserem Willen und/oder von unserer Vernunft, sondern von un(ter)bewußten (Abwehr-)Mechanismen mitgesteuert. Diese Erfahrung kann jeder bestätigen, der sein eigenes Verhalten kritisch (»krinein = unterscheiden«) zu betrachten beginnt. Schon Paulus beschreibt sie (R 7,19–23): »Denn nicht das Gute, das ich will, tue ich, sondern was ich nicht will, das Böse, vollbringe ich. Wenn ich aber das, was ich nicht will, tue, so vollbringe nicht mehr ich es, sondern die in mir wohnende Sünde. Ich finde also das Gesetz, daß mir, der ich das Gute will, das Böse bereitliegt. Denn ich freue mich dem inneren Menschen nach am Gesetz Gottes. Doch ich sehe ein Gesetz von anderer Art in meinen Gliedern, das dem Gesetz der Vernunft widerstreitet und mich gefangen hält durch das Gesetz der Sünde, das in meinen Gliedern ist.« Ein Mensch, der zur Anpassung an die Meinungen und Wünsche Anderer neigt, läuft, ähnlich dem »Antiautoritären«, leicht Gefahr, Liebe mit Willfährigkeit zu verwechseln. Die Motive sind verschieden, die Konsequenzen ähneln sich. Daß beide Haltungen in ihrer einseitigen Form nicht im Sinne der Bergpredigt sein können, zeigt schon allein ihr Rat zum »Ja« *oder zum »Nein«* (→ Kap. 8). Bedeuten diese Einwände nun das »Aus« für die Goldene Regel? Keineswegs! Die möglichen Mißverständnisse zeigen nur, daß wir durch *keine* Regel aus unserer Eigenverantwortung, »mit dem Herzen zu denken« (→ Kap. 6), entlassen werden. Ganz im Sinne der Bergpredigt ist eine Regel um der Menschen willen da und nicht der Mensch um einer Regel willen (→ Kap. 4). Ein Sprichwort sagt: »Wer zwei Menschen gleich behandelt, tut mindestens *einem* Unrecht!« Jeder ist ein In-dividuum (un-teilbar) und eine eigengeprägte Persönlichkeit. Was für den einen gut ist, braucht es daher für den anderen noch lange nicht zu sein. Das bedeutet: Es ist oft falsch, von eigenen Wünschen, Meinungen und Verhaltensweisen auf die Wünsche, Meinungen und Verhaltensweisen Anderer zu schließen. Werden die Gesetze der täuschenden Wahrnehmung und der Projektion (→ Kap. 24) außer acht gelassen, so sind unsere Schlußfolgerungen nicht viel mehr als ein Lotteriespiel. Die sinnvolle Anwendung der Goldenen Regel setzt nicht nur ein großes Einfühlungsvermögen, sondern auch die Kenntnis der psychologischen Gesetzmäßigkeiten, Einstellungen und Erfahrungen voraus, wie sie in der Bergpredigt beschrieben werden. Dies ist immer mitzubedenken, wenn im Teil »Tun« Anregungen zum Umsetzen der Goldenen Regel auf verschiedenen Ebenen gegeben werden. Sie dürfen nicht als Rezepte mißverstanden werden.

2. Von dem jüdischen Gelehrten Hillel wird berichtet, daß er um 20 vor Christus »im Gespräch mit einem übertrittswilligen Heiden die Goldene Regel als die Summe der Thora bezeichnete: ›Was dir verhaßt ist, tue keinem anderen! Das ist das ganze Gesetz. Alles andere ist nur Kommentar.‹«[1] Jesus hat die Goldene Regel übernommen mit dem an Hillel erinnernden Zusatz: »Das ist das Gesetz und die Propheten.« Doch unterscheidet er sich von Hillel dadurch, daß er die positive Form wählt. Nun ist es aufschlußreich, daß im Neuen Testament der gleiche Zusatz auch noch in einem anderen Zusammenhang auftaucht (Mt 22,37–40): »Du sollst den Herrn, deinen Gott, lieben aus deinem ganzen Herzen, aus deiner ganzen Seele und aus deinem ganzen Denken. Dies ist das größte und erste Gebot. Das zweite ist diesem gleich: Du sollst deinen Nächsten lieben wie dich selbst. An diesen zwei Geboten

hängt das Gesetz und die Propheten.« Mit anderen Worten: Das »zweite Gebot«, als eine andere Formulierung der Goldenen Regel aus dem 3. Buch Moses entnommen[2], ist verknüpft mit dem »größten und ersten Gebot«, entnommen aus dem 5. Buch Moses (5 M 6,5), und setzt dieses voraus. Schon in der Bergpredigt wurde die Verknüpfung der waagrechten mit der senkrechten Dimension in den beiden Worten »Vater unser« deutlich (→ Kap. 13 u. 14). Im Sinne der Bergpredigt ist also die Befolgung der Goldenen Regel nur durchzuhalten, wenn sie auf dem Ich-bin-Bewußtsein gründet, das die Erfahrung der Einheit aller An-Teile mit dem Ganzen und untereinander vermittelt.[3] Insofern sind die in der Bergpredigt beschriebenen psychologischen Gesetzmäßigkeiten ein wichtiger, wenn nicht sogar ein notwendiger »Kommentar« zur Goldenen Regel.

3. Was bedeutet es nun, wir sollen »Gott lieben«? Das ist besser gesagt als getan. Wenn wir nicht wissen, *wie* dies durchführbar ist, bleiben diese Worte eine fromme Floskel. Der Text gibt uns jedoch genaue Hinweise: »Mit ganzem *Herzen*« heißt einerseits: nicht halb-herzig, indem wir »zwei Herren dienen« wollen, und andererseits: auch mit unserem ganzen Gefühl und Gemüt. Lassen sich Gefühle befehlen (»Du sollst!«)? Natürlich nicht. Ist also die Erfüllung dieses »größten und ersten Gebotes« schon im Ansatz unmöglich oder dem Zufall überlassen? Gefühle lassen sich »entwickeln«: das, was schon in uns ist, gilt es wahrzunehmen. Erinnern wir uns daran, was alle Menschen *sind*: »Eins mit dem Vater« (Jh 17,20–23). Wenn wir Gott lieben möchten, brauchen wir ihn nicht außerhalb von uns zu suchen. Wir brauchen nur in unser eigenes Wesen hinabzutauchen, wie Meister Eckhart es ausdrückt; dort finden wir ihn, denn »Das Reich Gottes ist inwendig in euch!« (Lk 17,21). Gott lieben heißt auf diesem Hintergrund: *Mit unserem eigenen innersten Wesen auf allen Ebenen Verbindung aufnehmen und halten*. Mit ganzer »*Seele*«: »Hé psyché« bedeutet: »Hauch, Atem, Lebensprinzip, Lebenskraft, Seele.« In heutiger Sprache können wir sagen: Wir sollen unser innerstes »Selbst« auch mit den tiefen unter- und unbewußten Anteilen unseres Bewußtseins, die »verborgen« sind,[4] die aber »von selbst Frucht tragen, ohne daß man es bewußt wahrnimmt«[5], akzeptieren, »bebauen und pflegen« (1 M 2,15). »Mit unserem ganzen *Denken*«: »Dianoia« bedeutet »das Denken, der Gedanke, der Verstand«. Auch auf dieser Ebene dürfen keine Kompromisse gemacht werden, indem wir etwa mit unseren Gedanken »hin und her schwanken« und so »zwei Herren dienen«. Es geht zum Beispiel um »Gedankenkontrolle«: ein Begriff, der wie »Disziplin« bei manchem negative Assoziationen wecken mag, wobei dann die Gefahr

besteht, das Kind mit dem Bade auszuschütten. Deutlich wird hier aber auch, daß die Vernunft nicht ausgeklammert werden darf. Es geht nicht um einen Rückfall in Irrationalität. *Alle* Komponenten, Herz, Seele und Denken, haben ihren Platz. Nur wenn der »Querbalken«, der waagrecht in Richtung des Nächsten zeigt, am Längsbalken befestigt ist, schwebt er nicht in der Luft. Dieses Bild meint: Erst die Verbindung von »Gottes«- und »Nächsten«-Liebe ermöglicht die Befolgung der Goldenen Regel, auch in Form der Feindesliebe, und damit »Vollkommenheit« (→ Kap. 10). Auf diesem Hintergrund können wir nun fragen, wie die Anwendung der Goldenen Regel praktisch aussehen kann.

Tun:

1. *Die individuelle Ebene:* Hier geht es um den »Nächsten« im engeren Sinn, um die Menschen, mit denen zusammen wir leben oder arbeiten. Wer ist der Nächste? Diese Frage stellte ein Gesetzeslehrer an Jesus. Dieser antwortete mit dem Gleichnis vom barmherzigen Samariter (Lk 10,25 – 37) und stellte damit klar: Der Nächste ist jeder Mitmensch, der mir begegnet, unabhängig von seiner Rasse, seiner Religion, seiner Kultur, seinem Geschlecht, seinem Alter, seinem sozialen Status oder seinem Verwandtschafts- oder Bekanntschaftsgrad. Religiöse Konzepte und Vorschriften können diese Sichtweise zuweilen verdunkeln! Wer am Ende dieses Gleichnisses weiterliest, kann eine interessante Entdeckung machen. Gleichsam in Art eines Kontrapunktes wird in der Erzählung von Maria und Martha (Lk 10,38 – 42) zweierlei demonstriert: Tatkräftige Hilfestellung ist nicht unter *jeder* Bedingung das Maß aller Dinge. Zu Martha, die sich beklagt, daß Maria sie allein arbeiten läßt, sagt Jesus: »Martha, du machst dir Sorge und Unruhe um vieles. *Eines* nur ist notwendig. Maria hat den besten Teil erwählt; der wird ihr nicht genommen werden.« Das heißt: Wenn die Hilfe »aus Sorge« und »Un-Ruhe« geschieht (→ Mt 6,23 – 34) und nicht in der Erfahrung der *Einheit* wurzelt, ist sie fragwürdig. Es gilt zu verstehen, daß – in der zweiten Be-Deutung dieser doppeldeutigen Aussage – jeder *auch* »sich selbst der Nächste« ist: Wer nicht für sich »den guten Teil erwählt«, indem er »zu Füßen des Herrn *sitzt*[6] und seinem Wort lauscht« und so die Einheit erfährt, ist zu uneigennütziger Liebe für andere kaum fähig, denn er kann nicht geben, was er nicht »ent-wikkelt« hat. So heißt es ja auch: »Du sollst deinen Nächsten lieben *wie dich selbst*«, oder anders formuliert: »wie *dein Selbst*«, deinen innersten Kern. Hier geht es nicht um eine egoistische Ich-Verwirklichung, sondern um »*Selbst*«-Verwirklichung in ihrer tiefsten Bedeutung. Ist es

»Zu-Fall«, daß die Erzählung von Maria und Martha dem Gleichnis vom barmherzigen Samariter folgt?

Für die Praxis bedeutet dies, zu fragen: »Wie wünsche ich, daß der Andere über mich *denkt*? Denke ich so über ihn? Wie wünsche ich, daß der Andere über mich *spricht*? Spreche ich so über ihn?[7] Wie wünsche ich, daß der Andere sich mir gegenüber *verhält*? Verhalte ich mich so ihm gegenüber?«

2. Die wirtschaftliche Ebene. Der Psychotherapie wird oft vorgeworfen, sie würde lediglich versuchen, die Auswirkungen krankmachender Strukturen abzufangen, und so letztere eher noch stabilisieren, statt sie zu verändern. Psychotherapeuten, ihrerseits nicht faul, kontern, sie hätten noch nie einen Neurotiker gesehen, der wirksam krankmachende Strukturen verändert habe. Das ganze gleicht einem »Glaubenskrieg«. Würde die Bergpredigt auf der individuellen Ebene stehen bleiben, müßte sie sich den gleichen Vorwurf wie die Psychotherapie gefallen lassen. Es wurde schon mehrmals darauf hingewiesen, daß die Bergpredigt auf die Veränderung der »Welt« abzielt. Sie sagt jedoch eindeutig, daß diese Welt nur von innen, das heißt durch die Bewußtseins-Erweiterung einzelner Menschen und *folgend* ganzer Gruppen verändert werden kann, während jeder Versuch der Änderung von außen nur zu Teilerfolgen führt oder scheitert.

Zwischen Arbeitgebern und Arbeitnehmern einerseits und zwischen beiden Gruppen untereinander andererseits herrscht zur Zeit, von Ausnahmen abgesehen, eine Mentalität, die jeweils für sich und die eigene Gruppe ein möglichst großes Stück des »Kuchens Bruttosozialprodukt« zu ergattern versucht, natürlich auf Kosten der jeweils anderen. Auch bei der zum Beispiel durch das Betriebsverfassungsgesetz garantierten oder erzwungenen Mitbestimmung – je nach Standort unterschiedlich bewertet – geht es nicht um Partnerschaft. Eine Gruppe wirft der anderen vor, sie wolle von oben nach unten umverteilen, die anderen behaupten das Gegenteil. Es ist ersichtlich, daß solches Denken und Verhalten mit der Goldenen Regel unvereinbar ist. Wohlgemerkt: Es geht nicht darum, eine Methode der »Umverteilung« oder der »Profitmaximierung« anzuprangern, »den Kapitalismus« oder »den Sozialismus« oder sonst einen »...ismus« zu *bekämpfen* oder gar »das Geld«, das Geldverdienen oder den Gewinn zu verteufeln und unsere Wirtschaft auf einen imaginären Urzustand reduzieren zu wollen. Würde hier etwas »bekämpft« werden, verstieße das gegen die wichtige psychologische Gesetzmäßigkeit »Widerstehet nicht dem Bösen!« – wobei das oder der »Böse« natürlich der jeweils andere wäre! – und damit gegen die Maxime »Denke gut über deinen Gegner!«

(→ Kap. 5), die der Goldenen Regel entspricht: mit allen negativen Folgen, die dies für einzelne Menschen, ganze Gruppen und Völker und für die Umwelt mit sich bringt. Es geht um ein Umdenken im Sinne der Goldenen Regel. Das heißt:

Den jeweils anderen nicht mehr als »Feind«, sondern als »Gegner« zu sehen und gut über ihn zu denken. Einzusehen, daß bei Befolgung des Gesetzes vom Geben und Empfangen, des Generalschlüssels, des Gesetzes des Ausgleichs und des Prinzips »Jeder, der bittet, empfängt!« ein Verteilungskampf gar nicht nötig ist, um unsere Wirtschaft weiterzuentwickeln, Geld zu verdienen und Gewinn zu machen, und dies mit weniger »Streß« und weniger schädlichen Folgen für unsere Umwelt. Einzusehen, daß unter diesen Voraussetzungen der Gewinn noch gesteigert werden würde, weil Arbeitgeber und Arbeitnehmer real spüren würden, daß sie Partner sind, und weil dies aufgrund gesteigerter Motivation nicht nur in den Chefetagen, sondern auch bei den Mitarbeitern kreative Ideen und Kräfte freisetzen würde. Konkurrenz- und Prestigedenken, Intrigen und gegenseitiges Sichausstechen blockieren Motivation und damit Kreativität.[8]

Daß dies keine graue Theorie ist, zeigen Beispiele, die Schmidt (S. 72 ff.) in seiner Goldenen Regel anführt. Sie mögen inzwischen veraltet sein; auch wäre nachzuprüfen, wie stabil sie gewesen sind oder noch sind. Auch in neueren Publikationen wird jedoch auf diese Möglichkeiten und ihre Realisierung hingewiesen. Wie ist dieser Bewußtseinswandel praktisch auf breiter Basis zu erreichen? Informationen in schriftlicher oder audiovisueller Form erreichen nur wenige und müssen zudem aus mehreren Gründen einen schwierigen Hürdenlauf absolvieren, bevor sie vielleicht ihre Adressaten erreichen. Selektive Wahrnehmung sondert aus, was nicht ins erwartete Schema paßt. Nach lernpsychologischen Erkenntnissen wird Verhalten erheblich stärker durch kurzfristig erzielten als durch einen mittel- oder gar langfristig erwarteten Erfolg verstärkt. Bei einem Umdenken im Sinne der Goldenen Regel würden jedoch zunächst eine Denkpause und Reibungsverluste in Kauf genommen werden müssen und damit in der Erwartung des Managements ein vorübergehender Verlust in klingender Münze. Wer im oberen oder mittleren Management möchte da schon gern seine Haut zu Markte tragen, zumal viele aus dieser Schicht ihren Job sowieso mit einem Schleudersitz gleichsetzen? Dann schon lieber den Spatz in der Hand als die Taube auf dem Dach! Unterbewußte Abwehrmechanismen blockieren noch zusätzlich mögliche Verhaltensänderungen. Es gilt also, einen Weg zu finden, der nach Möglichkeit diese Hürden umgeht. Eine »Technik von innen« – »Technik« hier im ursprünglichen Sinne als »Kunst« verstanden – wird in Kapitel 37 vorgestellt.

3. Die politisch-kulturelle Ebene. Möchten Deutsche gern, daß sie im Ausland beispielsweise als »Kanaken« oder »Boches« apostrophiert und mit Drohungen wie »Ausländer raus!« bedacht werden? Möchten Völker gern stereotyp mit bestimmten – meist negativ gemeinten – Verhaltensweisen von anderen Völkern gesehen oder der Kollektivschuld geziehen werden, wobei das eigene Volk solche Fehler natürlich nicht hat?! Solche Einstellungen spiegeln die Wirksamkeit des »Gesetzes der Projektion« (→ Kap. 24) im großen Maßstab wider. Die Goldene Regel weist auf dem Hintergrund der in der Bergpredigt aufgezeigten psychologischen Gesetzmäßigkeiten einen Weg zu einer politischen Kultur, die diesen Namen verdient. Wer im Geist der Goldenen Regel denkt und empfindet, wird Denk-, Gefühls- und Verhaltensweisen anderer Kulturen als willkommene Möglichkeit ansehen, die eigene selektive Wahrnehmung zu erweitern. Das bedeutet nicht, fremde Verhaltensweisen kritiklos zu übernehmen. Sie sind in einer bestimmten Kultur gewachsen und sind nicht ohne weiteres übertragbar. Es bedeutet aber sehr wohl, gezielt Kontakte zu Andersdenkenden aufzunehmen und zu pflegen. Die Anderen können auch von uns lernen. Auf diese Weise entsteht nicht nur »Toleranz« (»tolerare = ertragen«!), sondern Wertschätzung. Es bedeutet auch, anderen gleiche Rechte bei gleichen Pflichten zuzubilligen und schrittweise zu ermöglichen. Auf diese Weise kann Nicht-Krieg zu Frieden werden.

4. Die religiöse Ebene. Die Goldene Regel besagt auch, andere Menschen nicht zum eigenen Standpunkt »bekehren« zu wollen, auch nicht in der religiösen Bedeutung von »Bekehrung« oder »Mission«. Wer im Sinne der Bergpredigt »Salz der Erde und Licht der Welt« ist und das durch seine »Werke« auch demonstriert (Mt 5,13–16: → Kap. 3), braucht nicht mehr zu »missionieren«: Er »über-zeugt« von selbst! Dazu kommt: Wer im Geist der Goldenen Regel denkt und empfindet, wird andere Kulturen und Religionen, ihre Traditionen und Liturgien wertschätzen, weil er weiß, daß die Einheit sich in mannigfachen – relativen – Formen zum Ausdruck bringt und daß dies eine Bereicherung sein kann. Es gilt, sich dieser Tatsache bewußt zu werden. Dann läßt sich nachvollziehen, was Voltaire sagte: »Ich stimme nicht mit dem überein, was du sagst, aber ich werde bis zum Tode dein Recht verteidigen, es zu sagen.«

Fazit:

Es gilt, mit dem Aufbau sozialer, wirtschaftlicher, politischer und religiöser Kultur aus dem Geist der Goldenen Regel bei sich selbst zu beginnen. Nur so ist es möglich, anderen zu einer »Bewußtseins-Erweiterung« zu verhelfen, wenn sie es selbst möchten.

VI. Ent-Scheidung
(Mt 7,13–29)

In den Kapiteln 27 bis 31 geht es um Entscheidungen: Folgen wir bewußt und/oder un(ter)bewußt dem »breiten Weg« des Durchschnitts oder dem schmalen »achtfachen Pfad« (→ Kap. 2) der Bergpredigt (Kap. 27)? Wann sollen wir von dem, was wir erfahren haben, an andere weitergeben, wann nicht? Sollen wir »missionieren« oder nicht (Kap. 28)? Laufen wir jedem »Guru« hinterher oder klopfen wir nach dem Rat des Paulus (1 Th 5,21) »Prüft alles; das Gute behaltet!« Angebote auf ihren ideo-, psycho- und theo-logischen Hintergrund und auf ihre Praxisrelevanz ab, unsere eigene Ideo-, Psycho- und Theo-Logie und -Logik nicht ausgenommen (Kap. 29)? Geben wir uns mit Lippenbekenntnissen zufrieden oder orientieren wir uns an dem Satz »*Dein* Wille geschehe!«? Auch Außergewöhnliches wie parapsychologische Phänomene, Licht und Klangerlebnisse in der Meditation oder »Wunder«-Heilungen bezeugen nicht notwendig, daß jemand aus dem Ich-bin-Bewußtsein (»in deinem Namen«) handelt (Kap. 30). Lassen wir uns von Worten berauschen, oder versuchen wir, sie in die Tat umzusetzen (Kap. 31)? All dies sind Entscheidungen, die gefällt werden müssen, wollen wir der Botschaft der Bergpredigt näher kommen. Ent-Scheidungen können zu Scheidungen führen: zur Trennung von individuellen und kollektiven, bewußten und un(ter)bewußten Denk-, Gefühls- und Verhaltensmustern im Sinne des »Metanoeite« (Mt 4,17) und des Paulus (R 12,2): »Paßt euch nicht dieser Welt an, sondern wandelt euch um durch Erneuerung eures Denkens, um zu prüfen, was der Wille Gottes ist, was gut, wohlgefällig und vollkommen.« Manchmal führen Entscheidungen zur inneren und vielleicht auch zur äußeren Trennung von Menschen. Den schmalen Weg muß jeder allein gehen. Wer jedoch in Richtung auf das enge Tor geht, trifft auf diesem Weg einige Gleichgesinnte, mit denen zusammen er den »Vielen« dienen kann.

27. Der schmale Weg
(Mt 7,13–14)

[13] Geht hinein durch das enge Tor! Denn weit ist das Tor und breit ist der Weg, der ins Verderben führt, und viele sind es, die hineingehen auf ihm. [14] Doch wie eng ist das Tor und wie schmal ist der Weg, der zum Leben führt, und wenige sind es, die ihn finden.

Hören:

In einigen antiken Religionen gab es unter den vielen Mitgliedern nur wenige Eingeweihte. Sie mußten als Schüler (»Jünger«) eine längere Lehrzeit mitmachen, in denen ihnen der innere Kern der Lehre vermittelt wurde. Bevor sie endgültig in den Kreis der eingeweihten »Meister« aufgenommen wurden, mußten sie ihr Können und ihre Standfestigkeit in Prüfungen unter Beweis stellen. Dies ist zum Beispiel aus den ägyptischen Mysterienkulten bekannt. Moses, der am Hof des Pharao erzogen wurde, war – im Unterschied zur Mehrheit der damaligen ägyptischen Priesterschaft – offenbar ein Eingeweihter dieser Mysterienkulte. Dies bewies er erfolgreich mit den »Sieben Plagen«, die zum Auszug der Israeliten aus Ägypten führten, und mit der langjährigen Führung des Volkes durch die Wüste. Immer wieder festigte er seine Autorität durch Taten, die den Nichteingeweihten als »Wunder« erscheinen mußten (Ryzl 1975).

Jesus selbst hat vermutlich seine »Lehr- und Wanderjahre« im Fernen Osten verbracht (→ Ebenen der Schriftauslegung). Bevor er seine öffentliche Wirksamkeit in Palästina begann, fastete er in der »Wüste« und mußte danach eine Reihe von Proben (Versuchungen) bestehen (→ Kap. 20)

Die Schüler Jesu absolvierten eine mehrjährige Lehrzeit, bis sie selbst »Meister« (→ Lk 6,39f.) werden konnten. Sie lernten, die »Geheimnisse des Reiches Gottes zu verstehen« (Mt 13,10–17). Wie das Neue Testament zeigt, bestanden bis auf Johannes alle Jünger die »Generalprobe« bei der Kreuzigung Jesu nicht. Selbst Petrus, dem Jesus »die Schlüssel des Himmelreiches« anvertraute, versagte. Schon vorher war er von Jesus »Satan« gescholten worden, weil er »nicht die Gedanken Gottes, sondern die der Menschen dachte«, das heißt, weil er die Geheimnisse des Himmelreiches (noch) nicht verstanden hatte (Mt 16,23). Offenbar reicht »der gesunde Menschenverstand« dazu nicht aus. Entsprechend haperte es bei der praktischen Anwendung, denn die Jünger vermochten mehrmals Kranke nicht zu heilen. Erst nach einer Karenzzeit, im Neuen Testament als die Periode zwischen Ostern und dem Pfingstfest bezeichnet, verstanden sie wirklich, was »Sache« war.

In der christlichen Kirche der ersten Jahrhunderte gab es ein Katechumenat, das Anwärter absolvieren mußten, bevor sie zu Taufe und Abendmahl/Eucharistie zugelassen wurden. Im Gefolge der sogenannten Konstantinischen Wende wurde die christliche Religion allmählich zur Staatsreligion. Das Wissen um die »Geheimnisse des Himmelreiches« verblaßte zunehmend, jeder wurde aufgenommen, die Kinder- und Säuglingstaufe setzte sich immer mehr durch. Die Lektüre der Kirchenväter zeigt jedoch, daß es auch damals noch Eingeweihte gab, zum Beispiel in Alexandrien. Auch die frühen christlichen Mönche überlieferten urchristliche Kenntnisse weiter. Offenbar war schon in den ersten christlichen Gemeinden der Kreis der Eingeweihten klein. In der Lukanischen Fassung der Bergpredigt heißt es (Lk 12,32): »Fürchte dich nicht, du *kleine Herde*! Denn es hat eurem Vater gefallen, euch das Reich zu geben.« Heißt das nun, daß einige wenige Privilegierte ihr Wissen für sich behalten sollen? Daß dies nicht gemeint sein kann, betont die Bergpredigt immer wieder (→ Kap. 3 u. 28).

Tun:
Daß der Weg der Bergpredigt kein Spaziergang ist, den wir »leicht« oder »mühelos« gehen können, wie einige Lehrer aus dem Kreis der »New-Age-Bewegung« oder einige »Esoteriker« uns weismachen wollen, dürfte aus den Versen 13 und 14 klar hervorgehen. Die Beschreibung der »Wege« (VII, Kap. 32–37) wird dies weiter verdeutlichen.

Fazit:
Der Weg ist uns in der Bergpredigt klar vorgezeichnet. Es stimmt: Es ist ein schmaler Weg und ein enges Tor, durch das wir gehen müssen. Dies nicht im Sinne einer selbsterfundenen oder selbstauferlegten »Askese«: Es gilt vielmehr, unsere uns *bewußten* Einstellungen grundlegend zu ändern, ein völlig neues »Paradigma« zunächst versuchsweise zu akzeptieren und zu »testen«, uns also nicht weiterhin »die Art dieser Welt zu eigen zu machen, sondern uns umzuwandeln durch neues Denken« (R 12,2). Schon das ist schwierig genug, sind wir uns doch in unserem alltäglichen Bewußtseinszustand kaum bewußt, was wir im Laufe unserer Lebensgeschichte alles an »Selbstverständlichkeiten« und Rollendenken von unseren Bezugspersonen, aber auch vom Durchschnittsbewußtsein, von dem, was »man« denkt und empfindet, was »in« ist, übernommen haben, immer noch weiter übernehmen und in unseren Tiefenschichten haben Wurzel schlagen lassen. Auch die

Wissenschaft kann eine Quelle solcher unreflektiert übernommener Konzepte sein. Dazu kommt noch, was »man« in früheren Zeiten gedacht, gefühlt und gelebt hat und was durch unsere Teilhabe an der Datenbank des »Kollektiven Unbewußten« in jedem Menschen zum Beispiel in Form archetypischer Bilder gespeichert ist und so unser Wahrnehmen, Denken, Fühlen und Handeln mitbestimmt.

Wir wären diesen Instanzen trotz aller Psychologie und Psychotherapie recht hilflos ausgeliefert und müßten eine Sysiphusarbeit an Bewußtwerdung leisten, wären uns nicht in vielen heiligen Schriften der Menschheit Sichtweisen zugänglich, die uns einen grundsätzlichen und nicht nur einen partiellen Standortwechsel ermöglichen. In diesem Buch wird dies am Beispiel der Bibel und speziell der Bergpredigt aufgezeigt. Wer die in ihnen enthaltenen psychologischen Gesetzmäßigkeiten einmal verstanden hat und sie anwendet, ist einerseits gegen alle Bevormundung und Irrationalität in den Angeboten neuer und alter Gurus und Heilsbringer, gleich welcher Provenienz, gefeit. Andererseits kann er in freier Wahl gelassen deren Angebote prüfen und partiell von ihnen Gebrauch machen, weiß er doch um den Grund ihrer Wirksamkeit oder Unwirksamkeit.

28. Beredtes Schweigen
(Mt 7,6)

[6] Gebt das Heilige nicht den Hunden und werft eure Perlen nicht vor die Schweine, damit diese sie nicht zertreten unter ihren Füßen und sich umwenden und euch zerreißen.

Hören:
1. Wie in Kapitel 27 gezeigt, gab es in manchen Religionen wenige »Eingeweihte«, aber viele Gläubige. Der innere Kern der Lehre wurde von den ersteren geheimgehalten (»Arkandisziplin«). Die endgültige Einweihung wurde in den alten christlichen Kirchen mit der »Firmung/Konfirmation« abgeschlossen. Die »Scharen«, das heißt die breite Mehrheit, waren schon zur Zeit Jesu »außer sich über seine Lehre«. Ist die breite Mehrheit der Menschen im »Durchschnittsbewußtsein« nicht auch heute noch »außer sich«, »entsetzt« oder zumindest »erstaunt«, wenn jemand ihnen die »Geheimnisse des Himmelreiches« nahebringen will oder sogar versucht, deren Wirksamkeit zu erklären und zu demonstrieren? Schon Jesus mußte die Erfahrung machen, daß seine eigenen Verwandten ihn für verrückt erklärten und

dingfest zu machen versuchten (Mk 3,21). Ähnliches mußte er auch in seiner Vaterstadt erleben (Mt 13,53–58). Die Schlußfolgerung wird in echt orientalischer Weise in Vers 6 ausgedrückt. In unserer Sprache: Es ist nicht sinnvoll, vor lauter Begeisterung – oder aus anderen Motiven – wahllos allen möglichen Menschen von seinen Erfahrungen zu erzählen; das bringt sie nur gegen den als »Missionar« Empfundenen auf und erzeugt Abwehr. Soll also die Botschaft der Bergpredigt doch nur im Besitze weniger bleiben? Also keine »Mission«? Vielleicht nicht in der heute üblichen Bedeutung dieses Wortes. Auf das *Wie* kommt es an. Daß durch die Botschaft Jesu *alle* Völker, unabhängig von ihrer Rasse und Kultur, angesprochen werden können, zeigen die ersten drei Jahrhunderte der Kirchengeschichte. Doch die Kenntnis der »Geheimnisse des Himmelreichs« ging immer mehr verloren. Das zeigte sich zum Beispiel daran, daß die Kunst der Krankenheilung durch Handauflegung immer weniger praktiziert wurde. Der Auftrag Jesu wurde immer mehr auf die Verkündigung spezifischer Lehrsätze, Gebote und Riten eingeengt. Damit ging seine Anziehungskraft und seine Glaubwürdigkeit zunehmend verloren. Man mußte »Andersgläubige« und »Heiden« zu einem bestimmten *System* »bekehren«. Da infolge selektiver Wahrnehmung etc. Lehrsätze und Regeln sich immer mehr zu unterscheiden begannen, kam es zu Spaltungen in mehrere Kirchen und Konfessionen, die sich nicht mehr als Einheit in der Mannigfaltigkeit, sondern als Konkurrenten – jeweils selbst sich im Besitze der »Wahrheit« wähnend – verstanden.

2. Im Missionsauftrag Jesu an seine Schüler (Mt 28,19f.) sind vier Elemente enthalten: »Macht *alle* Völker zu Jüngern«, das heißt zu Schülern, die dann selbst Eingeweihte oder »Meister« (Lk 6,39f.) werden. »*Taufet sie!*«: Dabei geht es nicht unbedingt um einen Ritus wie die Taufe mit Wasser. Schon Johannes der Täufer sagt (Mt 3,11): »Ich taufe euch mit Wasser zur Bekehrung. Der aber nach mir kommt... wird euch taufen mit *heiligem Geist* und mit *Feuer*.« Jesus wiederholt dies vor seinem endgültigen Abschied vor seinen Jüngern (A 1,5). Es geht um »heiligen Geist«, das heißt um ein Heilwerden aller Schichten unseres Geistes, unseres Bewußtseins, und um »Feuer«, also um »Licht« (Mt 5,14); »auf den *Namen* des Vaters...«: Der Name des *einen* Gottes, der sich in drei »Personen« manifestiert, ist *»Ich bin«*. Es geht darum, daß schließlich jeder Mensch (»alle Völker«) als Teil-Haber am Ganzen (*»Ich bin«*) sein eigenes Ich-bin-Bewußtsein erkennt und realisiert. »*Lehret* sie *alles halten*«: ging es beim »Taufen auf den Namen« ums Hören, so wird hier auf das »Tun« (Mt 7,24–27), die praktische Umsetzung des Erkannten, abgehoben.

Tun:

Es geht darum, daß wir uns bewußt werden, welch phantastische Informationen uns die Bergpredigt anbietet, die »Geheimnisse des Himmelreichs« wieder zu entdecken. In uns und uns überschreitend gibt es eine unbegrenzte Kraft, die uns motiviert und die durch uns handelt (Mt 28,18.20): »Mir ist alle Macht gegeben im Himmel und auf Erden... Seht, *Ich bin* (ist) bei euch alle Tage bis zur Vollendung der Welt.« Wer die Kraft des *Ich bin* in sich entdeckt und wirken läßt, für den gilt das Wort der Bergpredigt (Mt 5,14–16): Wenn Menschen »Werke«, also praktische Resultate und Veränderungen, sehen, kommen sie von allein und fragen nach den Hintergründen, um selbst entsprechende Erfahrungen machen zu können. Dann ist die Zeit gekommen, das Schweigen zu brechen und andere an dem, »wes das Herz voll ist«, teilnehmen zu lassen.

Fazit:

Auf die geschilderte Form von Verkündigung hat keine Religion, Kirche oder Konfession ein Monopol: *Jeder* kann diese Erfahrung auf seine Weise machen, da hinter ihr Gesetzmäßigkeiten stehen, die immer und überall gültig sind ($\rightarrow$ Kap. 4).

29. Zweifel oder Leichtgläubigkeit?
(Mt 7,15–20)

[15] Hütet euch vor den falschen Propheten, die in Schafskleidern zu euch kommen; inwendig aber sind sie reißende Wölfe. [16] An ihren Früchten werdet ihr sie erkennen. Sammelt man denn Trauben von Dornen oder Feigen von Disteln? [17] So bringt jeder gute Baum gute Früchte, der schlechte Baum aber bringt schlechte Früchte. [18] Ein guter Baum kann nicht schlechte Früchte bringen, und ein schlechter Baum kann nicht gute Früchte bringen. [19] Jeder Baum, der nicht gute Früchte bringt, wird herausgehauen und ins Feuer geworfen. [20] An ihren Früchten also werdet ihr sie erkennen.

Hören:

1. Zur Zeit Jesu gab es innerhalb und außerhalb Palästinas viele Wundertäter. Jesus lehnt sie nicht grundsätzlich ab (Mk 9,38–41; Lk 9,49). Aus der Sozialpsychologie ist bekannt, daß das Gefühl, zu einer Gruppe weniger »Auserwählter« zu gehören, vielen Menschen, die ohne Erfahrung der eigenen Mitte sind, ein gehöriges Maß an Selbstwertgefühl vermittelt. Dieser Ingroup-Outgroup-Mechanismus pro-

voziert fast automatisch nicht nur abwertende, sondern auch feindselige Gefühle gegenüber Außenstehenden. Jesus kennt diesen Mechanismus und lehnt ihn ausdrücklich ab. Menschen, die sich als Schüler der Bergpredigt betrachten, können und sollen andere Menschen akzeptieren und mit ihnen zusammenarbeiten, auch wenn sie nicht zur eigenen Gruppierung gehören. Er gibt jedoch ein Merkmal an, das es uns erlaubt, falsche von wahren Propheten zu unterscheiden: »An ihren Früchten werdet ihr sie erkennen!« Der Satz von den Früchten lehrt uns, zu fragen: Praktiziert der Lehrer das, was er lehrt, selbst? Sind die »Früchte«, die er anpreist, bei ihm selbst und in seiner näheren Umgebung zu erkennen? Wie sehen sie aus; wie »schmecken« sie? Vielleicht kennen Sie das alte Sprichwort (Lk 4,23): »Arzt, heile dich selbst!« Wer zum Beispiel behauptet, andere »geistig heilen« zu können, ist glaubwürdiger, wenn er auch sich selbst heilen kann. Damit ist nicht ein Allmachtsanspruch oder ein Perfektionismus gemeint. Es geht auch nicht darum, selbstgerecht oder spöttisch über andere zu urteilen (Mt 7,1–5). »Wer im Glashaus sitzt, sollte nicht mit Steinen werfen!« Auch von dem, der sich selbst als Lernenden sieht, der also nicht von sich behauptet, bereits »Meister« (Lk 6,39 f.) oder »vollkommen« (Mt 5,48) zu sein, können wir etwas lernen, manchmal sogar von »falschen Propheten« (Mt 23,2 f.). Noch so schöne Theorien sind jedoch wertlos, wenn sie sich nicht an der Praxis, an unserer Erfahrung (empirisch) überprüfen lassen. Sie können also skeptisch sein, wenn jemand Ihnen eine Methode anbietet, die er selbst nicht demonstriert oder deren Anwendung eine Überprüfbarkeit nicht gestattet. Dazu kommt: Jeder Baum bringt die ihm eigenen Früchte. Das heißt auch: Unterschiedliche Methoden führen zu unterschiedlichen Ergebnissen. Seien Sie also vorsichtig, wenn jemand Ihnen eine Methode »für alle Fälle« anbietet. Die Bedürfnisse sind unterschiedlich, weil die Menschen unterschiedlich, ja je einzigartig sind (Peseschkian 1985, S. 215). Entsprechend müssen die Methoden vielfältig sein und den Menschen angepaßt werden, nicht die Menschen den Methoden.

2. »*Hütet euch vor den falschen Propheten!*« Der Psycho-Markt ist heute übervoll von Methoden, die uns alles mögliche versprechen. Es ist für uns »westliche« Menschen sehr klug, wenn wir Denkweisen, Sitten, Gebräuche, Symbole, Riten und Verhaltensweisen anderer Kulturen zur Kenntnis nehmen, so unseren Horizont erweitern, die Menschen aus diesen Kulturen besser verstehen und mehr akzeptieren lernen. Nachdem wir im westlichen Kulturkreis seit Jahrhunderten überwiegend von unserer »linken Hirnhälfte« Gebrauch gemacht haben und darüber viele Möglichkeiten der »rechten Hemisphäre« vielleicht

haben zu kurz kommen lassen, ist es nun als Gegenreaktion »in«, alles, was aus anderen Kulturen kommt, unkritisch wie eine Offenbarung anzunehmen und die »Rationalität« zu verwerfen. Je geheimnisvoller und undurchschaubarer ein Ritus ist, desto suggestiver wirkt er. Hier wird im Grund lediglich eine Ideologie durch eine andere ersetzt. Es stimmt: Die Re-Integration von Mythos, Ritus, Symbolen etc. in unser Leben kann und wird uns bereichern. Es kann aber nicht darum gehen, das Kind mit dem Bad auszuschütten und sozusagen unseren Verstand an der Garderobe abzugeben. Es soll hier keineswegs in bekannter westlicher Arroganz alles wegrationalisiert werden, was sich nicht »wissenschaftlich beweisen« läßt (→ Wissenschaft). Aber es ist nicht ratsam, alles, was gegenwärtig auch auf dem Psycho-Markt angeblich oder tatsächlich von fremden Kulturen, Religionen, Philosophien usw. zu uns kommt, aus meist un(ter)bewußten Bedürfnissen *kritiklos* zu übernehmen, nur *weil* es von dort kommt. Ganz abgesehen davon, daß auch unsere eigene Kultur und Tradition uns mehr als genügend Nahrung für unsere »rechte Hirnhälfte« und unsere Seele gibt, kommt doch zum Beispiel die Bergpredigt aus dem Nahen und Fernen Osten (→ Ebenen der Schriftauslegung). Geheimnisse gibt es auch dann noch genug (Mt 13,10–17). Ja, gerade dann, wenn wir die Ergebnisse moderner Forschung zur Kenntnis nehmen, kommen wir mehr und mehr ins Staunen und können (wieder) ehr-fürchtig werden.

Manche Menschen brauchen eine »Vaterfigur«, an der sie sich orientieren können. Wenn beispielsweise ein Meditationslehrer oder der Repräsentant einer Religion diese Sehn-Sucht bewußt oder unbewußt ausnutzt, fördert er damit infantile Abhängigkeit. Hier tritt dann ein Surrogat an die Stelle des »Vaters im Himmel« in unserem Inneren. Der souveräne Lehrer zeichnet sich dadurch aus, daß er sich möglichst rasch überflüssig machen möchte.

Tun:

Die folgenden Zeilen aus dem Markus-Evangelium (Mk 5,25–34) könnten heute geschrieben sein: »Da war eine Frau, die seit zwölf Jahren an Blutfluß litt und von vielen Ärzten viel ausgestanden und ihr ganzes Vermögen aufgewendet hatte, ohne Erfolg zu finden. Sie war vielmehr nur noch schlimmer dran. Sie hatte von Jesus gehört, trat in der Menge von hinten herzu und berührte sein Gewand; denn sie sagte sich: ›*Wenn* ich nur sein Gewand berühre, *dann* werde ich gesund.‹ Und sofort versiegte der Quell ihres Blutes, und sie fühlte am Körper, daß sie geheilt war von der Plage. Jesus aber merkte an sich die von ihm ausgehende Kraft... Die Frau (aber) kam herbei, furchtsam und zitternd und mit dem Wissen um das, was geschehen war, fiel vor ihm nieder und sagte ihm die volle Wahrheit. Er aber sprach zu ihr: ›Tochter, *dein Glaube* hat dir geholfen; geh hin in Frieden und sei geheilt von deiner Plage.‹«

Aus dieser Erzählung gehen außer der sehr realistischen Schilderung des bisherigen Therapieverlaufs zwei sehr wichtige Erkenntnisse hervor: *Es war nicht die »Kraft«, die von Jesus ausging, auch nicht sein Wort, das die Frau heilte, sondern ihr eigener Glaube, also eine Qualität in ihr! Im Umkehrschluß läßt sich folgern: Ob und inwieweit eine »Kraft«, wenn sie denn tatsächlich da ist, Einfluß auf uns nehmen kann, hängt von unseren eigenen Über-Zeugungen, unserem → Glauben, ab.* Mit »Glauben« ist hier nicht unbedingt eine religiöse Überzeugung wie der Glaube an Gott oder das Für-wahr-halten von Lehrsätzen gemeint, sondern unsere innerste gefühlsmäßige, in allen Schichten unseres Bewußtseins angesiedelte Überzeugung, die sich auch auf ganz »weltliche« und alltägliche Dinge beziehen kann. Solcher Glauben zeigt sich in Formulierungen – oder anders ausgedrückt: in Hypothesen – wie *»Wenn* die und die Bedingung gesetzt wird, *dann* wird das und das eintreten« (→ Wissenschaft); zum Beispiel: »*Wenn* ich nur sein Gewand berühre, *dann* werde ich gesund.« Hier handelt es sich im Prinzip um wissenschaftlich-empirisches Vorgehen. Praktisch bedeutet das in unserem Zusammenhang: *Was zum gewünschten Erfolg führt, hängt in erster Linie von unseren eigenen Einstellungen, zum Beispiel zu einer bestimmten Methode, ab.*

Wer das verstanden hat, ist nicht mehr auf ein »Placebo« angewiesen, das uns ehrlich überzeugte, oder unsere Unwissenheit ausnützende »Propheten«, wie auch immer sie sich nennen und mit welchem Anspruch sie auftreten mögen, verabreichen wollen: Er muß sein Bett nicht mehr wegen vermeintlicher oder tatsächlicher »Erdstrahlen« oder Wasseradern umstellen, um erholsam schlafen zu können. Sternzeichen, Horoskope usw. sind ihm gleich-(un-)gültig. Er benötigt auch keine Kontakte zu Verstorbenen im Jenseits, die zu ihm durch Gläserrücken, Pendeln, Ouija-Bretter oder Medien sprechen, ganz abgesehen davon, daß der Psychologe weiß, daß und wie solche Phänomene aus den eigenen un(ter)bewußten Tiefen eines Menschen aufsteigend erklärbar sind. Über Diät-Apostel, die sich gegenseitig widersprechen, kann er gelassen lächeln und sich die Diät aussuchen, die er für sich für angemessen hält (= »glaubt«!); das gleiche gilt auch für Kräutertees, Wurzeln, orientalische Essenzen und andere geheimnisvolle Wundermittel, auch wenn sie mit wissenschaftlichem Anspruch und/oder aus Indien kommen. Auch Amulette, Talismane oder Reliquien sind für ihn überflüssig; gleichfalls eine Reihe von Apparaten, die mit Maßgaben wie »Nicht öffnen, sonst verliert das Gerät seine Wirkung!« auf dem Psycho-Markt angeboten werden. Wirken etwa auch hochtechnische Apparaturen in der Medizin zum Teil als Placebos auf Patienten: je teurer und komplizierter sie sind, um so mehr? Wer um das Gesetz des Glaubens weiß, braucht auch keine »Orte der Kraft«, »heilige Zeiten« oder »heilige Orte« (→ Jh 4,19–24), mögen sie Jerusalem, Rom, Wittenberg, Mekka, Lourdes, Philippinen oder sonstwie heißen, um zu beten, den Dreischritt »Meditation – Kontemplation – Schöpferische Vorstellung« (Mt 6,6) zu vollziehen oder »Wunder und Zeichen« zu wirken. Er weiß, daß der Erfolg jeder Psychotherapie, wie immer sie sich nennt, wesentlich von der eigenen Einstellung und der des Therapeuten mit abhängt, wie experimentelle Untersuchungen aufgewiesen haben.[1] Auch über »Rückführungen in frühere Leben« kann er lächeln, weil er weiß, welche Streiche auch un(ter)bewußte (Glaubens-)Überzeugungen uns spielen können (wobei hiermit nichts über die Reinkarnations-*Theorie* ausgesagt wird!). Wie Doppelblindversuche bewiesen haben, ist Glauben auch bei Medikamenten und Schein-Medikamenten (Placebos) wirksam. Auch homöopathische Potenzen, Akupunktur und Naturheilverfahren werden sich die Frage gefallen lassen müssen, inwieweit Überzeugungen der Anbieter und Empfänger in ihre unbestreitbare Wirksamkeit mit eingehen. Wird das Wort »Medikament« auf seinen lateinischen Ursprung untersucht, heißt »medicari = heilen«, »Mens = der Geist, der Verstand, das Denken«. »Medica mente« ließe sich also wörtlich übersetzen als *»Heile durch den Geist!«*, eine andere Form des Satzes »Dein *Glaube* hat dich gesund gemacht!«. Genug der Beispiele! Sie sind nicht ironisch gemeint und wollen niemand verletzen, der an »Placebos« glaubt. Es handelt sich um in der Psychologie – und in heiligen Schriften seit Jahrtausenden – wohlbekannte »Sich selbst erfüllende Prophezeiungen«. Wenn also jemand tatsächlich besser schläft, wenn er sein Bett umgestellt hat oder wenn eine Voraussage aus einem Horoskop tatsächlich eintrifft, so ist dies noch lange kein Beweis, daß hier zusätzlich zum Glauben des Betreffenden tatsächlich eine »Kraft« hinzukam, von einer alleinigen oder »schicksalhaften« Wirksamkeit einer solchen Größe ganz abgesehen. Eine radikalere, das heißt, mehr an die Wurzel gehende »Entmythologisierung« als die in der Bergpredigt selbst angebotene ist schwerlich denkbar.

Fazit:
Welche Methode zum gewünschten Erfolg führt, hängt in erster Linie von unserer eigenen Einstellung zu diesem Weg, von unserem »Glau-

ben«, ab. Damit läßt sich konkret arbeiten. Wir sind nicht mehr hilflos irgendeiner Autorität oder einem »Guru«[2] ausgeliefert, dafür aber uns selbst! Das notwendige Werkzeug liegt in unserer Hand. Darin liegt die Gefahr des Mißbrauchs, aber vor allem unsere Chance der Freiheit. Jesus hat seinen Jüngern die »Kraft aus der Höhe« (Lk 24,49) verheißen: »Der Beistand aber, der Heilige Geist, den der Vater in meinem Namen senden wird, er wird euch alles lehren und euch an alles erinnern, was ich euch gesagt habe« (vgl. Jh 14,16). Wer sich diesem Geist öffnet und seine Wirkung erfährt, der braucht keine Propheten, gleichgültig ob »richtige« oder »falsche«, in Gestalt anderer Menschen mehr, denn der Prophet ist *in ihm selbst*: Er immunisiert gegen alle Ideologien. Ziel der Bergpredigt ist Ver-*Selbst*-ständigung (→ Kap. 38–40); sie führt auch zur Ver-ständigung. Die Bergpredigt erwartet *nicht* von uns, daß wir von unserer Vernunft Abschied nehmen und dadurch in unkritische Irrationalität zurücksinken. Werkzeuge und Wirkungen müssen empirisch überprüfbar sein. Auch gute Absichtsappelle zur Rettung der Welt, zur Einheit der Menschheit, zum Frieden etc. genügen nicht, selbst wenn sie – angeblich oder tatsächlich – »von Gott direkt« oder durch Vermittlung eines Propheten zu uns kommen. Es kommt darauf an, was praktisch dabei herauskommt: *»An ihren Früchten werdet ihr sie erkennen!«*

30. Motivation
   (Mt 7,21–23)

[21] Nicht jeder, der zu mir sagt »Herr, Herr!« wird eingehen in das Himmelreich, sondern wer den Willen meines Vaters tut, der im Himmel ist. [22] Viele werden an jenem Tag zu mir sagen: »Herr, Herr, haben wir nicht geweissagt in deinem Namen? Haben wir nicht Dämonen ausgetrieben in deinem Namen? Haben wir nicht viele Wunder gewirkt in deinem Namen?« [23] Alsdann werde ich ihnen erklären: »Ich habe euch niemals gekannt. Weicht von mir, die ihr die Werke des Bösen tut!«

Berufung auf Autoritäten, und seien es auch die höchsten, führt nicht zur Erkenntnis der ganzen Wahrheit und Wirklichkeit. Sie dient ja auch meist dazu, *unseren* Willen durchzusetzen (Mt 6,10: → Kap. 17). Soll der Wille des »Vaters im Himmel« geschehen, so geht es darum, »einverstanden« zu sein: das *Eine verstanden* zu haben, die Einheit mit dem Ganzen, und aus dieser Sicht zu handeln. Auch wer das Eine nicht verstanden hat, mag möglicherweise Außer-Gewöhnliches leisten. Die

Motivation ist entscheidend, wie Paulus im Hohen Lied der Liebe schreibt (1 K 13,1–13): »Wenn ich Prophetengabe besitze und um alle Geheimnisse weiß und alle Erkenntnis, wenn ich allen Glauben habe, daß ich Berge versetze, doch Liebe nicht habe, so bin ich nichts!«

31. Hören und Tun
(Mt 7,24–27)

[24] Jeder nun, der diese meine Worte hört und sie tut, wird gleich sein einem klugen Mann, der sein Haus auf den Felsen baute. [25] Es fiel der Platzregen, es kamen Wasserbäche, es brausten die Winde und stießen an jenes Haus, aber es fiel nicht zusammen, denn auf Felsengrund war es gebaut. [26] Jeder, der diese meine Worte hört und sie nicht tut, der wird gleich sein einem törichten Mann, der sein Haus auf den Sand baute. [27] Es fiel der Platzregen, es kamen die Wasserbäche, es brausten die Winde und stießen an jenes Haus, und es brach zusammen, und sein Zusammenbruch war gewaltig.

Hören:

1. Das griechische »praxis« bedeutet »die fruchtbringende Verrichtung, das Handeln, die Tätigkeit«. »Tun« ist in der Bergpredigt nicht losgelöst vom »Hören« zu verstehen. Tun entartet ohne Hören zu blindem Aktivismus nach dem Spruch (Mt 15,14): »Blinde sind sie und Führer von Blinden. Wenn aber ein Blinder einen anderen Blinden führt, fallen beide in die Grube«; oder: »Ihr blinden Wegweiser! Ihr seht die Mücke, verschluckt aber das Kamel« (Mt 23,24); das heißt: Relativ unwichtige Dinge, die sogenannten Kleinigkeiten (Peseschkian 1982, S. 127 ff.), nehmen in unserer Wahrnehmung, in unserem Denken, Fühlen und Verhalten eine solche Bedeutung ein, daß wir die wirklich wichtigen Dinge in unserem Leben übersehen. Aus dem »Hören« resultierend, entgeht unser »Tun« dieser Gefahr. Wenn wir die Botschaft der Bergpredigt richtig gehört haben, erscheinen die in ihr beschriebenen Gesetzmäßigkeiten und die daraus folgenden Verhaltensweisen, unser Tun, zum Beispiel die Feindesliebe, auch nicht mehr als unerfüllbar oder nur für Spezialisten gedacht; auch nicht mehr als moralisches »Muß«, das doch zum Scheitern und damit zu Schuldgefühlen führt, wie Paulus das treffend beschreibt (R 7,19): »Denn nicht das Gute, das ich will, tue ich, sondern was ich nicht will, das Böse, das vollbringe ich.« Unser »Salz-und-Licht-Sein« entspringt dann spontan, »von selbst« (Mk 4,26–29), der inneren Überzeugung und trägt

viele Frucht. »Hören« geschieht vornehmlich in Meditation und Kontemplation. Das durch Kontemplation[1] veränderte un(ter)bewußte Selbst-Konzept befreit von Konditionierungen und ermöglicht so Kreativität, Spontaneität und Intuition. Oder: Es setzt neue, jetzt aber bewußt gewählte Konditionierungen[2].

2. Ist »Tun« losgelöst vom »Hören« nicht sinnvoll, so gilt umgekehrt: Hören ohne Tun bleibt letztlich unfruchtbar. Was die in der Bergpredigt enthaltenen psychologischen Gesetzmäßigkeiten, die wir gehört haben, taugen, erweist sich erst, wenn wir sie in der Praxis erproben. Noch so schöne Erleuchtungserlebnisse nützen nichts, wenn sie nicht durch Tun gegen Belastungen abgesichert werden. »Seid Vollbringer des Wortes und nicht bloß Hörer, die sich selbst betrügen«, schreibt Jakobus (J 1,22). Matthäus erklärt uns diesen Sachverhalt in der Interpretation des Gleichnisses vom Sämann (Mt 13,18–23).

Tun:

Das Aufbrechen des Bodens, so daß das »Wort« auf gutes Erdreich gesät werden kann, ist »Tun«: Schrittweises Praktizieren der erkannten und verstandenen psychologischen Gesetzmäßigkeiten vom »Umdenken« (→ Kap. 5) über die »Feindesliebe« (→ Kap. 10) und den »Generalschlüssel« (→ Kap. 22) bis zur »Goldenen Regel« (→ Kap. 26). »Tun« bedeutet vor allem das Praktizieren des Dreischritts »Meditation – Kontemplation – Schöpferische Vorstellung« (→ Kap. 12): als einzelne wie in der Gemeinschaft, angewandt auf alle Lebensbereiche im individuellen, sozialen und weltweiten Rahmen. »Tun« heißt hier, uns unserem Ziel entsprechend zu *verhalten* (→ Kap. 11 u. 36). Dabei kommt es nicht auf die Quantität, sondern auf die Qualität unseres Tuns an, auf unser Motiv, wie Jesus anhand des Gleichnisses von der armen Witwe demonstriert (Mk 12,41–44).

Der Weg zur Hölle ist bekanntlich mit guten Vorsätzen gepflastert. »Tun« bedeutet auch Disziplin und Kontinuität: im ausdauernden Körpertraining, im Überprüfen von Voraussetzungen, im Studium neuer und ungewohnter Informationen und in der Kontrolle der Gedanken, im täglichen Meditieren und Kontemplieren, im Praktizieren schöpferischer Vorstellung, bis sie uns zur zweiten Natur wird (→ Kap. 36). »Tun« bedeutet auch, daß wir »unser Licht leuchten lassen vor den Menschen, damit sie unsere guten *Werke* sehen und ihren Vater preisen, der im Himmel ist (Mt 5,14–16): »...et contemplata aliis tradere«.[1]

VII. Wege

In diesem Abschnitt werden Wege beschrieben, die zum »engen Tor«
(Mt 7,13) hinführen. Sie sind unterschiedlich schmal, aber alle begeh-
bar: »Wißt ihr nicht, daß euer Leib ein Tempel Heiligen Geistes ist, der
in euch wohnt?«, fragt Paulus die Korinther (1 K 6,19). Wie können
wir diesen Tempel werten und pflegen (Kapitel 32)? Die Bergpredigt
betont immer wieder die Notwendigkeit des Denkens, direkt und indirekt. In Kapitel 33 geht es daher um einige Anregungen zum Training
der »linken Hirnhälfte«. Alle Meditations-, Kontemplations- und Vor-
stellungsübungen haben eines gemeinsam: Sie führen zu einer Um-
schaltung auf die »rechte Hirnhälfte«. Im meditativen Zustand zeigen
sich vermehrt Alpha-Muster; charakteristisch ist außerdem eine Synchronisation frontaler und occipitaler Wellen sowie der Muster der linken und rechten Hemisphäre bei völliger Wachheit. Im einzelnen wird
der in der Bergpredigt empfohlene »Dreischritt« (Mt 6,6: → Kap. 12)
praktisch dargestellt:
   In der *Meditation* schaffen wir die Voraussetzung für die Aktualisie-
rung unseres inneren Potentials durch Loslassen und Leerwerden im
Sinne der ersten Seligpreisung (Mt 5,3): »Glücklich, die offen sind für
den Geist!« (Kapitel 34). In der *Kontemplation* werden wir unseres inneren Potentials gewahr im Sinne der sechsten Seligpreisung »Glücklich, die lauteren Herzens sind, denn sie werden Gott als die Einheit
allen Seins erfahren« (Kapitel 35). Die Erfahrung dieses inneren Potentials verleiht uns die Energie, in der *Schöpferischen Vorstellung* uns
selbst sowie unsere nahe und ferne Umwelt mit dem Herzen zu sehen,
dadurch individuelles und kollektives Bewußtsein aufzuschließen und
so grundsätzlich neues Verhalten im kleinen und großen Maßstab zu
ermöglichen (Kapitel 36).

32. »Tempel des Geistes«

Ein Leib ohne Geist (Bewußtsein) ist tot. Geist bringt sich durch den
Leib zum Ausdruck. Nach dem Prinzip »Wie innen – so außen!« wird
sich ein gesunder Geist in einem gesunden Körper ausdrücken – »Mens
sana in corpore sano!«, sagten die Römer –, denn er sorgt dafür, daß wir

vernünftig und auch lustvoll mit unserem Leib umgehen: in Form von Körperpflege, Atmung, Bewegung, Sport, Entspannung, Ernährung, Schlaf, Körperkontakt, Zärtlichkeit und Sexualität (Peseschkian u. Deidenbach 1988). Die Sublimierung einzelner Bereiche kann durchaus möglich und manchmal auch sinnvoll sein. Über all diese Bereiche haben kompetente Fachleute Bücher mit wertvollen Anregungen geschrieben. Hier kann »jeder nach seiner Facon selig werden«. Es ist nicht nur von Bedeutung, *was* jemand für und mit seinem Körper tut, sondern auch, aus welchen *Beweggründen* und mit welchem ideo- und psycho-logischen Hintergrund (→ Kap. 21).

33. Mentales Training

Charles Tart schreibt in seinem anregenden Buch »Transpersonale Psychologie«: »Wir besitzen persönliche wie auch kulturelle Paradigmen in bezug auf die Wirtschaft, die Politik, die Religion, die Sexualität, die Aggression usw. Bei fast allen von ihnen handelt es sich um stillschweigend inbegriffene Glaubenssysteme, das heißt Regelcodices für die Interpretation von gewissen Dingen, das Denken über gewisse Dinge, und zwar in einer Form, daß wir gar nicht mehr wissen, welche Regeln überhaupt unsere Reaktionen steuern.« Hofstätter (1966) spricht von »Selbstverständlichkeiten«, Peseschkian (1982, S. 85 ff.) von »Konzepten«. Die Frage ist: Wie können wir uns hinter die Schliche kommen?

1. Passend oder reizend? Die meisten Menschen lesen, sehen oder hören nur das, was ihnen »in den Kram paßt«. Sie lesen die Zeitung, die ihrer politischen Richtung entspricht, gehen in die Kirche, in der der Geistliche so predigt, wie sie es erwarten, suchen Kontakt mit den Menschen, die ähnliche Ansichten haben. So fühlen sie sich sicher, da sie immer in der gleichen Spur bleiben.[1] Alternativen sind möglich:

Wir können gerade die Autoren lesen, die uns zum Widerspruch reizen, die also in diesem Sinne »reizend« oder »reiz-voll« sind, oder Literatur, die uns gefühlsmäßig zuwider ist. Solche Quellen sollten wir aber mehrmals lesen: nicht um uns das Gelesene einzuhämmern und so lediglich eine Ideologie gegen eine andere auszutauschen, sondern weil wir beim ersten und zweiten Durchgang aufgrund unserer selektiven Wahrnehmung das Gelesene doch wieder nur nach unseren gewohnten Denkmustern interpretieren. Wir können Kontakt mit anders denkenden oder lebenden Menschen, mit Menschen aus anderen Kulturen aufnehmen: nicht um deren Anschauungen oder Lebensweise zu übernehmen, sondern um sie kennenzulernen.[2] Unsere ausländischen Mitbürger bieten uns reichlich Gelegenheit dazu.

2. *Gesichts-Punkte.* Wir können ein Denkmuster, ein Konzept, eine Wertvorstellung, eine Verhaltensnorm unter verschiedenen Gesichtspunkten und Beziehungen analysieren:

Theologisch: Welches ist der »transzendente« Hintergrund? Was sagt die Bibel oder andere heilige Schriften der Menschheit zu dieser Frage? So können Sie praktisch vorgehen: Besorgen Sie sich eine vollständige Ausgabe der Schriften Ihrer Religion oder andere Ihnen geeignet erscheinende Texte. Achten Sie dabei darauf, daß, wenn möglich, Parallelstellen und Quellen angegeben sind. Wenn auch Parallelen zu Schriften anderer Religionen angegeben sind: um so besser! Ein Kommentar ist nicht notwendig; im Gegenteil: Er würde Sie vielleicht vorschnell auf die Meinung des jeweiligen Autors festlegen. Entscheidend ist nicht, was ein Autor oder eine Autorität meint, sondern daß Sie auf Ihre innere Stimme hören und so *intuitiv* die Ihnen angemessenen Erfahrungen machen.[11]

Lesen Sie den gesamten von Ihnen ausgewählten Text mindestens einmal durch. Es kommt darauf an, daß Sie zunächst einen Gesamteindruck bekommen. Sie können sich Stellen, von denen Sie sich besonders angesprochen fühlen, anstreichen oder notieren. Danach können Sie einzelne Verse oder Abschnitte auswählen. Lesen Sie einen Satz jedoch immer im Zusammenhang mit dem vorhergehenden und nachfolgenden Text. Vielen Menschen sind Texte aus ihren eigenen heiligen Schriften so vertraut, daß sie zum einen Ohr hinein und zum anderen wieder hinaus gehen. Dann vermittelt Ihnen das Lesen keine neuen Erfahrungen mehr, denn die Texte werden in althergebrachter Weise verstanden. Hier können folgende Anregungen helfen: Lesen Sie sich jeden Satz *laut* vor. Hören Sie sich dabei selbst zu: Sprechen die Betonung, die Pausen, die Sprechgeschwindigkeit Sie an? Können Sie die Betonung einzelner Worte verändern, so daß der Satz eine neue Bedeutung zu bekommen scheint? Lesen Sie sich den Satz oder den Abschnitt so lange laut vor, bis Sie sich damit wohl fühlen. Formulieren Sie den Inhalt in Ihren eigenen Worten. Sie können sich vorstellen, Sie würden einem Freund, dem die im Text verwandte Ausdrucksweise fremd ist, den Inhalt vermitteln wollen. Wenn Sie Bedenken haben sollten, so mit einem heiligen Text umzugehen, können Sie sich durch Textvergleiche informieren, wie zum Beispiel die Autoren des Neuen Testaments mit der Botschaft Jesu verfahren sind, um sich ihren jeweiligen Zuhörern und Lesern verständlich zu machen (→ z. B. Kap. 9).

Schlagen Sie die angegebenen Quellen und Parallelstellen nach.

Wenn Sie in der Bibel lesen, heißt das: Wird in einem neutestamentlichen Text aus dem Alten Testament zitiert? In welchem Zusammenhang steht der Text dort? Steht er ähnlich oder gleich auch in anderen
Evangelien oder Apostelbriefen? Wenn ja: in welchem Zusammenhang? Widersprechen sich Aussagen? Wenn ja: Liegt der Widerspruch
vielleicht an Ihrer Deutung auf Grund Ihrer auswählenden Wahrnehmung? Läßt sich der Text auch anders verstehen (→ Ebenen der Schriftauslegung)? Wenn Sie eine Fremdsprache beherrschen, können Sie den
Text in dieser Sprache lesen. Sie können im Lexikon nachschlagen, welche verschiedenen Bedeutungen ein Wort hat.[3] Wenn Sie so oder ähnlich verfahren, wobei Ihrer Phantasie keine Grenzen gesetzt sind, wird
der Text für Sie (wieder) zu leben beginnen oder Ihnen plötzlich »wie
neu« erscheinen. Texte, die Sie besonders ansprechen, können auch gut
als Einstieg in Ihre Kontemplation dienen.

Psychologisch: Was fesselt die Aufmerksamkeit bewußt, unterbewußt, gefühlsmäßig? Welche Gefühle kommen hoch? Wie reagiert der
Körper darauf? *Soziologisch:* Zugrunde liegende gesellschaftliche
Strukturen oder Bedingungen; transkulturelle Aspekte: Wie denken
und verhalten sich Menschen aus anderen Kulturen?

Kulturell: Hat etwas einen »Sinn« (zum Beispiel unter ästhetischen
Gesichtspunkten), auch wenn es »Zweck-los« ist, ohne »praktischen
Nutzen«?

Zivilisatorisch: Welchen Nutzen bringt etwas? Was sind die Konsequenzen?

Logisch: Welche (stillschweigenden) Voraussetzungen werden hier
gemacht? Sind sie auffindbar? Sind sie überprüfbar? Zu welchen
Schlußfolgerungen könnten wir gelangen, wenn wir von anderen philosophischen, theologischen, psychologischen Voraussetzungen oder
Menschenbildern ausgehen würden? Was spricht gegen die vorge-
brachte These (vgl. das »sed contra« bei Thomas von Aquin!)? Handelt
es sich um andere Ansichten ergänzende oder ausschließende Voraussetzungen? Es macht regelrechten Spaß, sich selbst oder anderen auf die
Schliche zu kommen, indem wir Behauptungen auf die hinter ihnen
stehenden Postulate und deren Begründungen befragen. »Man nehme«
zum Beispiel einen x-beliebigen Kommentar aus einer Tageszeitung
oder einen Artikel aus einer psychologischen Zeitschrift und dazu
einige Leserbriefe und Kritiken. »Man frage«: Von welchen Voraussetzungen gehen Autor und Kritiker aus? Wie begründen sie sie? Wie
wäre diese Begründung zu begründen? Und die Begründung der Begründung der Begründung...? So läßt sich unendlich weiter fragen.
Wer einige philosophiegeschichtliche Kenntnisse hat, kann nach den –

meist nicht bewußten – philosophischen Wurzeln von Behauptungen oder zum Beispiel auch psychologischer, psychotherapeutischer und medizinischer Schulen und Therapieansätze fragen. Es ist dabei nicht nötig, sich selbst oder andere zur Verzweiflung zu treiben. Meist wird schon vorher die Berechtigung der Warnung vor den »falschen Propheten« erkannt; oder, um Marx zu zitieren, der Sinn seiner Mahnung »De omnibus dubitandum! = Man sollte an allem zweifeln!«[5]

3. *Ur-Sachen.* Eine weitere Möglichkeit, unsere selektive Wahrnehmung zu erweitern, besteht in der Frage nach unterschiedlichen Ursache-Modellen:

Wirk-Ursache: Nach ihr wird meist in naturwissenschaftlicher Forschung gefragt. Es geht um jenes Prinzip, von dem das Werden oder eine Veränderung ihren Ausgang nimmt.[6] Gefragt werden kann nach bewirkenden Umständen, Beeinflussungs- und Bedingungsmöglichkeiten wie physikalischen Faktoren, Erbanlagen, Erziehung, Milieu, öffentliche Meinung (»man«, Reklame...) usw. »Wenn-dann-Denken«, wie es auch in der Bibel vorkommt[7], spielt die Hauptrolle; die Ergebnisse werden streng methodisch in experimentellem Vorgehen statistisch abgesichert. Das Fragen nach der Wirk-Ursache hat seine Berechtigung. Analoges Denken, wie es in den Prinzipien »Wie innen – so außen« oder »Wie oben – so unten« zum Ausdruck kommt, oder »paradoxe Logik« (→ Wissenschaft), wie sie in östlichen Kulturen und auch in der Bergpredigt anzutreffen ist, sind dieser Form von Ursache-Denken fremd.

Ziel-Ursache: Worauf zielt etwas (beabsichtigt)? Worauf läuft es hinaus (unbeabsichtigt)? Was fordert es heraus? Worauf weist es hin? Wozu ist es notwendig, nützlich, angenehm? Welchen Sinn hat es?

Innere Ursache (Formalursache)*:* Was macht es zu dem, was es ist? Was ist typisch dafür: Verhaltensweisen, Denkweisen, Schrift, Sprache, Gang...? Wie war die ursprüngliche Idee (erkennbar manchmal an der ursprünglichen Bedeutung eines Wortes, oder wenn ein Wort in seine Bestandteile zerlegt oder ein Fremdwort aus der Ursprungssprache wörtlich übersetzt wird)?

Material-Ursache: »Rohstoff« des Subjekts, des Objekts? Verlockender Gestaltgrund (Figur-Grund)? Fordernde Umstände? Teile, Eigenschaften, Gattung, Art? Worum handelt es sich? Was bedeutet es? So zu fragen ist »typisch westlich«, aber es kann sehr fruchtbar sein. Die »linke Hemisphäre« (Hirnhälfte) wird hier besonders bemüht; sie denkt »logisch«. Die »rechte Hemisphäre« hingegen arbeitet eher »psycho-logisch« oder – wenn man so will – »orientalisch«. Hier können wir uns durch Geschichten[8], Märchen[9] und Spruchweisheiten anregen lassen. Beide Denkweisen zusammen ergeben mehr und bessere Informationen. Schon Thomas von Aquin unterscheidet eine diskursive Ratio von einem mehr intuitiven Intellekt, deren Synthese die *ratio speculativa* darstellt (S.th. I, 9, 5 ad 3; I 59, 1 ad 1; II, 49, 5 ad 1). Rochus Spiecker beschrieb die Integration beider Hälften so[10]: »Den Kern freilegen, ohne die Haut zu verletzen; im Zufälligen das Blinkfeuer des Planes, im Einmaligen das Allgemeingültige, im profan Alltäglichen das wesentlich Transzendente sehen!«

34. Meditation

Hintergrund. Er wurde bereits im Gesetz wirksamen Betens dargestellt (→ Kap. 12). Es geht darum, den liebenden, All-mächtigen Ur-Grund allen Seins und Wirkens, den »Vater im Himmel«, in unserer eigenen Mitte als unser Selbst zu entdecken. Dies kann uns nur geschenkt werden. Wir können uns jedoch darauf vorbereiten. Den ersten Schritt in Richtung auf dieses Ziel beschreibt die Bergpredigt so: »Geh in deine Kammer und schließe die Türe zu!« Das bedeutet, zeitweilig alle äußeren Erlebnisse, Bedingungen und Situationen, also die Ebene der wahrgenommenen Wirkungen, außer acht, »draußen vor der Tür«, zu lassen.

1. Was ist Meditation? Das Wort kommt vom lateinischen »meditari«. Zerlegt man es in seine Bestandteile, so wird deutlich, was ursprünglich gemeint ist: »medium = die Mitte«, »iri«, die Passivform von »ire = gehen«, wörtlich also »gegangen werden« oder – doppeldeutig – »sich gehen lassen«, hier im Sinne von »sich fallen lassen können«. Hier wird schon deutlich, daß es in der Meditation nicht um unser aktives »Tun«, sondern ums »Hören«, um ein Geschehen-lassen, geht. Jedes aktive Verfolgen eines Ziels, jede Anstrengung, jede bewußte Bemühung um Konzentration, auch jedes »Ankämpfen gegen störende Gedanken« (→ Kap. 9!) verhindert das sich von selbst einstellende Ergebnis, daß die Aufmerksamkeit von der Außenwelt zurückgenommen wird und der Mensch sich so für seine eigene Mitte öffnet. Dies ist immer mit zu bedenken, wenn im folgenden Text zum Beispiel von »Konzentration«, von »Techniken« usw. die Rede ist, Redeweisen, die leicht den Eindruck erwecken können, es gehe um aktives Tun, um Anstrengung. Meditation läßt sich auf diesem Hintergrund beschreiben als »*Sich in die eigene Mitte fallen lassen*«.

Bei der in der Bergpredigt gemeinten Meditation geht es um ein Loslassen und Leerwerden im Sinne der ersten Seligpreisung (Mt 5,3: → Kap. 2.1). Wovon sollen wir »leer«, »arm« oder frei werden? Von unseren bewußten und un(ter)bewußten »Programmen«, die wir im

Laufe unseres Lebens individuell oder kollektiv gespeichert haben, durch unsere Sinneswahrnehmungen immer noch weiter speichern und durch unsere Gedanken, Gefühle und bildhaften Vorstellungen zementieren. Die »Sender« von außen und von innen überlagern sich teilweise. Es gibt »Wellensalat«, wenn wir uns nicht auf einen »Kanal« einstimmen können. Einige »Wellen« wirken als »Störsender«: Es kommt zu Störungen im körperlichen, seelischen oder geistigen Bereich, in unseren Beziehungen, in unserer Leistungsfähigkeit. Innere Störsender in Form spontan auftauchender Gedanken zeigen zumeist an, was zur Zeit für uns wichtig ist. Die Erfahrung Meditierender zeigt, daß sie allmählich schwächer werden, gleichsam versiegen, wenn ihnen die Aufmerksamkeit versagt wird. Alles, was noch nicht erledigt ist, hat eine Gestaltschließungstendenz, sagen Psychologen; will sagen: Es drängt zur Erledigung. Wenn wir uns gegen solche Gedanken wehren, kommen sie erst recht. Die geeignete »Taktik« ist die Widerstandslosigkeit (→ Kap. 9). Tauchen Gedanken während der Meditation auf, können wir ihnen dafür danken, daß sie uns an ausstehende Erledigungen erinnert haben, ihnen gleichsam kurz sagen, daß wir bei nächster Gelegenheit das Notwendige tun werden, und sie dann wie eine Karawane in der Wüste weiterziehen lassen und uns wieder auf unseren Meditations-Gegenstand »konzentrieren«.

2. Wie meditieren wir? Es gibt einige einfache Methoden, die jeder erlernen kann. Sie können sich eine der unten beschriebenen aussuchen oder sich in der Literatur[1] umsehen. *Wesentlich ist das »in die Kammer gehen und die Türe schließen«, das Verweilen in der »Kammer«, nicht aber die Sache, bei der wir verweilen, oder die Methode.* Im autogenen Training lautet eine bekannte Formel: »Es atmet mich.« Diese Formel verdeutlicht sehr gut den Atemfluß auch während der Meditation. Wir atmen nicht bewußt ein und aus, sondern lassen den Atem durch die Nase einfach fließen. Wir verhalten uns dabei als *Beobachter* des Atemflusses. Dabei können wir mit offenen oder geschlossenen Augen bestimmte Worte oder Silben innerlich »sprechen«, ohne die Lippen oder die Kiefer dabei zu bewegen. Wir denken, oder noch besser, wir empfinden sie; zum Beispiel:

	beim Einatmen	*beim Ausatmen*
	»ein«	»aus«
oder:	»eins«	»zwei«
oder:	»A-	men«

Silben oder Worte können auch (für uns) ohne Bedeutung sein. Davis (1982) empfiehlt zum Beispiel die Silben (in Sanskrit »Mantra« genannt):

	beim Einatmen	*beim Ausatmen*
	»So-	ham«
oder:	»Ham-	sa«

Er schreibt (S. 28 f.): »Ein Anhaltspunkt, ob ein Mantra für Sie geeignet ist oder nicht, ist einfach der, ob Sie sich damit wohl fühlen oder nicht.« Sie können ein von Ihnen gewähltes »Mantra« auch unabhängig vom Atemrhythmus in einem Ihnen angenehmen Tempo denken, zum Beispiel im Ein- oder Zwei-Sekundentakt. Wählen Sie das Tempo und den Rhythmus, bei dem Sie sich wohl fühlen. Sie können auch andere Worte oder ganze Sätze während der Meditation gebrauchen. Je nach deren Charakter leitet das fließend in die Kontemplation über.

Silben oder Worte sind einem Bohrer zu vergleichen, der langsam, aber unaufhaltsam in die »Tiefe« vordringt. Dabei trifft er auf »Bodenschätze«, ab und zu auch auf »Unrat«, der sich im Laufe der Zeit als »Sediment« angesammelt hat. Sie leiten Ihre Aufmerksamkeit auf einen Gegenstand, zum Beispiel den Atemrhythmus, und erleichtern damit die Konzentration. Mantras sind Leitplanken zu vergleichen, die verhindern, daß Sie ganz aus der Spur kommen. Bei ablenkenden Gedanken fällt Ihnen nach einiger Zeit das Mantra wieder ein, und Sie sind wieder in der Beobachterposition. Es kann sein, daß Ihr Mantra im Laufe einer Übung schwächer wird oder ganz verschwindet. Beunruhigen Sie sich nicht. Zum richtigen Zeitpunkt taucht es wieder auf.

Der Atemrhythmus ist nur *ein* möglicher Beobachtungsgegenstand. Sie können beispielsweise auch auf ein Symbol (Kreuz, Kreis, Mandala usw.), ein abstraktes Gemälde oder eine Kerzenflamme schauen. Oder Sie konzentrieren sich bei geschlossenen Augen auf die Stelle zwischen den Augenbrauen, das sogenannte »Dritte Auge«, ohne dabei die Augäpfel nach oben zu verdrehen. Wichtig ist, daß Sie am Ende jeder Meditationsübung auch Ihren Beobachterstatus für eine bis zwei Minuten aufgeben und abwartend »nichts« tun. Wenn Sie wollen, können Sie anschließend kontemplieren oder beten. Am Ende kehren Sie in Ihren alltäglichen Bewußtseinszustand zurück: Sie tauchen gleichsam auf. Benutzen Sie dazu immer die gleiche Methode. Zum Beispiel können Sie langsam von 1 bis 5 zählen und bei jeder Zahl bewußt einatmen, danach ausatmen; bei 5 öffnen Sie Ihre Augen, recken Arme und Beine, stehen langsam auf und gehen einige Male im Zimmer auf und ab. Dann gehen Sie Ihrer gewohnten Beschäftigung nach.

Welche *Methode* können Sie nun auswählen? Meine Erfahrung über viele Jahre hat mir gezeigt, daß es nicht in erster Linie auf die Art der

Methode ankommt. Auch wissenschaftliche Untersuchungen zeigen, daß unterschiedliche Methoden zu unterschiedlichen Ergebnissen kommen[2], soweit Ergebnisse überhaupt meßbar sind. Ein »Alleinvertretungsanspruch« einer Methode läßt sich nicht halten. Sie können also mit gutem Gewissen die Methode auswählen, die Sie gefühls- und verstandesmäßig am meisten anspricht. Wenn Sie sich nach gründlicher Prüfung einiger Angebote für eine bestimmte Vorgehensweise entschieden haben, bleiben Sie bitte für mindestens ein halbes Jahr bei ihr. Hin- und Herexperimentieren bringt nicht ans Ziel. Es gibt die unterschiedlichsten Meditationsmethoden mit sehr unterschiedlichen Zielen und Schwierigkeitsgraden. Um das Ziel zu erreichen, das in der Bergpredigt skizziert ist, genügt eine der oben aufgezeigten einfachen Methoden.

Wenn Sie sich entschlossen haben, mit Meditation und/oder Kontemplation zu beginnen, behalten Sie dies nach Möglichkeit für sich. Richten Sie Ihre Zeiten so ein, daß andere darunter nicht zu leiden haben (zum Beispiel, weil keine Zeit zum gemeinsamen Frühstück bleibt). Versuchen Sie nicht, in Ihrer ersten Begeisterung andere zu »bekehren« (→ Kap. 28). Wenn Sie selbst positive Erfahrungen gemacht haben und sich deshalb Ihrer Sache sicher sind, haben Sie Wurzeln in sich (Mt 13,18–33: → Kap. 31), und neugierige Fragen werden Sie nicht zu Fall bringen. Eine der häufigsten Ausflüchte lautet: »Ich habe keine Zeit.« Subjektiv ist dies meist ehrlich gemeint, und kurzfristig stimmt es auch: Ein zusätzlicher Zeitaufwand ist zunächst nötig. Objektiv und mittelfristig gesehen handelt es sich um einen Trugschluß, der darin besteht, daß jemand wichtige psychologische Gesetzmäßigkeiten und die entlastende Wirkung ihrer Anwendung nicht kennt. Je mehr Erfahrungen Sie sammeln, desto mehr wird Ihnen klar werden, wieviel Zeit und Energie, die Sie dann gezielter einsetzen können, Sie mit Ihren Meditationsübungen sparen (→ unten »Wirkungen der Meditation«).

Raum. Wo der *Geübte* seine Meditation durchführt, ist im Prinzip gleichgültig. Ob in der Wohnung, in einer Kirche, im Wald, im Bus, im Büro: Er ist nicht an einen einmal gewählten oder einen bestimmten Platz gebunden. Für den *Anfänger* ist es ratsam, während der ersten Monate immer am gleichen Platz zu meditieren. Vielleicht können Sie sich in Ihrer Wohnung eine ruhige Ecke reservieren, die Sie nur zu diesem Zweck benutzen, oder Sie suchen zum Beispiel während der Mittagspause jeweils eine bestimmte ruhige Kirche auf. Der Grund für die Beibehaltung des gewohnten Raumes ist: Schon bei dessen Betreten werden Sie auf das Kommende eingestimmt. Psychologen sagen, der

Raum werde zum »konditionierten Stimulus«. Wie stark dieser wirkt, hängt von der Häufigkeit und der Intensität der »Kopplung« von Raum und Übung ab. Ähnliches gilt auch von der Zeit der Übung, von der Körperhaltung und anderen »Neben-Sachen«. Diese Erklärung klingt zwar sehr nüchtern, hat aber den Vorteil, daß Sie sie an Ihrer Erfahrung überprüfen können. Sie brauchen sich nicht von allen möglichen Erklärungen[3] ins Bockshorn jagen zu lassen, wenn Sie nicht wollen. Auch hier gilt: »Dir geschehe, wie du *geglaubt* hast!« (→ Kap. 29).

Zeit. Es empfiehlt sich, zweimal täglich 15 bis 20 Minuten zu meditieren. Sie bekommen diese Zeitdauer allmählich ins Gefühl. Sinnvoll ist es, immer annähernd zur gleichen Zeit (plus / minus 1 Stunde) zu meditieren, zum Beispiel morgens vor dem Frühstück oder vor dem Abendessen, damit auch die Zeit zum »konditionierten Stimulus« werden kann, der Sie zusätzlich einstimmt. Lassen Sie aus dieser Empfehlung jedoch keinen Zwang werden. Sie brauchen kein schlechtes Gewissen zu haben, wenn einmal eine Übung ausfallen oder zu einer anderen Zeit stattfinden muß (→ 1 K 13: Kap. 30!). Mit zunehmender Übung und Erfahrung werden Sie auch von festen Zeiten unabhängiger.

Körperhaltung. Welche Haltung Sie bei den oben beschriebenen Grundmethoden einnehmen, ist unwesentlich. Wichtig ist nur, daß Sie sich dabei wohl und entspannt fühlen. Sie müssen also keinen »Lotussitz« einnehmen oder, unterstützt von einem Meditationsbänkchen, nach Zen-Art auf den Fersen sitzen. Auch der Schneidersitz ist nicht notwendig, es sei denn, Sie fühlen sich in einer dieser Haltungen wohl und entspannt. Für die meisten Anfänger ist das Sitzen auf einem Stuhl oder in einem Sessel am angenehmsten. Die Hände können mit den Innenflächen nach oben oder auf den Lehnen oder Oberschenkeln mit den Innenflächen nach unten liegen, oder sie können im Schoß ineinandergelegt werden. Wenn es Ihnen ein Gefühl größerer Sicherheit oder Stabilität gibt, können Sie die Unterschenkel überkreuzen. Sonst stehen die Füße mit den Spitzen leicht nach außen flach auf dem Boden. Dabei ist auch das noch veränderbar. Wer es zum Beispiel für notwendig hält, mit geradem Rückgrat zu sitzen (statt in einem bequemen Lehnsessel), damit »Energie fließen kann« oder damit die Atmung ungehinderter ist, kann das tun. Wer meint, es sei falsch, die Unterschenkel zu kreuzen, weil nur dann, wenn die Füße flach auf dem Boden stehen, eine bessere »Erdung« gewährleistet sei, verhalte sich dementsprechend. Der Geübte kann auch im Liegen meditieren. Ist die Unterlage nicht zu weich, ist das Rückgrat auch dabei gerade; nachteilig kann sein, daß Liegen zum Einschlafen verführt. Im Sitzen kann der Kopf

142

angelehnt sein, zum Beispiel in einem Lehnsessel. Sitzen Sie auf einem Stuhl, sollte der Kopf in einer waagrechten Stellung in gerader Verlängerung über dem Rückgrat bleiben, damit Hals und Nacken sich nicht verspannen. Auch das aufrechte Knien auf einem Schemel oder einer Kniebank ist möglich, wenn die Hände vorn aufruhen können; sie können dabei auch etwas unterhalb des Nabels ineinandergelegt oder gefaltet sein, oder die Arme sind ineinandergelegt. Wer es geübt hat, kann auch bei sehr langsamem Gehen im Schritt- oder Atemrhythmus meditieren. Manche legen beim Meditieren gern Daumen und Zeigefinger leicht aneinander, ähnlich wie früher der katholische Priester bei der Messe zwischen Wandlung und Kommunion, oder wie wir es bei Buddhafiguren sehen können. Neben möglichen anderen Bedeutungen, auf die hier nicht eingegangen werden soll, wird diese Fingerhaltung allmählich zu einem vorzüglichen »konditionierten Stimulus«, der Sie später, unabhängig von Zeit, Raum und Körperhaltung, spontan (»automatisch«) in einen entspannten »Alpha-Zustand« führt und Ihre Meditation und Kontemplation einleitet. Behalten Sie bitte die einmal gewählte Haltung für einige Monate bei, es sei denn, sie stellt sich objektiv als für Sie ungeeignet heraus (Entstehung von Rückenschmerzen, öfteres Dösen bis zum Einschlafen, usw.).

Neben-Sachen. Eine wichtige Rolle kann *Musik* bei oder vor Meditationsübungen spielen. Zum einen kann sie zum »konditionierten Stimulus« werden und so zur Einleitung oder Unterstützung der Übung dienen. Zum anderen kann Musik, von anderen ihr zugeschriebenen Wirkungen abgesehen, entspannend wirken. So hat sich herausgestellt, daß beispielsweise langsame Barockmusik allmählich die Herzschlagfrequenz ihrem Rhythmus angleicht, was eine sehr beruhigende Wirkung haben kann. Ähnliche Wirkungen kann auch ein gut gesungener gregorianischer Choral oder fernöstliche Musik haben. Ob es für Sie gut ist, zur Einleitung und / oder zur Unterstützung Ihrer Meditationsübung Musik einzusetzen, und wenn ja, welche, können Sie nur selbst ausprobieren. Der Markt ist mit »Meditationsmusik« reich bestückt. Sie können für Ihren privaten Gebrauch auch langsame Barockmusik (»Largos«) aus Ihrem Schallplattenbestand hintereinander auf eine Kassette überspielen, wenn Ihnen diese Musik liegt. Der Phantasie sind keine Grenzen gesetzt. Manche Anbieter »schwören« auf andere Neben-Sachen. Ob beispielsweise der Gebrauch von Räucherstäbchen oder Weihrauch hilfreich ist, hängt von Ihrem persönlichen Geschmack ab. Ob Sie eine spezielle Meditationskleidung (wie zum Beispiel Mönche) bevorzugen oder nicht, ob Sie eine Kerze brennen lassen oder nicht, ob Sie während Ihrer Übung in einer bestimmten

Richtung sitzen, zum Beispiel nach Osten, oder nicht: Das alles kann für Sie hilfreich sein, es ist aber nicht wesentlich, sondern nebensächlich (akzidentell). Der eine wird durch den Geruch von Weihrauch oder das Läuten von Glocken in eine angenehme Stimmung versetzt, bei einem anderen weckt dies unangenehme Assoziationen. Für beide sind diese und andere Neben-Sachen konditionierte Stimuli, nur lösen sie jeweils unterschiedliche konditionierte Reaktionen aus. Wer keine Erfahrung damit hat, kann solche Neben-Sachen als Hilfen einsetzen, wenn er es möchte.

Welche *Sinnesqualitäten* Sie vor, während oder nach einer Meditation einsetzen, können Sie selbst am besten einschätzen: den *Gesichtssinn* durch den Gebrauch von Farben, Bildern, Symbolen; den *Gehörsinn* durch den Einsatz von Musik; den *Tastsinn* durch Berührung eines anderen Menschen; die Auflegung der Hände beispielsweise ist ein sehr alter und symbolträchtiger, unter bestimmten Bedingungen auch ein sehr wirksamer Ritus; den *Geschmackssinn* durch gemeinsames Essen und Trinken, auch in ritueller Form, als Vorbereitung oder Abschluß; den *Bewegungssinn* (kinästhetischer Sinn) durch den Wechsel von Stehen, Sitzen, Knien und Verbeugungen (wie zum Beispiel beim Chorgebet der Mönche) oder durch langsames Schreiten (Prozession!).

Alle diese Dinge können »Sinn-voll« sein, da die Erfahrung von »Sinn« auch durch das Erleben mit »vollen Sinnen« eingeleitet werden kann. So können zum Beispiel Berührungen bei einer Gruppenmeditation die Erfahrung menschlicher Nähe vermitteln – andere sagen: »die Energie zwischen den Mitgliedern der Gruppe zum Fließen bringen« –; wer jedoch, aus welchem Grunde auch immer, eine gefühlsmäßige Abneigung bei der Berührung durch »fremde Menschen« verspürt, für den werden solche Riten, auch wenn sie vom Meditationslehrer angepriesen oder verlangt werden, eher innere Abwehr gegen die vermittelte Methode provozieren. Langer Rede kurzer Sinn: Zur Einleitung oder Unterstützung einer Meditationsübung mag der je individuelle Zugang über die Sinne hilfreich sein. Wird er jedoch als notwendig hingestellt, ist Vorsicht geboten. Schließlich geht es in der Meditation, wie sie in der Bergpredigt aufgezeigt wird, ja gerade darum, »die Tür (auch der Sinne) zu schließen«.

Vorsicht: »*Falle!*« Schon in den Versen »Geht hinein durch das enge Tor...« (→ Kap. 27) war ein Warnsignal gegeben worden. Wenn Ihnen jemand eine Methode anbietet, die angeblich »leicht und ohne Mühe« anzuwenden ist und »garantiert und schnell zum Erfolg führt«, können Sie an die Worte der Bergpredigt denken. Es gibt zwar sehr einfache Methoden, zum Beispiel die oben beschriebenen, aber es ist nicht immer *leicht*, sie konsequent zu praktizieren. Viele scheitern daran, daß sie nach anfänglicher Begeisterung nicht durchhalten. Die Hindernisse können von innen und von außen kommen: *von innen* zum Beispiel in Form von Zweifeln, ob man es überhaupt wert ist, das angestrebte Ziel zu erreichen. Oder die Überzeugung bricht wieder durch, Krankheit, Leiden und Mißerfolg seien Zeichen der Liebe Gottes (»Wen Gott lieb hat, den züchtigt er!«), vorherbestimmt und daher sowieso nicht zu ändern. Es kann auch sein, daß unsere vor- und un(ter)bewußt gespeicherten Denk- und Gefühlsmuster wieder durchbrechen. *Von außen*, wenn Ihre Umgebung merkt, daß Sie sich regelmäßig zu Übungen zurückziehen: Die anderen werden vielleicht mißtrauisch und beginnen nachzufragen. Wer dann die Devise »Was könnten die anderen denken!« verinnerlicht hat und daher nicht offen und ehrlich, ohne Angst vor erwarteten oder tatsächlichen negativen Konsequenzen, seine Meinung vertreten kann, ist in der Gefahr, aufzugeben, um nicht weiter aufzufallen. Oder Ihre Umgebung merkt, daß sich Ihr Verhalten im Alltag zu ändern beginnt. Das kann unter Umständen für andere sehr unbequem sein, weil sie jetzt Ihr Verhalten nicht mehr so sicher im voraus einschätzen können: »Jahrelang war das so und so…, und auf einmal…!« Wer sich davon beeindrucken läßt, gibt leicht auf.

3. *Was bewirkt Meditation?* Wie schnell und wie intensiv Wirkungen sich einstellen und erfahrbar, zum Teil auch meßbar werden, hängt von verschiedenen Bedingungen ab: von Häufigkeit und Regelmäßigkeit der Übung; davon, ob der Meditierende die für ihn geeignete Methode (Art der Übung, Raum, Zeit, Körperhaltung, Neben-Sachen) gefunden hat und sich dabei wohl fühlt; vor allem aber vom *Glauben* des Meditierenden, daß diese Übung für ihn sinnvoll ist und zu erfahrbaren Wirkungen führt. Bei ausdauernder Übung stellen sich erfahrbare Änderungen nach etwa vier bis sechs Wochen ein, überdauernde Ergebnisse (das sind Wirkungen, die so »in Fleisch und Blut übergegangen« sind, daß sie auch in der Zeit zwischen den Übungen stabil bleiben, sogar wenn der Betreffende nicht regelmäßig übt) nach etwa einem Jahr. Sie sind auf *drei Ebenen* beobachtbar:

Körperlich: In tiefer Entspannung, bei der der Meditierende geistig wach ist – in der »transzendentalen Meditation« wird dieser Zustand »ruhevolle Wachheit« (Müller-Elmau) genannt – kommt es zu einer Synchronisation der Gehirnwellen und der Körperrhythmen (Herzschlagfrequenz, Atemfrequenz, Sauerstoffverbrauch, Pulsfrequenz, Laktatspiegel im Blut, Cortisol im Blutplasma usw.). Dies wiederum geht mit einer ständigen Verbesserung des Gesundheitszustandes und so mit einer erheblichen Reduzierung der Kosten für Arztbesuche, Medikamente und Krankenhausaufenthalte einher.[4] Meditation ist nicht eine Privatsache einiger Schwärmer und Weltfremder; sie hat erheblich vorbeugende Wirkung und dämpft die Kostenexplosion im Gesundheitswesen an den Wurzeln.

Seelisch: Sabel nennt in einer Untersuchung ein psychophysiologisches Gesetz: »Jede Änderung im physiologischen (körperlichen) Befinden geht einher (korreliert) mit einer Änderung im geistig-gefühlsmäßigen Bereich.« Das Gesetz besagt nicht, daß die oben geschilderten körperlichen Wirkungen die geistig-gefühlsmäßigen *bewirken.* Eher ist es umgekehrt: Die veränderte Einstellung (»Glaube«) und die so gewonnene Ruhe und Gelassenheit wirken sich auf den Körper aus. Es kann auch eine dritte Größe ursächlich hinter der Veränderung der körperlichen und der geistig-gefühlsmäßigen Ebene stehen. Auf jeden Fall ist ein Regelkreis Körper–Seele–Geist zu beobachten. Er zeigt sich auf allen drei Ebenen. Auf der seelischen Ebene zeigt sich unter anderem folgendes:

1. *Eine Reduzierung des Angstniveaus.* In vielen Menschen gibt es starke innere »Störsender«: Gedanken, Gefühle und Wünsche, die irgendwann im Laufe ihres Lebens in ihr Unterbewußtsein verdrängt und dort gespeichert wurden. Solche Inhalte kommen bei jedem Menschen in verschlüsselter Form als Träume ins Bewußtsein. Sie können sich auch als *Fehlleistungen,* zum Beispiel als Versprecher, oder bei drängenderen Themen als *psychische und körperliche Erkrankung* (psychosomatische Störungen) oder als Störungen in anderen Lebensbereichen wie im *Kontakt mit anderen Menschen* bemerkbar machen. Sigmund Freud hat als einer der ersten auf diese Möglichkeiten hingewiesen. Die Psychotherapie versucht, solche Störquellen bewußtzumachen und zu neutralisieren. Die Erfahrung lehrt nun, daß un(ter)bewußte Inhalte zum Teil auch ohne Psychotherapie hochgeholt und gleichsam entschärft werden können, und zwar während einiger Formen von Meditation. Da tauchen plötzlich längst vergessene Erlebnisse im Bewußtsein auf, die, wenn sie für uns positiv waren, sehr angenehme Gefühle auslösen. Waren diese Erlebnisse jedoch unangenehm oder peinlich für uns – der Grund für ihre Verdrängung –, so können diese Inhalte leicht beängstigend wirken. Da sich meditatives Erleben jedoch in sehr entspanntem Zustand vollzieht, sind die hochkommenden Bewußtseinsinhalte und Gefühle gut zu ertragen. Mit der Zeit werden sie seltener und schwächer: Der »Akku« ist gleichsam entladen, leer. Psychologisch formuliert: Durch die Kopplung dieser Inhalte mit der angenehmen Entspannung werden wir »desensibilisiert«, wie Verhaltenstherapeuten diesen Vorgang nennen (Dua 1990). Wir können

nun ganz gelassen an diese Ereignisse denken, das heißt, sie verursachen keine Ängste oder sonstigen störenden Gefühle mehr. Störungen in körperlichen oder anderen Bereichen werden daher geringer und lösen sich allmählich ganz auf. Dazu bedarf es bei vielen Menschen keines Psychotherapeuten. Der Psychologe Eysenck spricht von einer »Spontanremission«, die bei etwa zwei Dritteln der Menschen leichte und mittelschwere »neurotische« Störungen von selbst auflöse. Wenn dies nicht der Fall ist, genügt manchmal ein Meditationslehrer, der eine Einführung gibt, wenn wir es nicht fertigbringen, autodidaktisch eine der beschriebenen einfachen Meditationsformen zu erlernen.[5] Wenn wir regelmäßig meditieren, beugt dies der neuerlichen Installierung von »Störsendern« vor, denn wir gehen anders mit Aktionen und Reaktionen unserer Umwelt um, und die beschriebenen Symptome treten erst gar nicht auf. Beide, der seelisch heilende und der vorbeugende Effekt, tragen wesentlich zur *Senkung der Kosten im Gesundheitswesen bei*.

In einem Bild wird deutlicher, was hier geschieht. Nehmen wir an, giftige Stoffe sind in einen Fluß gelangt. Ein großer Teil des Giftes ist bewußt entfernt worden oder ist im Laufe der Zeit abgeflossen oder hat sich von selbst abgebaut (»Spontan-Remission«). Bei Niedrigwasser (Entspannungszustand) kann man nun mit der Reinigung des Flußbetts beginnen. Zunächst bringen Saugrohre das auf der Oberfläche des Flußbetts angesammelte Gift an die Wasseroberfläche (über die Bewußtseinsschwelle), und es kann unschädlich gemacht werden. Nach dem, was sich noch tiefer abgelagert hat, wird nun gebohrt (Meditation). Trifft der Bohrer auf eine Giftablagerung, kommt diese hoch. Vielleicht trübt sich das Wasser vorübergehend (leicht beängstigende Gefühle), bis der Unrat abgeflossen ist. Da das Gift durch das Bohren jedoch immer nur in kleinen Mengen erscheint, wird das Leben im Fluß nicht ernsthaft gestört (es kommt nicht zu Panikattacken). So wird allmählich das ganze Gift entfernt.

2. *Selbstaktualisierung.* Sie zeigt sich als Verbesserung des Selbstkonzepts. Diese beinhaltet unter anderem eine größere »Ich-Stärke« (Zufriedenheit und Flexibilität, definiert als die Möglichkeit, von Gewohntem abzuweichen), weniger Depressionen, Erhöhung der Streßtoleranz und schnellere Erholung vom Streß, woher auch immer er stammen mag, Verbesserung der Sensitivität eigenen Bedürfnissen und Gefühlen gegenüber und Entwicklung größerer Selbstkontrolle.

3. *Erhöhung des Vertrauens.* Dadurch werden Beziehungen zu anderen Menschen verbessert. Der Meditierende versucht nicht mehr, andere zu verändern. Er verändert sich selbst, und seine Umwelt reagiert darauf. Dies ist ganz im Sinne der in Abschnitt II »Soziales Engagement

von innen« aufgezeigten Möglichkeiten. Sabel faßt zusammen: »Innengeleitete Individuen glauben oder erwarten, daß vorwiegend 'sie selbst und nicht die Außenwelt (Variablen wie Glück und Zufall) den Erfolg ihrer Handlung und damit ihre Zukunft bestimmen. Sie sind ihre eigenen ›Schöpfer‹.«

Geistig: Hier sind mannigfache Wirkungen zu beobachten: 1. *Im Bereich der »linken Hirnhälfte«* kommt es zu einer Verbesserung der Intelligenzleistungen, meßbar in Form des Intelligenzquotienten, des Konzentrationsvermögens, der Urteilskraft, des Abstraktionsvermögens und der Gedächtnisleistung (Schrott u. Wachsmut). 2. *Im Bereich der »rechten Hirnhälfte«* sind vermehrtes kreatives Denken (Stutz), Ideenreichtum und kreative Problemlösungen zu beobachten. Sie können sich zeigen in klaren Traumbildern – »Den Seinen gibt's der Herr im Schlaf!« –, oder plötzlich fällt einem etwas ein: beim Spaziergehen, unter der Dusche, beim Spülen, bei allen möglichen Gelegenheiten, bei denen man an das Problem und seine Lösungsmöglichkeiten nicht denkt. Dem Therapeuten kommt in der Therapiestunde oder dem Geschäftsmann bei einer Konferenz eine Idee, die er spontan einbringt und die vom Klienten / Patienten / Geschäftspartner aufgegriffen wird und sich als fruchtbar erweist. In prekären Situationen fällt einem blitzschnell ein, was jetzt zu sagen und zu tun ist (→ Lk 12,11 f.; 21,14); dabei erscheint dies manchmal auf den ersten Blick als unvernünftig.[6] Humorvolle Äußerungen und Reaktionen kommen »von selbst«. Dinge, die »schon hundertmal« gelesen oder gehört wurden, gewinnen plötzlich eine neue Be-Deutung. Durch »Zu-Fall« fällt einem ein Artikel oder ein Buch in die Hand, wenn es gerade gebraucht wird. Neue Kontakte, nach denen jemand schon lange gesucht hatte, ergeben sich und eröffnen neue, zusätzliche Möglichkeiten, die zum gewünschten Erfolg führen. Dabei ist es gleich-(un-)gültig, welchen akademischen Grad, Beruf, sozialen Status, kulturelle oder religiöse Herkunft der andere hat.[7] Die »Zu-Fälle« häufen sich und tauchen immer gerade dann auf, wenn sie gebraucht werden.

Fazit:
Meditation im oben beschriebenen Sinne ist durch jeden Menschen erlern- und praktizierbar. Sie wird in vielen Religionen gelehrt, hat jedoch mit Religion im uns geläufigen Verständnis nichts zu tun, geschweige denn mit einer Kirche, Konfession oder Sekte. Um ihre körperlichen, seelischen und geistigen Wirkungen zu erfahren, bedarf es keiner religiösen Einstellung und keines Glaubens an einen Gott oder eine übernatürliche Kraft. Auch A-Theisten können die oben beschrie-

benen Formen von Meditation praktizieren. Wer »loslassen« und »sich fallen lassen« kann, wird auch die Grenzen seines alltäglichen, selektiven Bewußtseins transzendieren.[8] Für den sich öffnenden Menschen kann Meditation eine Vorübung, die sich selbst möglichst schnell überflüssig macht, und ein Einstieg in Kontemplation sein: in die Erfahrung, daß er mit seinem eigenen innersten Wesen auf allen Ebenen Kontakt aufnehmen kann.

»Traum – Lockruf des Möglichen: In einer oberflächigen, anscheinenden Welt ist die Illusion der Schoß des Wesens: Abgrund nach innen. Illusion – Medium zur Realität« (Spiecker 1969, S. 13).

35. Kontemplation

1. *Hintergrund.* In Kapitel 12 hieß es: Das »nicht wissen« in der Meditation ermöglicht es uns, als An-Teil-Haber uns des Ganzen in unserem Innern bewußt zu werden. Wesentlich zum Verständnis von Kontemplation sind auch die Kapitel 14, 15 und 17.

2. *Was ist Kontemplation?* Sie wird in diesem Buch als Weg zur Bewußtwerdung, zum Gewahrsein und zur Erfahrung unserer Einheit mit allem, was ist, verstanden. Das Wort kommt aus dem lateinischen »contemplari« mit den Bestandteilen »con« von »cum = zusammen, mit«, »templum = der Tempel«, »iri«, der Passivform von »ire = gehen«, wörtlich übersetzt – wie bei »meditatari« – mit »gegangen werden«, am zutreffendsten wohl mit »sich gehen lassen« im Sinne von »sich fallenlassen (können)«. Ziel der Kontemplation ist es, sich so fallenlassen, so loslassen zu können, daß wir mit dem, der im »Tempel« weilt, zusammen sind: Es geht um das Kennen- und Liebenlernen des »Reiches Gottes in uns«, des »Vaters« in uns, um das »größte und erste Gebot« (Mt 22,37 f.). Dann wird uns »das zweite, das ihm gleich ist« (Mt 22,39), von innen her möglich (→ Kap. 5–10).

3. *Wie kontemplieren wir?* Im Anschluß an das Gebot der Gottesliebe, das Jesus aus dem 5. Buch Moses zitiert, ist ebendort (5 M 6,5–9) eine konkrete Anleitung gegeben, wie wir kontemplieren können. Würden wir diesen Text wörtlich verstehen, so wäre er, wenn überhaupt, bestenfalls für einige Spezialisten, zum Beispiel Mönche, in die Praxis umsetzbar. Verstehen wir ihn jedoch auf der seelischen und geistigen Ebene (→ Ebenen der Schriftauslegung), so wird er für jeden Lernenden (»Jünger«) durchführbar:

»*Diese Worte, die ich dir heute befehle, seien in deinem Herzen!*«: Es geht um »Worte«. Das erinnert an die Bergpredigt (Mt 6,7): *Viele Worte plappern* heißt, sinnlos daherreden. Wir sollen uns konzentrieren auf wenige, ganz bestimmte Worte: »die ich dir heute befehle.« Die Bergpredigt sagt uns im »Vater unser« ausdrücklich, welche Worte wir sprechen sollen: »*Vater*« oder »Vater im Himmel«, wenn wir unsere Beziehung zum »Vater« in uns erfahren wollen: Hier geht es um die senkrechte Dimension; »Vater *unser*«, wenn es um unsere Einheit mit allen Menschen und mit der ganzen Schöpfung geht: die waagrechte Dimension; »Geheiligt werde dein Name!«: Der Gottesname *Ich bin* drückt in der Form »Ich bin« unsere Tochter- bzw. Sohnschaft aus. Indem wir ihm anfügen, was auf uns zutrifft, werden wir uns unseres wahren Wesens immer deutlicher bewußt.

Einige Beispiele: »Ich bin: Tochter/Sohn/Kind des Vaters im Himmel«; »Ich bin: Schwester/Bruder aller Menschen«: Konsequenzen aus der Vaterschaft Gottes (→ Kap. 14). »Ich bin: Salz der Erde, Licht für die Welt«: So jedenfalls nennt Jesus seine Jünger (Mt 5,13–16: → Kap. 3). »Ich bin: von seinem Geschlecht« (A 17,28); »Ich bin: Tempel Gottes« (1 K 3,16 f.); »Ich bin: Tempel heiligen Geistes« (1 K 6,19); »Ich bin: ausgerüstet mit Kraft aus der Höhe« (Lk 24,49). Oder wir können auch Aussagen Jesu, des *Christus* (»*Ich bin*«), des »ersten unter vielen Brüdern« (R 8,29), über seine Beziehung zu uns, seinen Schwestern, Brüdern und Schülern, kontemplieren; zum Beispiel: »*Ich bin* (ist) bei euch alle Tage: bis zur Vollendung der Welt« (Mt 28,20); »*Ich bin* (ist) mitten unter euch, wo zwei oder drei in meinem Namen versammelt sind« (Mt 18,20). Dies sind nur einige Beispiele. Jeder kann »*Ich bin*«-Aussagen so formulieren, wie er sie in den Schriften seiner Religion findet oder wie der Geist sie ihm intuitiv eingibt (R 8,16.23.26). So wird »Sein Name«, das Wesen des »Vaters«, seine Kraft, seine Liebe, seine Energie zur Geltung gebracht, geehrt, geheiligt, »heil« gemacht: zuerst »im Verborgenen« und dann »öffentlich vor aller Augen« (Mt 6,6; Ez 36,23: → Kap. 11–15).

»*Sie seien in deinem Herzen!*« In Kapitel 26 »Die Goldene Regel« wurde über »Herz, Seele und Gedanken« gesprochen. Worte und Sätze mechanisch daherzureden nützt gar nichts. Sie müssen in unserer Tiefe Wurzel schlagen. Wie dies geschehen kann, zeigen die folgenden Anweisungen:

»*Auch sollst du sie deinen Kindern einprägen und davon reden*«: Unsere *Gedanken* sind unsere »Kinder«, die wir fortwährend zeugen und gebären. Wie können wir »die Worte« unseren Gedanken und so unserem Herzen einprägen? Seit Jahrtausenden praktizieren glaubende Menschen in allen Hochreligionen die Kunst des Kontemplierens – »Betrachtung« nannte man das früher – nach bestimmten Gesetzmäßigkeiten:

a) Einige Worte werden sehr oft *im Atemrhythmus wiederholt*, zum Beispiel das Jesus-Gebet der Ostkirche (Ware/Jungclaussen): beim Einatmen unhörbar »Herr Jesus Christus«, beim Ausatmen »erbarme dich unser!« Auch »*Ich bin*«-Aussagen lassen sich so kontemplieren.

b) Wir können den Text denken, können aber auch *halblaut oder laut »davon reden«*. Psychologische Forschung zeigt, daß sich ein Text um so tiefer einprägt, je mehr der ganze Mensch mit seinen äußeren und inneren Sinnen daran beteiligt ist. Wenn es der Text erlaubt, können wir uns seinen Inhalt auch *bildhaft vorstellen* (»visualisieren«: → Kap. 36). Je intensiver der Text von uns auf- und angenommen wird, desto mehr wird unser Herz und unsere Seele (Mt 22,39) angesprochen: ein zentrales Element der Kontemplation.

c) Eine große Hilfe kann es auch sein, »die Worte« zu *singen*. Jeder weiß aus Erfahrung, wie bestimmte Melodien und damit auch deren Texte uns manchmal den ganzen Tag über oder tagelang nicht aus dem Kopf gehen. Seit über 1000 Jahren singen christliche und (noch länger) nichtchristliche Mönche nach sehr rhythmischen und einprägsamen Melodien. So können wir zum Beispiel einen Kontemplationstext auf die rhythmische Melodie eines gregorianischen Psalmtons singen; einer der Vorzüge solcher Psalmtöne ist, daß sie mit beliebigen Texten unterlegt werden können. Oder wir können einen einfachen Singsang, der uns anspricht, selbst erfinden, von anderen Liedern übernehmen oder auch von selbst durch Summen kommen lassen. Wiederum: Der Phantasie sind keine Grenzen gesetzt; es kommt darauf an, daß uns Melodie und Rhythmus ansprechen.

d) Die Erfahrung lehrt, daß Texte sich *im entspannten Zustand* besonders gut kontemplieren lassen. Dem Anfänger sei geraten, mit dem ersten Element (Wiederholung im Atemrhythmus) als Grundstock zu beginnen. Wer damit Erfahrungen gesammelt hat, kann andere Elemente ausprobieren. Auch hier gibt es keine Methode, die für alle Menschen gleicherweise ansprechend ist.

»*Wenn du in deinem Hause sitzt.*« »Haus« und »Kammer« (Mt 6,6) sind seit jeher Symbole für unser Inneres, unser Bewußtsein mit allen seinen Aspekten; »Sitzen« ist ein Fachausdruck für meditativ-kontemplative Übung (→ Kap. 1). »In seinem Hause sitzen« bedeutet die kontemplative Praxis im Sinne regelmäßiger, zu bestimmten Tageszeiten, an einem bestimmten Platz, in bestimmter Haltung bewußt zu vollziehender Übung, als einzelner oder in Gemeinschaft. Dabei können Methoden angewandt werden, wie sie im Kapitel 34 beschrieben wurden.

»Und wenn du unterwegs bist.« Dominikus von Guzman, der Gründer des Ordens der Predigerbrüder (Dominikanerorden), nahm diese Anweisung wörtlich: Wenn er mit seinen Brüdern über Land zog, ließ er sie vorausgehen und kontemplierte allein. Der Geübte kann in der Tat auch beim Gehen kontemplieren, aber nicht nur da, sondern bei allen seinen Alltagsbeschäftigungen. Im Neuen Testament heißt es, wir sollen »immerzu beten und nicht nachlassen« (Lk 18,1) und »Wachet und betet zu jeder Zeit!« (Lk 21,36). Nicht einmal kontemplative Mönche könnten diese Anweisung wörtlich befolgen. Wer jedoch lange und intensiv genug einen kontemplativen Text mit seinem Atemrhythmus verbunden hat, kann eine erstaunliche Erfahrung machen. Es fällt ihm auf, daß, wenn er gar nicht daran denkt, ihm dieser Text von selbst im Atemrhythmus bewußt wird, daß er sogar im Traum eine Rolle spielt. Mit anderen Worten: Der kontemplative Text ist – ähnlich dem Figur-Grund-Phänomen – im Hintergrund immer anwesend und wirksam; er ist in unser unterbewußtes Repertoire eingegangen. Das zeigt sich auch daran, daß die gefühlsmäßige Stimmung und damit das seelische und körperliche Befinden, die Art und Intensität von Kontakten und das berufliche Tun aus dieser Tiefe geprägt werden.

»Wenn du dich niederlegst.« Die Zeit vor dem Einschlafen ist, wie neuere Forschungen gezeigt haben, aus drei Gründen sehr geeignet für »das Einprägen der Worte«:

a) Kurz vor dem Einschlafen befinden wir uns schon in einem entspannten »Alpha-Zustand«. Wir brauchen daher diesen Zustand nicht erst durch eine Entspannungsübung herbeizuführen.

b) Die rationale Barriere – das, was wir in unserem Leben als »vernünftig« erfahren und gelernt haben, was aber, vom Blickpunkt der Bergpredigt aus gesehen, teilweise höchst unvernünftig ist, weil es sich um angelernte und nicht mehr weiterentwickelte »selbstverständliche« Reaktionsmuster und unbewußte Abwehrmechanismen handelt –, diese »rationale« Barriere also, die uns im Wachzustand manchmal an der »Logik« unseres kontemplativen Tuns zweifeln läßt, wird um so durchlässiger, je mehr wir uns dem Einschlafzustand nähern. »Nicht zweifeln« ist, wie wir in Kapitel 25 gesehen haben, eine Grundqualität wirksamen Glaubens. »Zwei Herren zu dienen« oder »in unserer Seele hin und her zu schwanken« (→ Kap. 22) führt uns nicht dazu, daß uns die Erfahrung der Einheit zuteil wird.

c) Es ist sehr entscheidend, welche Gedanken und Gefühle wir mit in den Schlaf nehmen. Qualitativ gut »eingesät«, kann der Same des Wortes »in gutem Erdreich«, in unserem »Herzen« keimen und »hundertfältige Frucht bringen« (Mt 13,8). Bei dieser Form der Kontemplation *liegen* wir. Fünf Minuten dieser Übung bis zum Einschlafen genügen, um uns einzustimmen.

»*Und wenn du aufstehst.*« Was wir beim Erwachen denken und fühlen, prägt wesentlich den Verlauf unseres Tages. Kontemplieren Sie im Liegen fünf oder mehr Minuten. Die Kontemplation vor dem Einschlafen und nach dem Erwachen hat den Vorteil, daß Sie keine oder kaum zusätzliche Zeit benötigen. Je mehr Erfahrungen Sie sammeln und je mehr Ihnen das Kontemplieren zur zweiten Natur wird, um so eher werden Sie spüren, daß die Übungen »Wenn du aufstehst«, »Wenn du unterwegs bist« und »Wenn du dich niederlegst« vollauf genügen. Der Einwand »Ich habe keine Zeit!« ist dann gegenstandslos geworden. Sie kontemplieren von selbst »allezeit«.

»*Du sollst sie als Denkzeichen an deine Hand binden.*« Die Hand ist Symbol für unser Handeln. »Binden« bedeutet hier, sicherzustellen, daß wir in all unserem *Tun* den roten Faden, das Gewahrsein unserer Einheit mit dem Vater und mit der ganzen Schöpfung und die daraus resultierenden Möglichkeiten, nicht aus Herz, Seele und Gedanken verlieren. Kontemplation bietet die Gewähr dafür.

»*Du sollst sie als Merkzeichen zwischen deinen Augen tragen.*« Im Osten nennt man den Punkt auf der Stirn leicht oberhalb zwischen den Augenbrauen das »Dritte Auge«. In der Bergpredigt ist die Rede vom »Auge als der Leuchte des Leibes« (→ Kap. 22). »Das Auge« ist der Ort der Schöpferischen Vorstellung (→ Kap. 36). Was wir visualisieren, prägt sich unseren Tiefenschichten ein und bringt nach der Gesetzmäßigkeit »Wie innen – so außen!« reiche »Früchte« (Mt 7,15–20) hervor.

»*Und du sollst sie auf die Pfosten deines Hauses und auf deine Tore schreiben.*« Die »Pfosten deines Hauses« sind die tragenden Säulen unseres Bewußtseins: wachbewußtes, gefühls- und bildhaftes Sprechen »der Worte« (»denken« und »Herz«) und ihr Einspeichern ins Unterbewußtsein (»Seele«). »Deine Tore« meint: Paß auf, was du in dein Bewußtsein hineinläßt! Hier wird auf die Wichtigkeit des »Geh in deine Kammer und schließ die Türe zu!« in der Meditation hingewiesen. Früher wurden in christlichen Gemeinden oft »Einkehrtage« oder »Rüsttage« gehalten. In Klöstern gab es »Exerzitien«[1]: Menschen zogen sich für eine Woche oder länger in die Einsamkeit zurück. Solche Übungen sind auch heute noch sinnvoll. Sie können als Einübungsgelegenheiten für Kontemplation dienen. Wenn wir dann wie oben beschrieben kontemplieren, können wir mitten im Alltag »ohne Unterlaß beten«, das heißt, unbegrenzt »Exerzitien« halten. Welche Form der Kontemplation wir auch wählen, von jeder gilt: Sie ist nur Vorbereitung[2] für das Wesentliche, für die persönliche und lebendige Erfahrung: »Glücklich, die lauteren Herzens sind, denn sie werden Gott als die Einheit allen Seins und als ihre eigene Mitte erfahren« (Mt 5,8: → Kap. 2). Für die Praxis heißt das: Lassen Sie bei jeder Form von Kontemplation, vor allem aber bei der im engeren Sinn »Wenn du in deinem Hause sitzt« *Ihre* »Worte« allmählich ausklingen. Bleiben Sie dann still und warten Sie, was sich in Ihnen ereignet. Sie können den gleichen Inhalt über Tage und Wochen so lange kontemplieren, bis Sie in Ihrem Gemüt die kontemplierte Wahrheit direkt erfahren: Das Gewahrsein, vielleicht auch das Erleben der Einheit. Kontemplation ist ein Weg zu diesem erlebenden Erkennen »ohne Zeit, ohne Raum und ohne hier und nun«; hier »sind alle Dinge eins und alle Dinge miteinander alles in allem und alles in allem geeint«, wie Meister Eckhart sagt.[3]

Der Grund der Einheit ist schon immer in uns (Jh 14,20): »An jenem Tage werdet ihr erkennen, daß ich im Vater bin und ihr in mir und ich in euch.« Dies ist so, auch wenn wir uns dessen nicht bewußt sind. Baha'u'llah, der Stifter der Baha'i-Religion, beschreibt dies in einem Bild: »Stelle dir eine Lampe vor, die unter einen Behälter gestellt ist! Sie leuchtet zwar, doch ihr Schein dringt nicht zu den Menschen... Denke wiederum an die Sonne, wenn sie sich ganz hinter Wolken verbirgt. Zwar wird die Erde noch von ihrem Licht erhellt, aber die Menge des Lichtes, das sie erhellt, ist viel geringer geworden. Erst wenn sich die Wolken zerstreut haben, kann die Sonne wieder in voller Pracht erstrahlen. Ob nun aber Wolken da sind oder nicht, ist für die natürliche Leuchtkraft der Sonne einerlei.«[4] Der Kontemplierende erfährt: Die »Sonne« und wir, die »Strahlen«, sind *eins*.

4. *Was bewirkt Kontemplation?* Erfahrungen, die aufgrund des »Leerwerdens« in der *Meditation* in uns aufsteigen, sind vergangenheitsbegrenzt. Ihre Quelle ist unter die Wahrnehmungsschwelle, ins »Unterbewußtsein« abgesunkene individuelle und kollektive Lerngeschichte. Ganz anders die Wirkungen von *Kontemplation*. Sie eröffnet uns einen Zugang zur Wahrnehmung des universellen, alles enthaltenden und umgreifenden → Unbewußten, des Ganzen; in biblischer Sprache: des Himmelreiches oder des Reiches Gottes (Jh 17,24): »Ich will, daß, wo *ich bin*, auch sie bei mir seien, auf daß sie *meine Herrlichkeit schauen*, die du mir gegeben hast, weil du mich geliebt hast vor Grundlegung der Welt.«

Menschen aus allen Kulturen und Religionen, nicht nur Heilige, berichten von einer plötzlichen klaren Erkenntnis, die ihr Leben umwandelte. Von Saulus wird in der Apostelgeschichte (A 9,1 ff.) ein Schlüsselerlebnis berichtet, das aus ihm einen Paulus machte. Von Thomas von Aquin wird berichtet, er habe gegen Ende seines Lebens eine Erfahrung gemacht, von der er sagte, verglichen mit ihr sei alles, was er bisher geschrieben habe – und das galt jahrhundertelang in der römisch-katholischen Kirche als Grundlage aller Theologie! –, »wie Stroh«. Manchen Menschen werden solche Erfahrungen in einer sogenannten »Nah-Tod-Erfahrung« geschenkt. Angeregt durch die Pionierarbeiten von Elisabeth Kübler-Ross, untersuchten Ärzte und Psychologen Tausende von Menschen, die »klinisch tot« gewesen waren. Wir brauchen jedoch nicht in eine solche Todesnähe zu kommen, um die oben beschriebenen Erfahrungen zu machen; manchen wird sie als Frucht des Kontemplierens geschenkt. Alle Erfahrungen, auf welche Weise sie auch zustande kommen, haben gemeinsame Merkmale:

Sie kommen unerwartet. Manchmal geschieht lange Zeit »nichts«, oder besser gesagt: Wir nehmen über längere Zeit keine Veränderung wahr (Mk 4,26ff.: → Unterbewußtsein), und dann geschieht das Ereignis »wie aus heiterem Himmel« (Mt 24,27). Ein Schlüsselerlebnis läßt sich nicht bewußt herbeiführen. Wir können und sollen »bitten, suchen und anklopfen« (Mt 7,7: → Kap. 25) und gewiß sein, daß wir das Erbetene bereits erhalten haben (Mk 11,24: → Kap. 25). Wir können den Boden durch unsere Kontemplation vorbereiten, so daß das Saatgut »dreißigfältige, sechzigfältige und hundertfältige Frucht bringt« (Mk 4,20).

Ein Schlüsselerlebnis hat eine radikale »*Umwandlung durch Erneuerung unseres Denkens*« (R 12,2) zur Folge. Das bisherige Leben, die Beziehungen zu sich und zu anderen Menschen, zur Arbeit, zur Religion erscheinen in einem völlig neuen Licht. Der Mensch *weiß* jetzt, was der Sinn seines Lebens ist. Jede Angst vor dem Tod ist verschwunden, weil er *weiß*, daß er schon *jetzt* ewiges Leben *hat* (Jh 5,24). Diese Erfahrung verleiht eine innere Gelassenheit und Sicherheit, einen inneren Frieden (Jh 14,27; Mt 5,9: → Kap. 2), der auch das Sterben nicht als endgültiges Aus, sondern als Übergang in eine neue Stufe begreifen läßt.[5] Er erfährt die Wahrheit der Worte (O 21,4): »Er wird jede Träne wegwischen von ihren Augen. Der Tod wird nicht mehr sein und nicht Trauer und Klage und Mühsal; denn das Frühere ist vergangen.« Man muß nicht einer Kirche oder Religion angehören, um diese Erfahrungen machen zu können. Auch der A-Theist erfährt diese Wahrheit auf seine Weise, wenn er sich auf solche Erfahrungen einläßt.

Das *Verhalten* verändert sich »von selbst« (Mk 4,26ff.), nicht nur im individuellen und engeren sozialen Bereich, sondern auch im soziologischen und weltweiten Maßstab (→ VIII »Salz der Erde – Licht der Welt«). Hier ereignet sich, fernab jeden analysierenden Bemühens, nicht mehr nur ein partieller Standortwechsel, sondern eine grundsätzliche Umorientierung. Denn der Mensch hat wenigstens für einen Augen-Blick einen Zipfel des »Reiches Gottes« gefunden, und so wird ihm »Gerechtigkeit« im Verhalten zu sich und anderen Menschen und »alles übrige dazugeschenkt« (Mt 6,33: → Kap. 25): Er ist »*wiedergeboren aus Wasser und Geist*« (Jh 3,5).

Fazit:
Schlüsselerlebnisse wurden und werden Menschen aller Zeiten und aller Kulturen, Menschen aus allen Religionen und Menschen, die sich als A-Theisten verstehen, zuteil: »(Der Vater im Himmel) läßt seine Sonne aufgehen über Böse und Gute und läßt regnen über Gerechte und Ungerechte« (Mt 5,45: → Kap. 10). Gleiches gilt für das langsame Wachstum und Heranreifen oder das plötzliche Bewußtwerden der Einheit als Folge von Kontemplation. Alle erfahren »Religio« (Einzahl) in der ursprünglichen Be-Deutung des Wortes: als Rück-Bindung an den Ur-Grund. Diese Erfahrung ist der gemeinsame *Kern* aller Religionen (Mehrzahl). Ob Sie diesen Ur-Grund »Gottheit, Gott, Jahwe, Vater, Geist, Allah, Tao, Brahman, Nirvana« oder wie immer nennen, ob Sie sich diesen Ur-Grund persönlich oder unpersönlich, theistisch, pan-theistisch, poly-theistisch oder a-theistisch vorstellen, bleibt letztlich gleich-(un-)gültig. Denn, wie schon ausgeführt (→ Kap. 12): Alle Bilder und Theologien, die die formalen *Unterschiede* der Religionen (Mehrzahl) ausmachen, mögen als »Verpackung« mehr oder minder ansprechend sein; allen gemeinsam ist, daß sie mehr falsch als richtig sind [6] und daß sie durch kontemplative Erfahrung und durch ein Schlüsselerlebnis grundsätzlich relativiert werden. Die »Ur-Sünde« besteht in der Ab-Sonderung von der Einheit, die das polare Erkennen und Werten zum Beispiel im Sinne von »gut« und »böse« zur Folge hat. Der die Welt polar wahrnehmende Mensch kann sich die Einheit weder mit logischem noch mit psycho-logischem Denken vorstellen. Dazu bedarf es anderer Quellen und Informationskanäle. Die Einheit kann ihm in der Kontemplation plötzlich oder allmählich bewußt und erfahrbar oder in Grenzsituationen wie etwa in Todesnähe blitzartig geschenkt werden. [7]

Die Behauptung der Wesenseinheit von Gott und dem Bewußtsein des Menschen, von immanenter Transzendenz und transzendenter Immanenz, ist keine »Erfindung« von Meister Eckhart. Sie findet sich in fast allen Religionen, taucht bei Schleiermacher wieder auf und findet sich auch in der Theosophie. Stellvertretend sei Vivekananda zitiert, der Lieblingsschüler des Inders Sri Ramakrishna, der auf dem Weltparlament der Religionen (Chicago 1883) sagte: »Nicht Sünder seid ihr, sondern Kinder Gottes, Erben unvergänglicher Glückseligkeit, heilige und vollkommene Wesen. Die einzige Sünde, die es gibt, ist, einen anderen Menschen Sünder zu nennen... Eure wahre Natur ist das Reine, Formlose, das Allmächtige und Allbarmherzige. Das ist Gott in euch allen.«

36. Schöpferische Vorstellung

1. *Hintergrund*: Auf der Grundlage meditativer und kontemplativer Erfahrung ist es uns möglich, zu »sehen«. Die Erfahrung unseres inneren Potentials verleiht uns die Energie, in der schöpferischen Vorstellung uns selbst sowie unsere nahe und ferne Umwelt mit dem Herzen zu sehen, dadurch individuelles und kollektives Bewußtsein aufzuschließen und so grundsätzlich neues Verhalten im kleinen und im großen Maßstab zu ermöglichen. Die Voraussetzungen sind in den Kapiteln 11, 12, 14, 17, 22, 25, 27 und 29 beschrieben. Sie machen deutlich: Schöpferische Vorstellung führt nicht auf mechanischem Weg zum Ziel. Es gilt, die angeführten Wahrheiten und Gesetzmäßigkeiten zu verstehen und meditativ-kontemplativ zu verinnerlichen.

2. *Was ist schöpferische Vorstellung?* Entsprechen Meditation und Kontemplation dem in der Bergpredigt beschriebenen »Hören«, so geht es bei der schöpferischen Vorstellung um das »*Tun*«. Auch als »Kreative Imagination« oder »Kreatives Visualisieren« bekannt, ist sie die Kunst unserer Phantasie, gefühlsmäßig aufgeladene Bilder bewußt entstehen zu lassen und so in unsere Tiefenschichten »einzuspeichern«, daß sie sich nach dem Prinzip »Wie innen – so außen!« in unserer Erfahrung realisieren.

Schöpferische Vorstellung ist nichts Besonderes, denn unsere Phantasie ist dauernd tätig. Es geht gar nicht anders (Ghawain S. 17.30). »Tagträume sind... ein wichtiger, faszinierender Teil unseres Innenlebens, für den sich Psychologen besonders interessieren. Wir springen im Geist ständig von einem Gedanken zum anderen, von einem Wachtraum zum anderen« (Klinger). Wir wenden die Gesetzmäßigkeiten schöpferischer Vorstellung in jeder Minute an, Gesetzmäßigkeiten, von denen, wie die Bergpredigt es ausdrückt (Mt 5,17: → Kap. 4), »nicht ein einziges Jota oder ein einziges Häkchen vergeht, bis alles erfüllt ist«; Gesetzmäßigkeiten, die, ob wir es wissen und wollen oder nicht, immer und überall kultur-, religions- und zeitunabhängig gelten. Wir sind uns dieser Tatsache meist nicht bewußt und nennen das Resultat daher »Schicksal« oder »Fügung«.

In diesem Kapitel geht es darum, uns diese Gesetzmäßigkeiten weiter bewußt zu machen (in dieser Be-Deutung können wir von einer »Bewußtseins-Erweiterung« sprechen) und uns so die Möglichkeit zu eröffnen, sie zu unserem und anderer Menschen Nutzen gezielt anzuwenden. Wenn man so will: Dies »Tun« ist gleichzeitig eine Kunst und eine wissenschaftliche Aufgabe [1]; wissenschaftlich insofern, als die Anwendung dieser Gesetzmäßigkeiten wiederholbar und an der Erfahrung überprüfbar ist (→ Wissenschaft).

Nicht nur im Alten und im Neuen Testament werden die Gesetzmäßigkeiten schöpferischer Vorstellung in zahlreichen Texten – meist bildhaft – beschrieben. Sie sind auch Hintergrund anderer heiliger Schriften der Menschheit und zahlreicher Mythen, Märchen und Sagen. »Bilder sind die Sprache des Unbewußten... Was wir zum Beispiel ständig hegen und pflegen, sind Katastrophenvorstellungen... Wer aber jede Gelegenheit wahrnimmt, die Schreckensvisionen wieder und wieder zu beleben, kann sich damit bis ins Körperliche hinein schwächen und handlungsunfähig machen... Es erhebt sich die Frage, ob wir nicht – in unserem Bemühen, ›Verdrängtes bewußtzumachen‹ oder ›Kritikfähigkeit zu beweisen‹ – negative Vorstellungen in uns festigen, die dann die Tendenz haben, sich zu realisieren.« Was Eva Madelung (S. 52 ff.) hier ausführt, können klinische Psychologen und Psychotherapeuten nur allzuoft beobachten. Der Verfasser weiß als Theologe aus eigener passiver und aktiver Erfahrung, was zum Beispiel auch mit voller Überzeugung vorgetragene Predigten anrichten können, die in uns ein »Sündenbewußtsein«, das Gefühl des Schuldigseins, des Ausgeliefertseins und der Ohnmacht, des das Leid geduldig ertragen Müssens usw. zementieren. Die Folgen bekommt nicht nur der Geistliche selbst, zum Beispiel im Beichtstuhl, zu hören, sondern wiederum der Psychologe und Psychotherapeut in seiner Praxis. Besonders wirksam wird solche Sprache, wenn sie mit Bildern wie beispielsweise dem »Höllenfeuer« und allen möglichen »jenseitigen« Sanktionen einhergeht. Aus dem gleichen Grund benutzt ja auch die Werbepsychologie Bilder und Farben, die unsere Sinne und unsere Vorstellungskraft ansprechen. Der Psychologe weiß: Wenn der Satz »Dein Glaube hat dich gesund gemacht!« gilt, dann auch der Satz »Dein Glaube hat dich krank gemacht!«; wenn es »eingebildete Kranke« gibt, dann umgekehrt auch »einge-Bild-ete Gesunde«: Jeder hat unterschiedliche Bilder in sich hineingenommen, sie sich »ein-ge-Bild-et«. Die Folgen sind auf allen Ebenen zu beobachten, auch auf der körperlichen.

Forscher wie der Psychologe Edmund Jacobson, der die bekannte

»Progressive Muskelentspannung«, auch als »Isometrische Übungen« bekannt, entwickelte, haben nachgewiesen, daß allein die Vorstellung von Bewegungen zum Teil die gleichen Gehirn- und Körpermechanismen anspricht wie die reale Bewegung selbst. Um möglichen Mißverständnissen vorzubeugen: Bei der schöpferischen Vorstellung geht es nicht darum, uns in eine Traumwelt zu flüchten, weil wir mit der Realität nicht zurechtkommen, sondern um die kognitive und emotionale Vorwegnahme, um das Durchspielen eines sehr erwünschten realen Zieles, um »Probehandeln«. Es geht auch nicht um okkulte Praktiken, »magische Kräfte« oder »Geister« (→ Kap. 29), sondern um Gesetzmäßigkeiten, die erkennbar, ganz natürlich erklärbar und daher auch gezielt anwendbar sind. Es geht auch nicht um ein oberflächliches »Positives Denken«, um das Aufsetzen einer rosaroten Brille, das sich gut vermarkten läßt, sondern um innere Grundeinstellungen. Das Gleichnis von der Brotvermehrung (Mt 14,17 ff.; 15,33 ff.) beispielsweise zeigt bildhaft, wie das Gesetz der Fülle wirken kann. Diese Wirkungen sind nicht zum Nulltarif zu haben (→ Kap. 27). Voraussetzung ist unter anderem, daß wir die in unser Bewußtsein und unser »Unterbewußtsein« eingespeicherten »Glaubenszäune« (Peter Wenzel) übersteigen (»transzendieren«), indem wir begreifen, was es heißt, für uns schon immer Bereitgehaltenes »abrufen« zu können (→ Kap. 12).

Das Ziel schöpferischer Vorstellung kann auf jeder uns vorstellbaren Ebene liegen: in der Wiederherstellung körperlicher, seelischer und geistiger Gesundheit, im Aufbau und in der Verbesserung von Beziehungen, in der Verbesserung unserer materiellen Versorgung, in der Entwicklung kreativer und spiritueller Ressourcen. In Kapitel 37 wird gezeigt werden, daß dies nicht nur im individuellen und näheren sozialen Bereich, sondern auch in viel größerem Maßstab möglich ist.

3. *Wie praktizieren wir schöpferische Vorstellung?* Zu dieser Frage ist sehr viel geschrieben worden.[2] Der Leser kann sich selbst informieren.[3] An dieser Stelle werden lediglich einige wesentliche Schritte und Schlußfolgerungen, die sich vor allem aus der Bergpredigt ableiten, herausgearbeitet.

Ein klares Ziel. Eine wichtige Frage lautet zunächst: Welches Ziel soll ich auswählen, was ist gut für mich? Hier wird es hilfreich sein, sich an die Schlüsselsätze »Euer Vater weiß, was ihr braucht, ehe ihr ihn bittet« (Mt 6,8.) und »Wie du geglaubt hast, so soll dir geschehen« (Mt 8,13) zu erinnern. Sie bedeuten konkret: Wir können darauf vertrauen, daß unsere innere Stimme, der »Vater« in uns, uns sagt, was wir in unserer persönlichen Lage jetzt brauchen und auf welchem Wege wir es erhalten können (→ R 8,26–28). *Das* ist dann für uns überzeugend, *das* glauben wir, und deswegen wird es uns geschehen. Der Weg, diese innere Stimme zu vernehmen, führt über Meditation und Kontemplation.

Wir können die Information und den Weg auswählen, die uns am meisten ansprechen, und unsere schöpferische Vorstellung unter diesem Aspekt beginnen. Vier Aspekte sind noch besonders zu beachten:

a) Unser Ziel darf keinem anderen Menschen und keinem anderen Geschöpf schaden. Dies nicht (nur) aus ethischen Erwägungen – diese können je nach Erziehung, Kultur, Religion usw. unterschiedlich sein –, sondern *aus psychologischen Gründen*: Was wir anderen direkt oder indirekt, bewußt oder nichtsahnend wünschen, wirkt auf uns wie ein Bumerang zurück (→ Kap. 5 und 23).

b) Jeder kann nur sein persönliches Ziel wählen. Was für *einen* Menschen gut ist, muß für einen anderen noch lange nicht gut sein, da jeder ein Individuum ist (→ Kap. 26).

c) Es ist nicht ratsam, mit vielem auf einmal zu beginnen, denn so können wir nichts mit ganzer Kraft angehen. Ein Teilziel können wir eher mit Geduld, Ausdauer und Motivation anstreben. Am besten ist am Anfang ein Ziel, von dem wir annehmen können, daß es sich in naher Zukunft verwirklichen kann.

d) Wie Shakti Ghawain sehr treffend schreibt, sind wir an einmal gesteckte Ziele nicht sklavisch gebunden; wir müssen sie auch nicht um jeden Preis erreichen. Im Gegenteil: Das würde den Fluß blockieren. Als Pfadfinder sangen wir früher, meist wohl nicht ahnend, was wir da sangen: »Das Leben ist ein Spiel, und wer es recht zu spielen weiß, gelangt ans große Ziel.« Spiel ist nicht mit Spielerei zu verwechseln. Wenn Kinder (Mt 18,3) spielen, sind sie mit vollem Ernst bei der Sache. Aber sie können auch »loslassen« und lachen. Wer humorvoll über sich selbst lächeln kann, erreicht durch schöpferische Vorstellung seine Ziele »spielerisch«.

Noch eines sollten wir erinnern: Der »Vater in uns«, nicht unsere begrenzte Wahr-Nehmung, weiß am besten, was für uns gut ist. Das meint: Auch wenn wir ein Ziel (intuitiv) ausgewählt haben, sollten wir offenlassen, daß es für uns noch etwas Besseres gibt. Manche Autoren empfehlen daher die Einstellung: »Dies oder etwas Besseres rufe ich ab!«

Der vollendete Zielzustand. Wie in Kapitel 12 erklärt, können wir davon ausgehen, daß das, was wir erbitten, bereits existiert. Nach dem Prinzip »Wie innen – so außen!« wird uns das »vor aller Augen« zuteil werden, das heißt, beobachtbar in Erscheinung treten, was wir zunächst »im Verborgenen«, in unseren Gedanken, Gefühlen und Vorstellungen »sehen«. Für die Praxis bedeutet das:

a) Wir können unser Ziel als schon erreicht ansehen und daher diesbezügliche Gedanken in der *Gegenwartsform* formulieren (»Dies *ist* jetzt schon so...«; »Ich *bin*...« oder »Wir *haben*...«, usw.), nicht aber im Futur (»Dies *wird* eintreten...«). Aus diesem Grund formuliert das Markus-Evangelium (11,24) ja auch: »Glaubt, daß ihr es empfangen *habt*, und es wird euch zuteil werden.«

b) Wir sollten niemals das visualisieren, was wir *nicht* möchten oder *loswerden* wollen, sondern das, was wir – mit dem Unerwünschten unvereinbar – erreichen möchten; also nicht »Ich habe *keine Kopfschmerzen* mehr«, sondern zum Beispiel »Ich bin völlig entspannt und fühle mich wohl«, und dabei sehen wir uns bildhaft völlig entspannt in einer uns vertrauten Situation.

c) Viele Menschen haben das Gefühl, daß sie sich in die Tasche lügen, wenn sie sich ein Ziel als schon erreicht vorstellen, während ihre gegenwärtige Erfahrung ganz anders aussieht. Wie kann sich beispielsweise jemand als gesund »sehen«, der unter einer schweren Erkrankung leidet? Hier gilt es, sich die *psychologischen Gesetzmäßigkeiten* zu vergegenwärtigen, die bei bewußter oder nichtsahnender Einspeicherung einer Zielvorstellung in unsere tiefen gefühlsmäßigen seelischen Schichten (»Unterbewußtsein«) – und darum geht es bei der schöpferischen Vorstellung – ablaufen:

Unser »Unterbewußtsein« hört aufs Wort! Märchen, Mythen, Sagen und andere volkstümliche Erzählungen spiegeln bildhaft die Funktionsweisen unseres »Unterbewußtseins« wider. Wenn wir zum Beispiel die Erzählungen aus »Till Eulenspiegel« kennen, wissen wir, was damit gemeint ist. Till führte zur Überraschung der Leute, die ihm einen Auftrag gaben (»Logik«), diesen immer *wörtlich* aus (»Psycho-Logik«), manchmal ganz anders, als der Auftrag gemeint war. Das bedeutet: Wenn wir unsere *gegenwärtige* Erfahrung einspeichern, beispielsweise durch immer wiederholtes gefühlsgeladenes Denken an oder Sprechen über unsere Erkrankung, werden die so eingespeicherten Gedanken, Gefühle und bildhaften Vorstellungen diese weiter reproduzieren. Es ändert sich nichts, im Gegenteil: Unsere Erkrankung wird gleichsam zementiert. Geben wir eine *andere* Zielvorstellung ein, so reproduzieren unsere Tiefenschichten allmählich unter den schon genannten Bedingungen diese. Wir machen uns also nichts vor, wenn wir einen Zustand als schon erreicht visualisieren, der erfahrbar erst noch eintreten soll. Wir wenden lediglich – wie in anderen Wissenschaften auch – eine Gesetzmäßigkeit an, diesmal eine psychologische. Ihre Wirkweise ist jenseits aller theoretischen Diskussion an unserer Erfahrung überprüfbar. Wie im Neuen Testament ist diese Gesetzmäßigkeit auch in den Schriften anderer Religionen bekannt. Es ist wichtig, daß wir diese und die anderen psychologischen Mechanismen klar verstehen *und innerlich akzeptieren* (»glauben«: Mt 8,13!), bevor wir mit schöpferischer Vorstellung beginnen. Jeder gedankliche oder gefühlsmäßige Zweifel gleicht einem Störfeuer, das unsere Bemühungen abschwächt oder zunichte macht (Mt 6,24).

Unser »Unterbewußtsein« reagiert nicht logisch, sondern psycho-logisch. Wenn wir beispielsweise formulieren: »Ich habe keine Angst!«, so sagt uns unser logisches Denken, daß wie eben *keine* Angst haben. Psycho-logisch bedeutsam, weil mit intensiven Erfahrungen und Gefühlen verbunden, ist jedoch der Auslösereiz (»konditionierter Stimulus« CS) »Angst«: *Darauf* reagiert unser »Speicher Unterbewußtsein« und setzt sofort entsprechende physiologische Reaktionen (»Konditionierte Reaktionen« CR) in Gang; die logische Verneinung »keine« geht dabei völlig unter. Dies ist ja auch einer der Gründe, warum alles Bewußtmachen und logische Durchschauen des Zustandekommens oder der Aufrechterhaltung beispielsweise einer phobischen Angst nicht nur nicht zum Abbau des Symptoms führen, sondern es eher noch verstärken, von der Nutzlosigkeit willentlicher Appelle (»Ich reiße mich jetzt zusammen; es ist doch lächerlich, davor Angst zu haben!«) ganz zu schweigen. Diese Erkenntnis führt uns zu einem weiteren zentralen Punkt, der für schöpferische Vorstellung wichtig ist:

»Das Gefühl bringt die Erfüllung!«[4] Erinnern wir uns, welch wichtige Rolle das »Herz« in der Bergpredigt spielt. Psychologische Experimente bestätigen, daß Dinge, die Gefühle auslösen, tatsächlich den größten Einfluß auf unsere Gedankengänge und auf unser Gedächtnis haben und, wenn die Gefühle für uns angenehm sind, uns motivieren, mit Ausdauer unser Ziel zu verfolgen. Einige Autoren sprechen von »Fühl-Denken«. Je stärker unser Gefühl ist, desto eher prägt sich ein bildhafter Gedanke in unsere Tiefenschicht ein. Unser Unterbewußtsein arbeitet in Bildern und mit allen Sinnesmodalitäten. Dies können wir in jedem Traum erfahren. Die Situation, die – »nur ein Traum!« – für unser Erleben im Schlaf Realität ist, sehen wir wie in einem Film bildhaft vor uns. Wir hören uns und andere Menschen sprechen, berühren sie, schmecken Speisen, riechen den Duft einer Pflanze usw. Dies alles erleben wir gefühlsmäßig so lebhaft, daß wir nach dem Erwachen manchmal bedauern, daß der Traum zu Ende ist, wenn wir ihn als beglückend erlebt haben, oder daß wir froh sind, wenn es ein Alptraum war, aus dem wir schweißgebadet erwachen. All diese Elemente sind auch zu berücksichtigen, wenn wir *aktiv*, das heißt *bewußt* imaginieren. Wir können trainieren, die gewünschte Zielvorstellung bildhaft

vor unserem inneren Auge zu sehen, sie gleichsam wie einen Film auf unserem inneren Bildschirm abrollen zu lassen. Ob wir eine Situation eher »sehen« oder ob wir eher dazu in der Lage sind, Menschen zum Beispiel sprechen zu »hören«, tut nichts zur Sache. Das ist individuell unterschiedlich. Es kommt darauf an, daß wir zunächst die uns am ehesten ansprechenden Sinnesqualitäten herausfinden. Wer zum Beispiel eher ein »auditiver Typ« ist, dem wird es leichter fallen, sich und andere über das erreichte Ziel sprechen zu »hören«, als dies bildhaft zu »sehen«, was wiederum einem visuell veranlagten Menschen leichter fallen dürfte. Mit der Zeit lassen sich auch die anderen Sinnesmodalitäten so schulen, daß sie deutlicher werden. Gleichgültig, wie unsere individuelle Neigung beschaffen ist, für jeden gibt es einen Weg der schöpferischen Vorstellung, den er herausfinden und gehen kann. Vorrangig wichtig ist, daß unser *Gefühl* beteiligt ist. Alle noch so gekonnte »Technik« nützt nichts, wenn sie »verkopft« ist.

Um einem möglichen Mißverständnis vorzubeugen, sei noch betont, daß es nicht darum geht, uns Scheuklappen anzulegen und »negative« Gedanken, Gefühle und Erlebnisse zu ignorieren, zu »verdrängen« oder zu »bekämpfen«. Versuchen Sie einmal, jetzt *nicht* an einen weißen Elefanten zu denken: Je mehr Sie sich anstrengen, desto intensiver wird mit hoher Wahrscheinlichkeit Ihr Denken an den weißen Elefanten. Das Gesetz der Widerstandslosigkeit (→ Kap. 9) lehrt uns, daß »Loslassen« psycho-logischer und damit die Methode der Wahl ist. Ein Bild kann vielleicht anschaulicher machen, was gemeint ist. Eine Waage, deren Schalen unterschiedlich belastet sind, läßt sich ins Gleichgewicht bringen, indem wir entweder auf der einen Seite das Gewicht reduzieren (»negative« Gedanken und Gefühle wegnehmen, indem wir sie uns bewußtmachen oder sonstwie »aufarbeiten« oder »durcharbeiten«) oder auf der anderen Seite das Gewicht erhöhen (gefühlsmäßig »positive«, das heißt erwünschte Bilder hinzufügen). Durch schöpferische Vorstellung geschieht gleichsam das letztere. Je mehr die »positive« Waagschale das Gleichgewicht oder das Übergewicht gewinnt, desto mehr beginnen unsere Zielvorstellungen sich zu realisieren. Es geht nicht um ein »Entweder-Oder«, was zum Perfektionismus verleiten und damit die Realisierung geradezu verhindern würde, sondern um ein »mehr oder weniger«.

Genauso schädlich wie die *Unterdrückung* von Gefühlsäußerungen aus Angst oder anderen Motiven ist die *Kultivierung* von Haß, Neid, Bitterkeit, Wut und ähnlichen Emotionen auf Dauer, mögen sie auch noch so berechtigt erscheinen, sich auf die eigene Person oder auf andere Menschen richten. In einigen Therapieschulen werden solche Gefühle »ausgelebt« oder zwecks »Selbstverwirklichung« sogar noch eingeübt. Wie es dabei den Adressaten ergeht, ist dann »deren Problem«! Solche Tendenzen stören nicht nur zwischenmenschliche Beziehungen, sondern schaden auch dem Hassenden selbst, können ihn psychisch und physisch zwar zunächst entlasten, auf Dauer jedoch krank oder noch kränker machen. Auch in einem verhaltens-therapeutischen »Assertive Training« gilt es, die Gefühle des anderen *mit* einzukalkulieren.[5] Die Bergpredigt betont nicht umsonst im Gesetz der Widerstandslosigkeit (→ Kap. 9) und vor allem im »Vater unser« (→ Kap. 19) so eindringlich die Notwendigkeit von Loslassen und Vergebung. In den genannten Kapiteln sind die zugrunde liegenden psychologischen Gesetzmäßigkeiten erklärt. Wer es nicht lernt, im Sinne der Bergpredigt innerlich loszulassen – was nicht bedeutet, alles mit sich machen zu lassen (→ Kap. 8) –, blockiert sich selbst und wird die Wirkungen schöpferischen Vorstellens trotz ausgefeilter »Techniken« nicht erfahren.

Verhalten. Die Änderung innerer Einstellungen und die Erweckung von Gefühlen sind sehr wichtige Elemente kreativen Imaginierens. Wie echt und damit wie tragfähig beides jedoch ist, erweist sich erst im praktischen Verhalten. Auch das ist gemeint, wenn die Bergpredigt vor Lippenbekenntnissen warnt (→ Kap. 30) und das »Tun« betont. Für die Praxis heißt das:

a) Wer *Gesundheit* visualisiert, verhalte sich, soweit ihm das möglich ist, so, als ob er schon gesund wäre. Was konkret zum Beispiel in Form von Wandern, Yoga, sportlichen Aktivitäten, Reisen, Ernährung usw. möglich ist, sollten Sie mit Ihrem Arzt besprechen.

b) Von *Dankbarkeit* war schon die Rede (→ Kap. 25): Sie kann von starken Gefühlen begleitet sein. Sie kann jedoch unter einem weiteren Aspekt gesehen werden. Wenn es zum Beispiel um die *Verbesserung der materiellen Versorgung* geht, ist es nach dem Gesetz vom Geben und Nehmen (→ Kap. 11) und des Ausgleichs (→ Kap. 23) notwendig, den »Zehnten« zu *geben*. Wer dankbar ist, zeigt dies zum Beispiel, indem er einem anderen Menschen oder mehreren etwas Gutes tut. Wir können in der Gewißheit, daß das Erbetene schon zu uns unterwegs ist, seien es nun Gesundheit, eine lukrativere Arbeitsstelle, kreative Ideen, die uns vorwärtsbringen, oder was auch immer, uns für einen anderen Menschen Zeit nehmen, jemanden besuchen oder einladen, der einsam ist, jemandem etwas schenken oder für einen guten Zweck etwas spenden (→ Mt 25,31–46). Unserer Phantasie sind auch hier keine Grenzen gesetzt. Weder brauchen der oder die anderen irgendwie Mitursache für den Erfolg unseres Visualisierens zu sein, noch sollte er um den

Grund unseres Verhaltens wissen. Wir tun dies »einfach so« ohne den Nebengedanken, dadurch den Erfolg unserer schöpferischen Vorstellung zu sichern, wie die Bergpredigt sagt: »Deine Linke soll nicht wissen, was deine Rechte tut!« Diese *Absichtslosigkeit* (→ Kap. 11) ist eine der wichtigsten, aber auch eine der am schwierigsten praktizierbaren Voraussetzungen für das Gelingen unserer schöpferischen Vorstellung, denn wer schielt nicht gern mit einem Auge auf den zu erwartenden Erfolg!

c) Geht es um die *Verbesserung von Beziehungen*, so beschreibt das Gesetz der Einheit »Liebt eure Feinde« (→ Kap. 10) sehr konkret, wie unser praktisches Verhalten aussehen soll. Vom Vergeben war schon die Rede. Auch Paulus (1 K 13) und Jakobus (J 2,14–17) betonen sehr eindringlich die Wichtigkeit des »Tuns«.

Wiederholung und Gedanken-Disziplin. Die besten Zeiten für die schöpferische Vorstellung sind wie bei der Kontemplation die Minuten vor dem Einschlafen und nach dem Erwachen. So »beten wir allezeit« (Lk 18,1; 21,36), das heißt, bewußte und gezielte schöpferische Vorstellung wird uns zur zweiten Natur. Wenn Gedanken des Zweifels kommen wie »Ich schaffe es nicht!« oder »Ob das wohl funktioniert?«, so können wir, nach Möglichkeit laut und mit entsprechender Betonung, zu uns selbst sagen: *»Stop!«* (Dabei können wir uns ein großes Stop-Schild wie im Straßenverkehr vorstellen.) »Für mich steht... schon bereit. Ich habe es bereits von meinem ›Konto‹ abgerufen; es ist schon unterwegs zu mir.« Danach können wir den Zielzustand für einige Momente visualisieren und uns dann wieder unserer Beschäftigung zuwenden. Je mehr beobachtbare Wirkungen »vor aller Augen« wir erfahren, desto geringer und seltener werden unsere Zweifel. Bis dahin ist Gedanken-Kontrolle ein wichtiges Element der Praxis.

Die Praxis soll anhand eines *Beispiels* beschrieben werden. Angenommen, wir haben als Ziel die Heilung oder Besserung einer bestimmten Erkrankung, also körperliche Genesung, ausgewählt. Dies ist ein Ziel, das uns gefühlsmäßig stark anspricht. Vielleicht haben wir bereits die Erfahrung gemacht, daß wir durch einfache Meditation in unseren Gedanken und bezüglich der Funktionen unseres Körpers zunehmend ruhiger werden. Möglicherweise ist uns in oder nach der Kontemplation unsere innere Kraft bewußter geworden, oder wir haben von ihr schon etwas erfahren dürfen. Diese Erfahrungen sind keine notwendige Vorbedingung für die schöpferische Vorstellung, erleichtern jedoch ihren Vollzug und bilden die Grundlage für *dauerhafte* Ergebnisse. Gegen Ende einer Meditationsübung, vor dem Einschlafen oder nach dem Erwachen, lassen wir nun ein Bild unseres Zielzustandes in uns entstehen. Es läuft gleichsam ein Film auf einer unsichtbaren Leinwand in uns ab. Dabei kann die Innenseite unserer Stirn als »Projektionsfläche« dienen oder eine in etwa ein bis zwei Meter Entfernung vor uns imaginär aufgestellte Leinwand. Wir *sehen* uns, wie wir bereits völlig genesen sind und *wie wir uns darüber freuen*. Wir *sehen* und *hören*, wie unsere Umgebung uns zu unserer Genesung beglückwünscht. Wir *fühlen*, wie jemand uns vor Freude umarmt. Aus Anlaß unserer Genesung haben wir Freunde zu einem Festessen eingeladen, und wir *schmecken* unsere Lieblingsspeise, so daß uns das Wasser im Mund zusammenläuft. Jemand hat uns einen prächtigen Blumenstrauß mitgebracht, dessen Duft wir *riechen*. Während des Essens *sprechen* wir mit den anderen darüber, welche Möglichkeiten uns jetzt (wieder) offenstehen und wie wir sie nutzen werden. Das *tun* wir in unserer Phantasie jetzt auch, das heißt, wir *verhalten* uns in unserer Vorstellung jetzt so, wie wir das seit unserer Erkrankung nicht mehr getan haben oder nicht mehr tun konnten. Zum Schluß *bedanken* wir uns noch bei allen, die uns in irgendeiner Weise bei der Wiederherstellung unserer Gesundheit geholfen haben: anderen Menschen und unserer inneren Kraft. Nicht vergessen dürfen wir *das tatsächliche Verhalten*, wie es oben beschrieben ist, sowie Wiederholung und Gedankenkontrolle.

Die schöpferische Vorstellung selbst dauert einige Minuten. Sie wird natürlich niemals so ablaufen wie in diesem Musterbeispiel. In ihm wurden möglichst viele Sinnesmodalitäten angesprochen, um konkrete Möglichkeiten zu verdeutlichen. Das bildhafte Erleben wird für jemanden, der beispielsweise eher auditiv veranlagt oder geübt ist und daher nicht so gut »sehen« kann, nicht so leicht praktikabel sein. Es kommt darauf an, daß jeder die für ihn ansprechendste Weise schöpferischer Vorstellung findet und praktiziert. Wenn wir das Gefühl haben, daß der »Film« oder das »Hörspiel« in uns klar und überzeugend ist, lassen wir das Bild los und beenden in der uns gewohnten Weise die Übung. Wir dürfen nicht versuchen, etwas erzwingen zu wollen. Es kann sein, daß uns beim ersten oder weiteren Versuchen der »visuelle Film« und / oder das »auditive Tonband« etc. nicht deutlich oder klar genug vorkommen. Dann beenden wir die Übung und beginnen neu, wenn wir uns dazu aufgelegt fühlen. Vielleicht informieren wir uns durch geeignete Literatur oder das Gespräch mit einem erfahrenen Freund oder Bekannten über mögliche Verbesserungen unseres Vorgehens.

4. *Was bewirkt schöpferische Vorstellung?* Wer über seinen »Feind« – sei es der Partner, von dem er sich enttäuscht oder ungerecht behandelt fühlt und den er deswegen gefühlsmäßig ablehnt oder haßt, sei es eine

andere Person – »gut denkt« (→ Kap. 5), ihn in seiner Vorstellung in einer angenehmen Atmosphäre »sieht« und so innerlich zuerst aus ihm einen »*Gegner*« macht, baut Haß, Verbitterung und andere schädigende Emotionen *bei sich selbst* allmählich ab und wird in seinen Tiefenschichten bezüglich des Anderen zunehmend freundlich oder zumindest tolerant-neutral gestimmt: Dies wirkt sich vorteilhaft für die psychische und physische Gesundheit des Visualisierenden selbst aus. Der erste Pluspunkt geht also auf sein eigenes Konto. Die veränderte Grundstimmung zeigt sich in vielen kleinen Merkmalen (Blickkontakt, Mimik, Tonfall usw.) dem Anderen, vielleicht ohne daß diesem das zunächst bewußt wird: So wird eine allmähliche Auflockerung festgefahrener Kommunikationsmuster wahrscheinlicher. Dem Visualisierenden ermöglicht seine veränderte Einstellung, die Wahrnehmung positiver Veränderungen bei ihm selbst und eventuelle Rückmeldungen durch den Anderen, ein Übriges: Er kann *innerlich* den *Sinn* des Gebots der »Feindesliebe« (→ Kap. 10) verstehen und akzeptieren lernen und sich entsprechend äußerem Verhalten annähern. Blockiert der Andere, bleibt dem Visualisierenden der oben beschriebene Pluspunkt: Er ermöglicht ihm, wenn notwendig, eine Trennung ohne oder mit weniger negativen Folgen (Schuldgefühle, Verbitterung, Verzweiflung...). Dies erleichtert ihm die Einsicht, welchen Anteil er selbst am Glücken und Scheitern dieser Beziehung hat(te). So wird er in einer anderen oder weiteren Beziehung weniger wahrscheinlich den gleichen Fehler machen, da er sich ja selbst mitnimmt. Dieses Beispiel zeigt, daß die Wirkung schöpferischer Vorstellung auf der Beziehungsebene zunächst einmal ganz natürlich psychologisch erklärbar ist. Es bedarf keines »Wunders«. Es wird nicht einmal vorausgesetzt, daß die Gedanken und Gefühle des Visualisierenden einen direkten Einfluß auf das »Unterbewußtsein« des Anderen ausüben, obwohl dies nach den Aussagen des Neuen Testaments durchaus wahrscheinlich ist (→ Kap. 23 und 37). Analog gilt dies auch für Ziele in anderen Bereichen. Die Auswirkungen schöpferischen Vorstellens auf unsere materielle Versorgung wurden in den Kapiteln 11 und 22 beschrieben.

Fazit:

1. Gleichgültig, wie die Wirkungen schöpferischer Vorstellung auf allen Gebieten unseres Lebens erklärbar sein mögen, es gilt die sehr nüchterne Aussage der Bergpredigt: »*An ihren Früchten werdet ihr sie erkennen!*« Ob und inwieweit unsere Erfahrungen in Meditation und Kontemplation »echt« oder »unecht« sind, welchen Wert sie haben, wie sie zustande kommen und wie sie zu interpretieren sind, welchen

167

Stellenwert irgendwelche Techniken oder Übungen haben, ob und inwieweit eine Religion oder Glaubenslehre »wahr« oder »falsch« ist, ob sie (noch) der Intention des Gründers entspricht, usw.: Über all dies und über vieles mehr läßt sich trefflich streiten. (Manchmal allerdings ist der Streit wenig »trefflich«, höchstens »treff-sicher«, dann nämlich, wenn er in Haß, Verfolgung und Mord ausartet.)

2. Nicht wenige Weise, Religionsstifter und Meditationslehrer warnen davor, außergewöhnlichen Dingen, wie Lichterscheinungen in der Meditation oder in einer Todesnäheerfahrung, dem Hören von Tönen, parapsychologischen Phänomenen usw. allzuviel Bedeutung beizumessen. Wert oder Unwert solcher Dinge oder von Übungen bemessen sich der Bergpredigt zufolge daran, was für uns und andere Menschen in *diesem* Leben praktisch dabei herauskommt, das heißt, inwieweit sie unser Leben qualitativ zum Besseren ändern: unser geistiges, seelisches und körperliches Befinden zu mehr Kreativität, Lebensfreude, Vitalität und Gesundheit; unser berufliches Handeln zu größerer Zufriedenheit und Erfolg für uns und andere; unsere materielle Versorgung und die anderer Menschen zur Sicherung des Lebensnotwendigen, ja sogar in Richtung »Fülle«. Diese »Früchte« werden nicht sofort und auch nicht alle gleichzeitig heranreifen, wie das Gleichnis von dem Mann, der Samen in die Erde streut, zeigt (Mk 4,26–29: → Unterbewußtsein). Sie werden bei jedem einen eigenen Geschmack, individuelle Farbe, Form und Größe haben. Wenn sich jedoch nach längerer Zeit nichts zum Besseren verändert oder sich gar »schlechte Früchte« zeigen, ist es ratsam, die Grundlagen (»Hören«) und die Wege zu ihrer Realisierung (»Tun«) zu überprüfen. Shakti Ghawain schreibt (S. 19):

»Um schöpferisches Visualisieren anwenden zu können, brauchst du nicht an irgendeine metaphysische oder spirituelle Idee zu glauben, wenngleich du bereit sein mußt, bestimmte Idealvorstellungen für möglich zu halten. Du mußt nicht an irgendeine Kraft ›glauben‹, die außerhalb von dir ist. Notwendig ist jedoch das Verlangen, deine Kenntnisse und Erfahrungen zu erweitern und zu bereichern, und dein Geist muß offen genug sein, etwas Neues mit einer positiven Einstellung zu versuchen.«

VIII. Salz der Erde – Licht der Welt

Bis jetzt war von psychologischen Gesetzmäßigkeiten und von Wegen die Rede, die *einzelne* befolgen bzw. gehen können. Es mag daher der Eindruck entstanden sein, daß die Anregungen der Bergpredigt nur im kleinen, individuellen Bereich ihren Ort haben. Wir können uns jedoch bewußt werden, daß auf dieser Grundlage noch andere faszinierende Möglichkeiten gegeben sind. Die Sätze »Ihr seid das Salz der *Erde*!« und »Ihr seid das Licht der *Welt*!« sprechen dafür, daß es eine Chance gibt, Veränderungen auch in größerem Maßstab in Gang zu setzen. Experimentelle Untersuchungen sprechen dafür, vor allem, wenn *Gruppen* sich engagieren. Auch Psychologen erkennen zunehmend, daß Veränderungen über individual- und sozialpsychologische Dimensionen hinaus möglich sind. Hier geht es nicht primär um Heilung, sondern um Vorbeugung und Veränderung im großen Maßstab durch das Bewußtwerden und Aktivieren brachliegenden Potentials, das zu einer Erweiterung unserer kognitiven und emotionalen Fähigkeiten und damit unseres Verhaltens führt.

Stehen wir auf der Schwelle zu einer Katastrophe oder zu einer Erneuerung? Eine Veränderung der »gesellschaftlichen Verhältnisse« tut not. Wie ist sie erreichbar? Was nützt es, wenn einige wenige Menschen meditieren, kontemplieren und schöpferisch imaginieren? Die einen versuchen Veränderungen durch »Struktur-Reformen« näher zu kommen. Dieser Versuch ist nicht sinnlos. Es zeigt sich jedoch, daß dabei jede der beteiligten Gruppen, sei es im nationalen oder im übernationalen Bereich, ihre Eigeninteressen verteidigt, um im Verteilungskampf ein möglichst großes Stück des Kuchens für sich zu er- oder behalten. Eine grundlegende Einstellungsänderung erfolgt auf diesem Wege nicht. Diese Erfahrung bringt andere Gruppen dazu, Änderungen auf gewaltsamem Weg zu versuchen. Selbst wenn dagegen keine ethischen Bedenken bestünden: Die Geschichte lehrt, daß eine erfolgreiche Revolution nur die Machtverhältnisse ändert, nicht aber Unterdrückung und Ungerechtigkeit, zu deren Beseitigung sie angetreten war. Wieder andere wollen durch Information und Aufklärung eine »Bewußtseins-änderung« erreichen. Auch dieser Weg ist schwierig, solange er nicht tiefere individuelle und kollektive Reaktionsmuster erreicht. Welche von den »besitzenden« Gruppen auf unserer Erde möchte schon bewußt Einstellungen und Verhaltensweisen ändern, von denen sie bisher psychisch und/oder materiell profitiert hat, wenigstens kurz- und mittelfristig?

Psychologen und Psychotherapeuten leisten auf diesem Feld bei einzelnen Menschen und kleinen Gruppen eine Sysiphusarbeit. Auch der Weg über die etablierten Großreligionen führt dann nicht weiter, wenn diese aus Gründen des Selbsterhalts an ihrem Besitzstand festhalten und zu diesem Zweck – manchmal unbewußt, aber sozialpsychologisch gut erklärbar – durch Festschreibung ihrer Traditionen und die Behauptung von deren Offenbarungscharakter die Intoleranz Andersdenkenden gegenüber noch verstärken. (Tradition wird hier nicht als Sprungbrett, sondern als Ruhekissen gesehen.) Diese Tendenz ist gegenwärtig in den fundamentalistischen Strömungen verschiedener Religionen zu beobachten. »Ökumenische« Gespräche sind begrüßenswert, gehen jedoch manchmal, wenn sie von höheren Instanzen gepflegt werden, über die Köpfe der eigentlich Betroffenen, der »Basis«, hinweg.

Hilft die Gründung einer neuen Religion, die versucht, den gemeinsamen Nenner aller Offenbarungen zu propagieren und so die Einheit der Menschheit herbeizuführen?[1] Wenn ein solch ehrenwerter Versuch von den vorhandenen religiösen Institutionen überhaupt wahr- und ernstgenommen wird, wird er bei deren Amtsträgern mehrheitlich Abwehr erzeugen, da ein Gelingen dieses Versuchs ihre Rollen destabilisieren würde. Auch bei überzeugten Gläubigen kommt es aus unterschiedlichen Gründen höchstwahrscheinlich zu ideologischer Verfestigung, während die meisten »Mitläufer« uninteressiert bleiben. Einzelne Menschen lassen sich auf diesem Weg überzeugen: für diese möglicherweise sehr wertvoll bezüglich ihrer Psycho-Hygiene, auf dem Hintergrund unserer Fragestellung jedoch eine quantité négliable.

Gibt es also überhaupt eine Chance? Wenn ja: Was ist notwendig, um die genannten begrenzten Möglichkeiten zu erweitern oder sogar zu transzendieren? Aus der Sicht des Verfassers gilt es, alle Kräfte, die evolutiv die Einheit in der Mannigfaltigkeit anstreben, zu unterstützen, auch wenn sie nicht der eigenen Gruppe, Tradition, Religion, Kirche oder Konfession angehören (→ Mk 9,38–40). Speziell auf Religionen und Kirchen bezogen bedeutet das: Selbst wenn eine Einheitsreligion möglich wäre, wäre sie nicht wünschenswert. Es kommt vielmehr auf zweierlei an: zum einen, die Traditionen und Liturgien als historisch gewordene Kulturgüter zu werten und zu pflegen, zum anderen – und darum geht es der Bergpredigt vorrangig – die Anhänger aller Religionen, Kirchen und Konfessionen zu ermutigen, den *Kern* ihrer je spezifischen Religion weiter zu entdecken (er ist vielleicht durch mancherlei Traditionen ein wenig zugedeckt!?) und zu praktizieren. Dazu bietet das Neue Testament und in ihm die Bergpredigt Informationen (»Hören«) und konkrete Wege (»Tun«) *von innen* an, die von jedem Menschen und von allen Gruppen unbeschadet ihrer Kultur-, Religions- und Gruppenzugehörigkeit verstanden und gegangen werden können, wenn sie in eine ihnen vertraute Sprache übertragen werden[2].

Das Neue Testament und in ihm die Bergpredigt zeigt uns – wie die Schriften anderer Religionen – außerdem, daß die oben genannte Suche nach einer »Verteilungsgerechtigkeit« in diesem Sinne gar nicht nötig ist: Es geht nicht darum, begrenzte Ressourcen möglichst gerecht zu verteilen. Alles, was Menschen zu einem erfüllten Leben brauchen, ist vorhanden, weil die Quelle unerschöpflich ist. Um das zu verstehen, bedarf es der Einsicht in grundlegende Gesetzmäßigkeiten, wie sie im erklärenden Teil »Hören« dieses Kapitels beschrieben werden. Dort wird zunächst an Texten aus dem Neuen Testament gezeigt, daß und wie die biblischen Verfasser Veränderungen im großen Maßstab konzipieren und welche Erfahrungen sie damit gemacht haben (Abschnitte 1–5). Danach folgen Analogien aus dem Bereich neuerer Forschung, die unseren Verstehenshorizont erweitern können (Abschnitte 6–7). Im Praxisteil »Tun« werden als erstes die Phasen beschrieben, in denen sich eine Gruppe bewegen kann. Es folgen fünf Beispiele. Die ersten vier sind konventionell-psychologisch erklärbar, das heißt, es wird nicht notwendig vorausgesetzt, daß Gedanken und Gefühle von Gruppenmitgliedern einen direkten Einfluß auf das »Unterbewußtsein« anderer Menschen (ohne den »Umweg« über deren Sinneswahrnehmungen) nehmen, wenn dies auch nach den Ausführungen im erklärenden Teil eine durchaus diskutable Hypothese ist. Erst im fünften Beispiel »Eine kontemplative Gemeinschaft« geht es um eine konsequente Umsetzung der Ideen des erklärenden Teils. Unter der Überschrift »Wirkungen« werden einige Resultate neuerer Forschung und »Be-Denkliches« zusammenfassend referiert.

37. Die Kraft der Gruppe
(Mt 18,19–20)

[19] Wenn zwei von euch übereinstimmen auf Erden in irgendeiner Sache, um die sie bitten: es wird ihnen zuteil werden von meinem Vater. [20] Denn wo zwei oder drei in meinem Namen versammelt sind, da *bin ich* mitten unter ihnen.

Hören:
»Tres faciunt collegium. Drei bilden eine Gruppe«, sagt ein lateinisches Sprichwort. Die folgenden Texte werden zeigen, daß nach Ansicht der Autoren des Neuen Testaments und aus der Sicht neuerer Forschung relativ wenige eine wichtige Aufgabe im Dienst vieler anderer Menschen haben können. Drei *Fragestellungen* sind zu klären:

1. Können einzelne Menschen bei anderen Menschen (Zielpersonen) Veränderungen hervorrufen? Hypothese 1a: Sie können dies auch ohne die räumliche Anwesenheit oder Nähe der Zielpersonen; Hypothese 1b: Sie können dies auch ohne das Wissen der Zielpersonen; Hypothese 1c: Sie können dies auch gegen den Willen der Zielpersonen.

2. Kann eine Gruppe von wenigen Menschen als »kritische Masse« Veränderungen über den engeren sozialen Bereich hinaus in einer weitaus größeren Zielpopulation hervorrufen? Hypothesen 2a, 2b und 2c: analog den Hypothesen in Fragestellung 1.

3. Unter welchen Bedingungen erfolgen diese Veränderungen? Hypothese 3: Gedanken, Gefühle und Vorstellungen (»Wirksames Beten« im Sinne von Kapitel 12 und Schöpferische Vorstellung im Sinne von Kapitel 36) sind notwendige, wenn vielleicht auch nicht hinreichende Bedingungen[1].

1. Die *Verse Mt 18,19–20* betonen, daß bereits eine kleine Gruppe von zwei oder drei Personen, die sich einig sind bezüglich eines Ziels, genügt, um das, was der »Vater im Himmel« schon immer bereit hält, abzurufen und »auf Erden« erfahrbare Wirklichkeit werden zu lassen. Vers 20 nennt den Grund. Die wörtliche Übersetzung des zweiten Teils von Vers 19 lautet: »...um *jede* Sache, welche auch immer sie erbitten« (Mt 7,7–11: → Kap. 25). Hier wird noch einmal betont: Unser Bitten kann alltägliche Dinge betreffen, aber auch sehr geistige wie die Erfahrung der »Kraft aus der Höhe« (A 1,8). Der Gegenstand der Bitte ist für deren Abrufbereitschaft und Realisierbarkeit gleichgültig. Eine notwendige Voraussetzung wird genannt: »in meinem Namen«. Im Namen einer Person handeln bedeutet zunächst: in ihrem Auftrag, unter Berufung auf sie und in ihrer Kraft. Worin die *Kraft* besteht, wird durch folgende Übersetzung von Vers 20 deutlich: »Denn wo zwei oder drei in meinem Namen versammelt sind, da ist *Ich bin* mitten unter ihnen« (→ Kap. 15 und 35). Der Text deutet in Richtung von Fragestellung 3.

2. »*Sprich nur ein Wort!*« (Mt 8,5–13). Gleich im Anschluß an die Bergpredigt (Mt 5–7) wird im 8. Kapitel des Matthäus-Evangeliums deren praktische Anwendung an mehreren Lehrbeispielen (»Paradigmata«) gezeigt, die aus drei Blickwinkeln interpretiert werden können

172

(→ Ebenen der Schriftauslegung). Seit Jahrtausenden beten Menschen aus vielen Religionen für andere Menschen, auch für weit entfernt lebende, die vielleicht gar nichts von diesen Gebeten wissen, ja sogar für Verstorbene. Erreichen sie mit diesen Gebeten tatsächlich diese Anderen, oder *meinen* sie das nur? Nehmen wir einmal hypothetisch an, daß die Gedanken, Gefühle und Vorstellungen der Beter, ihr »Wort«, eine Kraft sind, die stellvertretend für andere gleichsam das abrufen, was schon immer für diese bereitgehalten wird (→ Kap. 12), jedoch von den Anderen selbst aus Unkenntnis oder aus anderen Gründen nicht abgerufen werden konnte. In diesem Sinne läßt sich die Geschichte von der Heilung des Knechts verstehen. Jede der im Neuen Testament vorkommenden Personen repräsentiert auf der psychischen Ebene eine Seite eines *jeden* Menschen, so auch der römische Hauptmann, sein Knecht und vor allem: der Mensch Jesus. Auf der geistigen Ebene enthält sie Gesetzmäßigkeiten, die immer und überall gelten. Die Geschichte birgt also für uns die gleichen Möglichkeiten wie für Menschen zur Zeit Jesu. Der Hauptmann übt eine Stellvertreterfunktion aus: Er bittet für seinen gelähmten Knecht. Jesus will zu diesem Knecht hingehen, um ihn gesund zu machen. Interessant ist nun, und hier liegt wohl ein exemplarischer Schwerpunkt dieser Lehrgeschichte, daß der Hauptmann betont, physische Anwesenheit sei dazu gar nicht notwendig. Hier wird im Sinne unserer Fragestellung 1 ausgesagt: *Das »Wort« kann unabhängig von räumlicher Entfernung wirksam werden.* Noch weitere wichtige Informationen sind in dieser Geschichte enthalten:

»Mein Knecht liegt gelähmt zu Hause und leidet große Qual«: Die Zielperson (»mein Knecht«), der Zielort (»zu Hause«), der Weg zur Erreichung des Ziels (»Sprich nur ein Wort!«) und das Ziel selbst (»so wird mein Knecht gesund«) werden genau beschrieben. Das bedeutet bezüglich Fragestellung 3: *Wenn wir für andere etwas ermöglichen wollen, müssen wir sehr klare Zielvorstellungen haben und auch genaue Kenntnisse, auf welchem Wege diese Ziele erreichbar sind.*

»Wie *du* geglaubt hast…«: Der »große Glaube« des *Stellvertreters* ist notwendige Vorbedingung, nicht der Glaube der Zielperson. »So soll *dir* geschehen!« Es heißt nicht: »So soll deinem *Knecht* geschehen.« Der Glaube des Stellvertreters bewirkt etwas in ihm selbst: *Wollen wir für andere Menschen etwas anstoßen oder verändern, so muß zunächst in uns diese Veränderung geschehen. Diese Veränderung in unserer Tiefe ist die Ursache, die sich im anderen zur Wirkung entfaltet.*

»Und der Knecht wurde geheilt *zur selben Stunde*«: Ist unser Glaube »groß« wie der des Hauptmanns, das heißt, ist er in allen unseren Schichten, in unserem bewußten und un(ter)bewußten Denken, Fühlen und Vorstellen verwurzelt, so geschieht im anderen Veränderung nicht nur unabhängig vom Raum, sondern auch unabhängig von der Zeit: *sofort.*

3. *»Salz und Sauerteig«.* In diesem Abschnitt geht es um die Fragestellung 2: Ist es uns möglich, als kleine Gruppe durch »wirksames Gebet« und »Schöpferische Vorstellung« über unseren individuellen und näheren sozialen Bereich hinaus Veränderungen in einer größeren Population zu ermöglichen? Und wenn ja: wie? Das Neue Testament gibt uns auch für diese Fragestellung einen konkreten Lösungsansatz (Mt 13,33): »Das Himmelreich ist gleich einem Sauerteig, den eine Frau nahm und unter drei Maß Mehl mengte, bis alles durchsäuert war.« Ähnlich schreibt Paulus (G 5,9): »Ein wenig Sauerteig durchsäuert den ganzen Teig.«

Die Voraussetzung ist, daß wir wirklich »Sauerteig« *sind* oder daß wir, wie es in der Bergpredigt heißt (Mt 5,13), »Salz« sind, das nicht schal geworden ist: Sonst »taugt es zu nichts weiter, als daß es hinausgeworfen und von den Leuten zertreten wird«. Daß wenige Menschen große Wirkungen erzielen können, klingt auch schon im Alten Testament an, so im Buch Sirach (JS 16,4): »Durch einen einzigen Weisen wird die Stadt bevölkert.« In der Erzählung vom Schicksal der Städte Sodom und Gomorrha wird in Form eines Dialogs zwischen Gott und Abraham bildhaft gezeigt, daß einige wenige Menschen ganz bewußt auf das Schicksal einer großen Menge anderer Menschen Einfluß nehmen können (1 M 18,17–33): Zehn Fromme, eine im Vergleich zur Einwohnerzahl verschwindend geringe Zahl von Menschen, hätten genügt, um beide Städte zu verschonen. Allen diesen Bildern ist eins gemeinsam: *Kleine Ursachen können große Wirkungen hervorrufen!* Eine erste Teilantwort auf unsere Fragestellung 2. Dies zeigt, daß es den Verfassern des Neuen Testaments nicht um den Rückzug in die private Innerlichkeit nach dem Motto »Rette (nur) *deine* Seele!« geht. Untersuchungen[2] zeigen, daß Menschen, die »in ihre Kammer gehen und die Tür schließen«, sich keineswegs weniger für ihre Umwelt interessieren als eine vergleichbare Kontrollgruppe. Im Gegenteil: Das Wissen um und bei einigen auch die Erfahrung der Einheit allen Seins und der wechselseitigen Abhängigkeit aller Teile voneinander machen Meditierende und Kontemplierende feinfühliger für die Vorgänge in ihrer näheren und weiteren Umwelt. Dies führt zu vermehrtem Engagement im Verhalten.

Sind diese Bibeltexte alle noch so interpretierbar, daß es um begrenzte Ziele, um soziologisch beschreibbare größere Gruppen als »Ziel« der Veränderung geht, so darf nicht übersehen werden, daß

174

Jesus seinen Jüngern einen viel umfassenderen Auftrag gibt (Mt 28,19): »Geht hin und macht *alle Völker* zu Jüngern!« Es ist nicht anzunehmen, daß Jesus oder diejenigen, die ihm diese Worte in den Mund gelegt haben, Phantasten waren. Eher haben sie eine Realutopie verkündet. Wie sie der Verwirklichung näher kommen kann, werden wir im folgenden weiter untersuchen.

4. *»Bleibt in der Stadt, bis ihr mit der Kraft aus der Höhe ausgerüstet werdet!«* (Lk 24,49). Das Thema »Stadt« spielt in der Bibel eine wichtige Rolle: vom ersten Buch, der Genesis, bis zum letzten, der Geheimen Offenbarung. Entscheidend ist, aus welchem Material die Stadt besteht: ob sie wie das Wahrzeichen der Stadt Babylon von Menschen »aus Ziegeln« erbaut wird oder ob es sich um die »heilige Stadt« handelt (O 21,2 ff.): »Ich sah die heilige Stadt, das neue Jerusalem, herniedersteigen aus dem Himmel von Gott her ... Und er entrückte mich *im Geist* auf einen hohen *Berg* ... Der Platz der Stadt ist lauteres *Gold, klar und hell wie Kristall*.« Wie in der Berg-Predigt und beim Berg der zehn Gebote symbolisiert der »hohe Berg« auch hier das aus den »Niederungen«, dem Alltagserleben, zum Kontakt mit der Gegenwart des »Vaters« erhobene Bewußtsein. Die »Stadt« meint nicht einen Ort, sondern, ihrem Ursprung »von Gott« entsprechend, ebenfalls eine geistige Qualität: Geist, Seele und Herz des Menschen, alle Schichten seines Bewußtseins. Diese können »aus Ziegeln«, also materieverhaftet, sein und damit zur großen Kommunikations-Blockade, der »babylonischen Sprachverwirrung«, führen. Oder sie können »von Gott aus dem Himmel herniedersteigen« und so »lauteres Gold, klar und hell« sein, also aus dem edelsten Material, das zudem freie Sicht ermöglicht und (er)leuchtet.

Die Apostelgeschichte (A 1,12–14) gibt uns Auskunft über die Bedingungen in der Stadt. In diesem Text sind mehrere Fachausdrücke zu beachten: *»Das Obergemach, wo sie sich aufhielten«:* Es geht hier nicht um eine Ortsbeschreibung. Im Deutschen spricht man vom »Oberstübchen«, wenn man die Intelligenz eines Menschen meint. Die Begriffe »Haus, Gemach, Kammer« usw. symbolisieren in heiligen Schriften verschiedener Religionen häufig unser Bewußtsein. Das »Ober«-Gemach meint wie der Ausdruck »seine Augen nach oben richten« (→ Jh 11,41; 17,1) die Konzentration auf das sogenannte »Dritte Auge« (Mt 6,22–23) in der Gegend der Stirnmitte, eine Technik, die als Einleitung der Meditation dient. »Sie verharrten«: Es gilt, in der Sammlung nach innen zu verweilen; es geht um Ausdauer. *»Einmütig im Gebet«:* Hier wird das gemeinsame Ziel, das die Gruppe auf der bewußten und un(ter)bewußten Ebene anstrebt, als gewichtiges Element wirksamen Betens genannt (→ Nr. 2). *»Petrus und Johannes ...*

175

zusammen mit den Frauen«: Zunächst werden elf Männer, die Apostel, genannt, dann Frauen. Der männliche, mehr »aktiv-zeugende«, und der weibliche, eher »passiv-empfangende« und »gebärende« Pol in *jedem* Menschen, vergleichbar dem Yin-Yang-Prinzip im Taoismus, spielen bei Meditation und Gebet eine wichtige Rolle, wollen diese Worte uns sagen. Nur wenn der *ganze* Mensch in seiner »Androgynität« beteiligt ist, kann es zur »Zeugung« in uns kommen, die zur »Über-Zeugung« anderer führt. *»Und mit Maria, der Mutter Jesu«:* Sie repräsentiert als *Empfangende* das mütterliche Prinzip, das aus seinem Schoß die *Frucht* gebiert, die vom *Geist* stammt: ein Bild für den Dreischritt a) »aktives Bewußtsein«, das das »Wort« spricht, b) passiv aufnehmendes »Unter-Bewußtsein« und c) Ergebnis »vor aller Augen« (→ Kap. 12). »Maria« ist mit dem lateinischen »mare=Meer« (Mehrzahl: »maria«!) verwandt. Mehrere Mütter großer Gottessöhne oder Propheten trugen ähnliche Namen: Myriam, Myrrhe, Maria. Dies spricht dafür, daß im Neuen Testament mit »Maria« zwar *auch* eine historische Person, die Mutter Jesu von Nazareth, gemeint ist, daß es aber in erster Linie um einen anderen Aspekt geht (→ Ebenen der Schriftauslegung). Wie in anderen Religionen symbolisiert das Meer oder das Wasser oder die Flut auch im Alten und im Neuen Testament die psychisch empfangende Ebene: das »kollektive Unbewußte«, wenn es sich um eine große Gruppe handelt, das individuelle Un(ter)bewußte bei einem einzelnen Menschen, der als Mitglied einer Gruppe oder Kultur wiederum am »kollektiven Unbewußten« teilhat. Die Finsternis über der Urflut (1 M 1,2), die Sintfluterzählungen in vielen Kulturen, das Kind Moses im Korb (analog »Haus« = »Bewußtsein«) auf dem Wasser schwimmend (2 M 2,1–10), die Israeliten, die trockenen Fußes durch das Rote Meer gehen, während die Ägypter in den Fluten umkommen (2 M 14,21–29), Jesus, der über den See geht, während Petrus wegen seines Kleinglaubens im Wasser versinkt (Mt 14,24–33): Diese und andere Beispiele symbolisieren alle die gleiche *psychologische Erfahrung: Unsere tiefen seelischen Schichten können schöpferisch-»gebärend« sein, sie können uns tragen oder uns versinken lassen. Welche Möglichkeit sich verwirklicht, hängt davon ab, wes »Geistes« Kind unser bewußtes Denken, Fühlen und Vorstellen ist.*

In unserem Zusammenhang will uns die Anwesenheit von »Maria« sagen: *Zur Realisierung eines »Pfingst-Erlebens« und dessen Ausstrahlung auf andere Menschen müssen zusammen mit unserem bewußten Denken, Fühlen und Vorstellen unsere tiefen seelischen Schichten angesprochen werden. »Und mit seinen Brüdern«:* Auch hier ist vermutlich nicht primär die biologische Verwandtschaft gemeint. Jesus sagt selbst

(Lk 8,19–21): »Meine Mutter und meine Brüder sind jene, die das Wort Gottes *hören* und *tun*.« Hier wird der Kreis der »Auserwählten« gesprengt: *Jeder Mensch* hat unter der Bedingung, daß er »hört« und »tut«, die Möglichkeit der »Pfingst-Erfahrung«.

Zusammenfassend kann gesagt werden: *Um als Gruppe »überzeugende« Erfahrungen machen und an eine größere Gruppe wirksam weitergeben zu können, muß diese Gruppe a) regelmäßig für eine bestimmte Zeit in Meditation und Gebet verweilen, bis diese Erfahrung geschenkt wird; b) zur Einleitung bestimmte »Techniken« anwenden; c) ein gemeinsames Ziel haben; d) die wachbewußten Inhalte bildhaft und gefühlsmäßig in das individuelle Un(ter)bewußte der Gruppenmitglieder einspeichern, wobei männliche und weibliche Anteile integriert sein müssen. Die Merkmale a) bis d) beinhalten auch: e) Die kleine Gruppe als »kritische Masse« (→ unten 7.) ist nicht so sehr quantitativ als qualitativ zu verstehen. f) Die Überzeugung von einzelnen und von Gruppen, die von innen kommt, geht in das individuelle und kollektive Unbewußte ein und ermöglicht so auf breiter Basis Einstellungs- und Verhaltensänderungen. g) Danach sind es die kontemplativen Menschen, die am wirksamsten die gesellschaftlichen Verhältnisse verändern beziehungsweise die Basis für eine solche Veränderung schaffen.*

5. *»Über-Zeugung«* *»Ihr werdet meine Zeugen sein bis an die Grenzen der Erde«*, heißt es in der Apostelgeschichte (A 1,8). Der Zeuge muß »überzeugen«, will er etwas erreichen. Interessant ist, daß das deutsche Wort »zeugen« eine weitere Be-Deutung hat: das Erzeugen neuen Lebens bzw. dessen Weitergabe. Auch das Wort »testes«, das die lateinische Übersetzung an dieser Stelle gebraucht, hat zwei Be-Deutungen: »die Zeugen« und »die Hoden«. Wenn dies kein Zu-Fall ist, geht es bei der Zeugenschaft um die Weitergabe dessen, was die Zeugen zuvor »empfangen« haben, die Gabe des Geistes, die in Bewußtsein und Herzen der »Über-Zeugten« Frucht bringt. Die Zeugenschaft reicht »bis an die Grenzen der Erde«. Hier wird noch einmal die universelle Reichweite von Geist und Kraft betont. Es geht nicht um einen Rückzug in die private Innerlichkeit, die die nahe und entfernte Umwelt der Frucht des Geistes berauben würde: Das lateinische »privare« bedeutet ja auch »berauben«.

»Gegen dreitausend Seelen«. Das zweite Kapitel der Apostelgeschichte mutet wie ein Märchen an, verursacht doch eine verschwindend kleine Gruppe von Menschen ganz unerwartet einen Sinneswandel von Massen, der in ungewohnte Verhaltensweisen einmündet. Ein »Wunder«, wenn wir den Text wörtlich nehmen; für »aufgeklärte« Zeitgenossen ein Mythos, der »entmythologisiert« werden muß! Oder

man mag argumentieren, hier handele es sich um eine gelungene Massensuggestion; deren Auswirkungen, das Zusammenhalten und der gemeinsame Besitz, seien für eine Gruppe in einer andersdenkenden Umwelt sozialpsychologisch gut erklärbar. Dazu paßt nicht, daß die Verursacher als Menschen geschildert werden, die noch kurz zuvor enttäuscht und entmutigt der Sache Jesu den Rücken gekehrt hatten. Wie können solche Menschen eine solche Wirkung auslösen, es sei denn, eine grundlegende Wandlung wäre in ihnen vorgegangen? Oder ist diese Geschichte vielleicht gar nicht wörtlich zu nehmen, weil sie in einer uns ungewohnten Sprache einen Vorgang beschreibt, der nicht nur einmal geschehen ist, sondern sich unter den gleichen Bedingungen beliebig oft und an jedem beliebigen Ort wiederholen läßt? Dann geht es um *allgemein gültige psychologische Gesetzmäßigkeiten*, die von allen Menschen, die um sie wissen, angewandt werden können.

Ein »Mythos« – das Wort wird heute eher als Schimpfwort gebraucht – kann beschrieben werden als das, was niemals war und doch immer ist. Er ist nicht als historisches Ereignis zu verstehen, enthält jedoch als eigene literarische Gattung eine Wahrheit, die findet, wer seine Symbolsprache versteht. Für den, der das Pfingstereignis und sein Zustandekommen auf der seelischen und geistigen Ebene deutet, eröffnet sich ein Zugang, der nicht nur neue und begründete Hoffnung in unserer Situation gibt, sondern auch konkrete Zugangswege zu Bewußtseins- und Verhaltensänderungen auf breiter Basis aufzeigt.

Zunächst ist die Rede von einem »*Brausen* wie von einem gewaltigen Sturm« und von »Zungen von *Feuer*«: Die Wahrnehmung von *Tönen* und von *Licht* wird von vielen Meditierenden berichtet. Die Feuerzungen »verteilten sich und senkten sich einzeln herab auf jeden von ihnen«: Der *Quell* des Lichts wird als *einer* begriffen; er manifestiert sich jedoch in jedem Menschen individuell, so daß jeder auf seine persönliche Weise (re-)agiert.

»*Alle wurden erfüllt von heiligem Geist*«: Das Bewußtsein der von solchem Licht Erleuchteten, ihr Geist, wird von ihnen als integrativer Bestandteil des All-umfassenden Bewußtseins erlebt. Das bleibt nicht ohne Auswirkung auf den Menschen. Da er die Welt in einer umfassenden Zusammenschau erlebt hat, gelten die Gesetze selektiver Wahrnehmung (für eine Weile) nicht mehr, und auch Abwehrmechanismen werden überflüssig.

»*Sie fingen an, in anderen Zungen zu reden, so wie der Geist es ihnen eingab.*« Intuitives Wahrnehmen ermöglicht eine Kommunikation, die Mißverständnisse und Blockaden beseitigt: »Ein jeder hörte sie in seiner eigenen Sprache reden.« So wird von innen her ein neues Verstehen ermöglicht, das spontan in verändertes Verhalten einmündet: »Als sie dies hörten, ging es ihnen durchs Herz, und sie sagten zu Petrus und den übrigen Aposteln: ›Was sollen wir tun, Männer, Brüder?‹« Die so Über-Zeugten möchten wie die Eingeweihten selbst verstehen, welche »Geheimnisse« sich hinter ihrem Erleben verbergen: »Sie verharrten in der *Lehre* der Apostel, in der *Gemeinschaft*, im *Brotbrechen* und in den *Gebeten*«: Sie finden sich in einer *Gruppe* zusammen, werden *unterrichtet*, halten gemeinsam *Mahl* und bereiten sich durch *gemeinsames Gebet* darauf vor, selbst »Erleuchtete« zu werden, um entsprechend handeln zu können.

»Jeder wurde von Furcht ergriffen«: Die ersten Schritte auf diesem Weg und das eigene Erleben bisher nicht geahnter Möglichkeiten läßt Anfänger zunächst erschrecken, wie auch die Zuhörer der Bergpredigt »außer sich« waren, weil hier jemand sprach, der »Macht hatte« (Mt 7,28–29). Die Verhaltensänderung beschränkt sich nicht auf den individuellen Bereich: »Alle, die zum Glauben fanden, hielten zusammen und hatten alles gemeinsam. Sie verkauften Hab und Gut und teilten davon allen zu, je nachdem einer bedürftig war.« Das wirkt ansteckend: »Sie standen im Ansehen beim ganzen Volke.« Dies macht ein bewußtes »Missionieren« überflüssig: »Der *Herr* aber mehrte von Tag zu Tag die Zahl derer, die zum Heile fanden.« Der für unsere Fragestellung 2 entscheidende Satz lautet: »*An jenem Tage wurden etwa dreitausend Seelen hinzugefügt.*« Die Zahl ist sicher nicht wörtlich zu nehmen; sie will die enorme Breitenwirkung beschreiben, die erzielt werden kann. So gesehen handelt es sich bei der Pfingsterzählung – wie so oft in der Bibel – um ein »Paradigma«, eine beispielhafte Lehrerzählung, die uns die *innere psychologische Struktur* eines Geschehens, in diesem Falle der (Unter-)Bewußtseinsänderung (»Seelen«) und der daraus folgenden Verhaltensänderungen im großen Maßstab, klarmachen will. Die Quintessenz lautet: *Eine kleine Gruppe von Menschen, denen das Wissen und das Erleben ihrer Teil-Habe an der allen Menschen zugänglichen universellen Kraft geschenkt wird, vermag auf direktem Wege das Bewußtsein und das Gefühl einer großen Menge von Menschen und damit deren Verhalten in Richtung verbesserter Kommunikation und Kooperation zu verändern: Wenige für viele! Letztere wirken dann ihrerseits wieder als Multiplikatoren (Fragestellung 2).* Im Abschnitt 2 »Sprich nur ein Wort!« sahen wir, daß stellvertretendes »Gebet« bei anderen Menschen auch über Entfernungen hinweg, vermutlich sogar ohne Wissen der Adressaten wirksam sein kann. In diesem Sinne sagt Petrus (A 2,39): »Denn euch und eure Kinder geht die Verheißung (die Gabe Heiligen Geistes) an, und alle *in der Ferne*, die

herbeirufen wird der Herr, unser Gott.« Petrus spricht mit einem klar definierten *Ziel*: seinen Zuhörern die Erkenntnis und die Erfahrung des Heils zu vermitteln. Dabei geht es nicht um Eigen- oder Gruppeninteressen, sondern um das *Wohlergehen der Zielgruppe*. Diese Aussagen bringen uns eine weitere für unsere Fragestellung wichtige Einsicht nahe: *Die Bewußtseinsänderung einer kleinen Gruppe, die ein klar definiertes Ziel zugunsten anderer Menschen hat, erreicht deren Bewußtsein unabhängig von räumlicher Entfernung. Dies führt zu erfahrbaren Wirkungen auf seiten der Zielgruppe.*

Für Praktiker wird das bisher Ausgeführte genügen, um sie zu ermutigen, einen gezielten Versuch mit Ausdauer zu beginnen, eröffnen sich uns doch unbekannte und ungeahnte Möglichkeiten über die bisher versuchten Konzepte hinaus; letztere haben sich nur allzu oft als wenig wirksam erwiesen, direkt und konkret zugunsten anderer Menschen etwas tun zu können. Solch konkrete Perspektiven sind bei der weit verbreiteten Resignation angesichts des Zustandes unseres Globus nicht wenig. Trotzdem mag es den einen oder anderen Leser zu weitergehender eigener Forschung anregen, wenn im folgenden wenigstens der Ansatz einer Erhellung aus der Sicht analoger Überlegungen und Ergebnisse »weltlicher« Wissenschaften[3] versucht wird.

6. *»Unsere Gehirne sind irgendwie miteinander verbunden.«* Theologen und Psychologen sind in der glücklichen Lage, daß ihnen von ganz unerwarteter Seite analoge Gedanken entgegenkommen: von naturwissenschaftlichen Theorien und Forschungen. Der Nobelpreisträger Jonas Salk (1987) sagt[4]: »Dies ›Neue Bewußtsein‹ liegt in der Luft. Zuerst werden nur einige und dann immer mehr dem evolutionären Prozeß, dem Prozeß der Fehlerkorrektur, der Verbesserung dienen. Unsere Gehirne sind nämlich irgendwie miteinander verbunden.« Wenn dem so ist, dann ist es nur logisch, daß das, was an Gedanken, Gefühlen und Bildern in einem Gehirn repräsentiert ist, nicht ohne Auswirkung auf andere Gehirne bleiben kann.

Forscher der Maharishi International University in Fairfield, USA, behaupten, herausgefunden zu haben, daß eine Gruppe von Meditierenden Gehirnwellenmuster anderer Personen, meßbar im EEG, verändern können, ohne daß diese von der Anwesenheit der Meditierenden etwas ahnen. Jon Kabat-Zin von der Medical School der University of Massachusetts spricht im Zusammenhang mit Meditationsexperimenten und deren Heilwirkung von der »Vorstellung, daß alles, was ist, miteinander verbunden« sei[5]. Während sich Menschen ineinander einfühlen, gleichen sich ihre Gehirnwellen an. Diese spektakuläre Entdeckung machten vor kurzem zwei Psychologen der Nationalen Universität von Mexico-City, Jacobo Grinberg-Zylberbaum und Julietta Ramos (1981). Erstaunlicherweise synchronisierte sich bei den Versuchspersonen auch die elektrische Aktivität der beiden Hirnhälften – der »analytisch-rationalen« linken und der eher »emotional-intuitiven« rechten Hemisphäre (Miller 1988) –, die sich im EEG ansonsten ganz verschieden abbilden. Die beiden Forscher sehen damit ihre Theorie bestätigt: Menschen können »neuronale Felder« aufbauen, über die sie aufeinander einwirken. Wenn sich solche Experimente von anderen Forschern mit gleichem Ergebnis wiederholen lassen, bedeutet das:

Ein »Wandel unserer Geisteshaltung«[6] hat nicht nur Einfluß auf unser eigenes Verhalten und auf diesem Wege mittelbar auch auf das Verhalten anderer Menschen; er kann unter bestimmten Voraussetzungen auch unmittelbar das kognitive und emotionale Muster anderer Menschen beeinflussen und damit deren praktisches Verhalten ändern, selbst wenn diese anderen Menschen von uns und unseren Gedanken, Gefühlen und Vorstellungen nichts wissen und noch dazu räumlich von uns entfernt sind.

So können zum Beispiel Überzeugungen der Hoffnung in uns unter bestimmten Voraussetzungen die resignative Einstellung anderer Menschen gleichsam von innen »aufweichen«, so daß sie sich ermutigt fühlen, ihr eigenes Schicksal und das ihrer Umwelt auf die ihnen eigene Weise aktiv in die Hand zu nehmen. Aus diesen Ausführungen geht hervor, daß Fragestellung 2 vorläufig mit »Ja« beantwortet und die nötigen Bedingungen operationalisiert werden können. Es gilt, diesen Ansatz weiter zu überprüfen, um ihn aus dem Ruch der Geheimniskrämerei zu befreien.

7. *»Kritische Masse«, »Selbstorganisation« und »Qualitative Sprünge«.* Einige naturwissenschaftliche Forschungsergebnisse der letzten 30 bis 40 Jahre weisen erstaunliche Analogien zu Aussagen der Bibel auf. Hier sei einiges zusammenfassend referiert:

7.1. 1958 entdeckten japanische Wissenschaftler nebenbei ein merkwürdiges Phänomen, das nicht Ziel ihrer Experimente gewesen war. Sie leiteten daraus folgende Hypothese ab: *»Wenn eine bestimmte Anzahl von Individuen, eine sogenannte ›kritische Masse‹, ein bestimmtes Wissen und Verhalten gelernt hat, wird dieses auf uns noch unbekanntem Wege an Individuen gleicher Art auch über weite Entfernungen hinweg weitervermittelt«[7].* Diese Hypothese ähnelt erstaunlich der im vorigen Abschnitt aus der Analyse von Bibeltexten gewonnenen Erkenntnis, wonach das Bewußtsein einer kleinen Gruppe durch Meditation und Gebet unabhängig von Zeit und Raum in einem »Kollektiv« wirksam werden kann, ähnlich wie im Gleichnis vom Sauerteig.

7.2. Forscher der Maharishi International University in Fairfield, USA, glauben herausgefunden zu haben, daß eine Gruppe von Meditierenden, die nur *ein* Prozent einer bestimmten Bevölkerungsgruppe ausmacht, in dieser konkrete Veränderungen bewirken kann, zum Beispiel die statistisch bedeutsame Senkung der Verbrechensrate in einem Stadtteil. Wenn es sich um Fortgeschrittene handele, genüge sogar eine Gruppe, die der Wurzel aus einem Prozent einer Zielgruppe entspreche (siehe unten III. Wirkungen).

7.3. Von Naturwissenschaftlern wurden verschiedene Theorien formuliert, auf deren Grundlage entsprechende Hypothesen getestet wurden. Nach dem Biochemiker Rupert Sheldrake (1983) existiert eine Art kosmischer Datenbank, die er »morphogenetisches Feld« nennt. In dieses werden unter anderem psychische Informationen eingespeichert, die wieder abgerufen werden bzw. bei ahnungslosen, weit entfernt wohnenden Empfängern wirksam werden können. Der Grund für deren verändertes Verhalten, das empirisch überprüfbar ist, muß den Empfängern nicht bewußt sein. In einem Großversuch Sheldrakes, der über den britischen Fernsehsender BBC ausgestrahlt wurde, entsprach das Ergebnis seiner Hypothese. Eine Wiederholung des Experiments unter teilweise anderen Bedingungen durch den NDR erbrachte mehrdeutig interpretierbare Ergebnisse. Am »Institute for Noetic Sciences« in USA denkt man zur Zeit nicht nur auf dem Hintergrund der Psychoneuroimmunologie über die Beziehung zwischen Meditation und dem Immunsystem, sondern auch über die Feldeffekte »kollektiver Meditation« nach[8]. Institutsleiter Professor Willis Harman meint[9]: »Auch für den plötzlichen Durchbruch eines gesellschaftlichen Bewußtseinswandels hat die Naturwissenschaft neue Hoffnung gefunden.«

Theoretische Ansätze, Arbeitshypothesen und Ergebnisse aus verschiedenen naturwissenschaftlichen Disziplinen, die Parallelen zu religiösen Aussagen aufweisen, lassen sich so *zusammenfassen: a) Das Sein wird vom Bewußtsein bestimmt; b) Es gibt nichtmaterielle Informationsquellen (Bewußtsein) und Informationskanäle, die Informationen ohne (uns bisher bekannte) physikalische Signale übermitteln; c) Alle »Teile« des Universums sind durch unteilbare Glieder miteinander verbunden, so daß es letztlich unmöglich ist, die Welt in unabhängig voneinander existierende Teile aufzuspalten; d) Jedes »Teil« enthält die Information des Ganzen, und gleichzeitig ist die Information überall gleichmäßig verteilt; e) Daraus ergibt sich: Das ganze Universum ist in jedem Menschen und ebenso in jedem »Teil« außermenschlichen Seins enthalten; alle Menschen sind untereinander und mit allem, was ist, eins. Kein Mensch kann daher denken und handeln, ohne daß dies einen Einfluß auf alle anderen hätte. Dabei gibt es eine »kritische Größe«; ist diese erreicht, kommt es zu »Quantensprüngen des Bewußtseins«[10]. »Wir wissen jetzt: Eine ›Fluktuation‹, das heißt eine kleine Veränderung, kann sich in jedem System verstärken und kann eine neue Entwicklung einleiten, die dann das Gesamtverhalten des Systems drastisch verändert«[11].*

Christen dürften in den vergangenen anderthalb Jahrtausenden bei ihren Bemühungen, dem Auftrag, »alle Völker bis an die Grenzen der Erde zu lehren«, nachzukommen, von den in den Abschnitten 1 bis 7 aufgezeigten Möglichkeiten kaum Gebrauch gemacht haben. Wenn der »Sauerteig« wirkt, läßt sich auf Überredung, Anpassungsdruck und Gewalt verzichten. Das Ziel ist dann, andere Menschen in der Entwicklung ihrer je eigenen Möglichkeiten zu unterstützen. Wie könnte unsere Welt aussehen, wenn auch nur unsere »berufsmäßigen« Kontemplativen aller Religionen, Mönche und Nonnen, diesen Weg als ihre Lebensaufgabe sehen und gehen würden? Man muß kein Wissenschaftler sein, man muß auch nicht einer Religion, Kirche oder Konfession oder gar einem Orden angehören, um die beschriebenen Erfahrungen machen und vorantreiben zu können. Es handelt sich um psychologische Gesetzmäßigkeiten, die unabhängig davon, ob Menschen um sie wissen oder nicht, in ihrem Geltungsbereich immer wirksam sind. Lediglich die *Richtung* ihrer Wirksamkeit, ob sie also für uns positiv oder negativ zu Buche schlagen, hängt von der Art ab, wie Menschen sie bewußt und unbewußt anwenden. Das bedeutet:

Eine Gruppe von Menschen, die – auf welchem »ideo-logischen« Hintergrund auch immer – die vorliegenden Ausführungen als Arbeitshypothesen akzeptieren kann und überprüft, wird zu ermutigenden, weil begeisternden Ergebnissen kommen. Die Informationen in den Abschnitten 1 bis 7 tragen zur Klärung der *Hypothesen 1c und 2c* nichts bei; von der Gesamttendenz der Bergpredigt und der experimentellen Befunde her gesehen ist eine Antwort in Richtung Verifizierung jedoch eher unwahrscheinlich. Die *Hypothesen 1a, 1b, 2a, 2b und 3* erscheinen hinreichend begründet, um sie in der Praxis überprüfen zu können.

Tun:

Im Teil A dieses Praxisteils werden an vier Beispielen fünf Phasen schöpferischen Vorstellens in einer Gruppe beschrieben. In Teil B geht es nicht, wie im Teil C, um eine experimentelle Versuchsanordnung, die eine Überprüfung der Hypothesen im strengen Sinn zulassen würde. Es sei daran erinnert, daß psychologische Gesetzmäßigkeiten in der Bergpredigt und in anderen Texten des Neuen Testaments, wie sie bisher beschrieben wurden, nicht ausschließlich aristotelischer Logik, sondern auch »paradoxer Logik« folgen (→ Wissenschaft, Teil 2). Empirie (Erfahrung) ist von beiden Ansätzen aus möglich. Es geht im Teil B darum, ein praktikables Konzept zu entwickeln, dessen Durchführung zu *beobachtbaren* Veränderungen bei der ausübenden Gruppe und/oder bei den Zielpersonen führt. Zusätzlich zu den oben 1.–7. beschriebenen gelten für die Teile A bis C die gleichen Gesetzmäßigkeiten, wie sie in den Kapiteln 34 bis 36 beschrieben werden.

Teil A:
Wie die Sozialpsychologie zeigt, folgt das Verhalten von Gruppen und dessen Wirkungen teilweise anderen Regeln als das Verhalten von einzelnen. Die Gruppe sollte so groß sein, daß sie auch bei Verhinderung des einen oder anderen Mitglieds weiterarbeiten kann. Je größer eine Gruppe ist, desto schwieriger wird es, sich auf gemeinsame Zeiten und Ziele zu einigen, desto deutlicher spürbar wird aber auch eine Gruppenatmosphäre, die für das Gelingen sehr wichtig ist. Die Gruppe kann aus Freunden und Bekannten, aus einer Familie, aus Mitgliedern einer Selbsthilfegruppe, einer Kirchengemeinde, einer religiösen Gemeinschaft, aus Berufskollegen/innen usw. bestehen. Es können sich bei einer großen Gruppe Untergruppen bilden; wichtig ist dabei jedoch, daß diese nicht in falsch verstandene Konkurrenz zueinander geraten: Sie verhindert jeden Erfolg. In der Praxis wird es aufeinander aufbauende, ineinander übergehende Phasen geben:
1. Phase: Die Strategie der Veränderung beginnt zunächst ganz unmittelbar bei jedem einzelnen Gruppenmitglied in Form von Informationsgewinnung über geistige Gesetzmäßigkeiten und deren Grundlagen sowie mit dem Erlernen von Meditation und/oder Kontemplation, schöpferischer Vorstellung und anderer geistiger »Techniken«, soweit diese erlernbar sind. Beides kann auch in der Gruppe geschehen.
2. Phase: Sie dient dem Erkennen der Rolle, die kollektive Vorstellungen bei der Schaffung, Erhaltung, Stabilisierung und dem Abbau von gesellschaftlichen bis hin zu globalen Verhältnissen spielen, der Bewußtmachung von Veränderungsstrategien (Gruppenmeditation, -kontemplation und -imagination) und deren Wirkweisen und der Einübung dieser Strategien. Die 1. und die 2. Phase können parallel laufen. Erst wenn die Gruppe überzeugt ist, daß genügend Mitglieder Sinn und Praxis verstehen und akzeptieren, sollten die nächsten Phasen folgen. Kriterien für diese Entscheidung können sein: a) *Der Informationsstand:* Ist das Prinzip »Wie innen – so außen!« erkannt, verstan-

den und innerlich akzeptiert? b) *Die Meditation:* Wurde regelmäßig geübt? Wurden von einzelnen ermutigende Erfahrungen gemacht (innere Ruhe, Loslassen bis zur zeitweiligen Gedanken-Leere, geistige, gefühlsmäßige und körperliche Entspannung, Beruhigung des Atemrhythmus)? c) *Die Kontemplation* (wenn durchgeführt): Wächst das Bewußtsein der Einheit mit dem »Vater« und mit allen Menschen? »Betet es in uns« auch ganz spontan im Verlaufe des Tages? d) *Die schöpferische Vorstellung:* Gelingt es, ein Ziel – auf welchem Sinneskanal auch immer – klar zu visualisieren? e) *Veränderungen:* Haben einzelne Gruppenmitglieder bereits erfahren, daß sich im Verlauf der Anwendung dieser »Techniken« in ihrem Leben etwas konkret zu verändern beginnt oder verändert hat, zum Beispiel der Gesundheitszustand oder die Beziehung zu einem anderen Menschen innerhalb oder außerhalb der Gruppe? Wenn ja, steigert das die Motivation einzelner und damit der Gruppe und macht das weitere Vorgehen glaubwürdiger.

Diese Fragen sollten vor Beginn der 3. Phase in der Gruppe offen besprochen werden. Ist ein offenes Gespräch darüber nicht möglich, weil zum Beispiel einige Gruppenmitglieder aus Angst, sie könnten sich blamieren, sich oder den anderen nicht eingestehen möchten, daß sie »noch nicht so weit sind«, ist der Gruppenprozeß und damit die Erreichung des Ziels gefährdet. Hier handelt es sich um falschen Ehrgeiz. Wie in der Beschreibung der 4. Phase gezeigt wird, ist es nicht zu erwarten und auch nicht erforderlich, daß alle Gruppenmitglieder gleiche Erfahrungen machen oder »möglichst gut« sind. Dies sollte bei der Gründung der Gruppe klar besprochen und immer wieder betont werden.

3. Phase: Einigung auf ein Ziel. Bei den ersten Versuchen sollte ein Ziel ausgewählt werden, das begrenzt und relativ leicht erreichbar ist und dessen Erreichen konkret überprüfbar bzw. beobachtbar ist. Wichtig ist, daß alle Gruppenmitglieder das Ziel bejahen. Damit die Gruppe oder einzelne Mitglieder sich nicht unnötig unter Druck setzen, sollte das Ziel und der Weg zu seiner Erreichung außerhalb der Gruppe nicht bekannt werden, weder bei Angehörigen der Gruppenmitglieder noch bei Adressaten (→ Kap. 28). Eine Ausnahme bilden Personen, die den Gruppenprozeß fachlich begleiten.

4. Phase: Systematische Anwendung der erlernten geistigen Techniken. Diese Phase kann dann beginnen, wenn genügend Gruppenmitglieder das Gefühl haben, dazu in der Lage zu sein. Mögliche Kriterien für diese Entscheidung wurden bei der Beschreibung der 2. Phase aufgelistet. Da jeder Mensch eine eigengeprägte Persönlichkeit ist, kann nicht erwartet werden, daß alle Gruppenmitglieder im gleichen Zeitraum und in gleicher Intensität die gleichen Erfahrungen machen. Dies zu erwarten ist nicht nur unrealistisch; es widerspricht auch der Einzigartigkeit jedes Menschen, mehrere Personen über einen Kamm scheren zu wollen. Ein Sprichwort sagt: »Wenn du zwei Menschen gleich behandelst, tust du mindestens einem Unrecht!« Ein Gruppenmitglied wird sich beispielsweise eher durch Meditation angesprochen fühlen, ein anderes durch schöpferische Vorstellung, und entsprechend unterschiedlich werden die Erfahrungen sein. Zur Erreichung des von der Gruppe ausgewählten Zieles ist es nicht notwendig, daß alle Mitglieder einen vergleichbaren Erfahrungsstand haben. Wollte die Gruppe darauf warten, würde sich der Beginn der 4. Phase unnötig hinauszögern, es sei denn, die Gruppe würde sich in die eigene Tasche lügen.

Die Durchführung der 4. Phase kann in verschiedenen Formen erfolgen. So können die Mitglieder beispielsweise morgens allein zu Hause üben, möglichst annähernd zur gleichen Zeit, während an den Abenden regelmäßig Gruppensitzungen stattfinden: ein oder zweimal wöchentlich über eine Spanne von mehreren Wochen oder Monaten, oder zum Beispiel eine bis zwei Wochen lang allabendlich für etwa eine viertel bis zu einer Stunde. Von Art und Umfang des Ziels und von den Möglichkeiten der Mitglieder hängt es ab, wie lange die 4. Phase dauern soll und in welchem Rhythmus die gemeinsamen Übungen stattfinden. Die Mitglieder dürfen sich zeitlich nicht überfordert fühlen oder andere für sie wichtige Angelegenheiten zurückstellen müssen, wodurch sie innerlich unter Druck geraten würden. Es ist nicht notwendig, daß die Gruppensitzungen an dem Ort stattfinden, an dem laut vereinbartem Ziel Veränderungen angestrebt werden. Wohl aber ist es erforderlich, daß bei der schöpferischen Vorstellung neben anderen situativen Bedingungen auch der Ort des Geschehens visualisiert wird. Eine Gruppensitzung kann etwa so ablaufen:

Einstimmung: Alternativ durch die Lesung und / oder das Gespräch über einen geeigneten Text, durch eine Yoga- oder Entspannungsübung, durch Singen oder Musikhören, durch gemeinsames Sprechen oder Singen von »Affirmationen« oder durch andere der Gruppe geeignet erscheinende Möglichkeiten. Es kommt darauf an, daß die Mitglieder Abstand von den Tagesereignissen bekommen und sich in der Gruppe wohl fühlen. Der Humor sollte dabei nicht zu kurz kommen: es darf gelacht werden!

Meditation: Nach einer eventuellen Einleitung(sformel) meditiert jeder auf die ihm eigene Weise, es sei denn, die Gruppe hat eine Meditationsform gefunden, die allen zusagt. Es kommt nicht auf die Methode an, sondern auf das »Leerwerden«.

186

Kontemplation: Ob und in welcher Form kontempliert wird, hängt von der Einstellung der Gruppenmitglieder und von der zur Verfügung stehenden Zeit ab. Eine Gruppe sollte nicht zeitlich überdehnt werden: Weniger kann mehr sein! Die Methoden der Kontemplation sind zweitrangig. Es kommt auf das Gewahrsein der Einheit mit allem, was ist, an; dies motiviert. Die Kontemplation kann vor, nach oder alternativ zur Meditation erfolgen.

Schöpferische Vorstellung / Imagination: Gegenstand ist das von der Gruppe ausgewählte Ziel. Jedes Mitglied imaginiert mit Hilfe der Sinnesmodalitäten, die ihm besonders liegen. So ergibt sich wie bei einem Mosaik ein Gesamtbild.

Danksagung und Besprechung des Verhaltens: Beides ist für die beobachtbare Verwirklichung des Ziels sehr wichtig. Die Form der Danksagung obliegt der Entscheidung und der Phantasie der Gruppenmitglieder. Anschließend kann noch besprochen werden, wie das praktische Verhalten einzelner oder der Gruppe aussehen und verwirklicht werden kann (5. Phase).

Abschluß: Er erfolgt durch gemeinsame Aktivitäten wie Musik hören, singen, etwas essen oder trinken, sich unterhalten oder eine andere Tätigkeit, die den Gruppenmitgliedern gut tut und ihnen Spaß macht (es darf gelacht werden!). Die Gruppe sollte in gelöster Stimmung auseinandergehen. Nach Danksagung und Verhaltensbesprechung sollten sie sich bei diesem Treffen nicht mehr darüber unterhalten, ob und wie die einzelnen Schritte erlebt wurden, da dies Zweifel an der Verwirklichung des Ziels provozieren kann.

5. Phase: In ihr geht es um die Integration des während der Gruppensitzungen vorgestellten Verhaltens einerseits (4. Phase) und dem beobachtbaren Verhalten zwischen den Gruppensitzungen andererseits, wie sie für den einzelnen im 4. Abschnitt von Kapitel 36 beschrieben sind. Die Form hängt von Art und Größe der Gruppe und von deren Ziel ab. Die Ausführung kann erfolgen durch: 1. einzelne Gruppenmitglieder, 2. eine Kleingruppe, bestehend aus drei bis zehn Personen, 3. eine Großgruppe mit mehr als zehn Personen. Diese Zahlen sind willkürlich gewählt; die Übergänge sind fließend. Denkbar sind: 4. gruppeninterne Ziele, die a) ein einzelnes Gruppenmitglied, b) mehrere Mitglieder oder c) die ganze Gruppe betreffen; 5. gruppenexterne Ziele, die a) einzelne Personen, b) eine kleine Gruppe oder c) eine größere Gruppe von Menschen betreffen, wobei zu diesen Zielpersonen persönlicher Kontakt bestehen kann, aber nicht muß.

Teil B:
Vier Beispiele mögen aufzeigen, welche Möglichkeiten die fünf Phasen mit sich bringen und wie sie konkret aussehen können:

Beispiel 1: Eine Familie. Eine vierköpfige Familie möchte die Beziehung zu einem Familienmitglied, das von den anderen isoliert ist (»gruppenexternes Ziel« 5a) verbessern. Drei haben die Kapitel 5–10 »Soziales Engagement von innen« durchgearbeitet sowie meditieren und schöpferisch imaginieren gelernt. Dabei sind die angeblich »weißen Schafe« dahinter gekommen, daß sie eher schwarz-weiß gesprenkelt sind. Daher wurde als erstes Ziel zunächst ein »gruppeninternes« festgelegt: Veränderung des *eigenen* Denkens und Verhaltens. In der 4. Phase imaginiert die Kleingruppe, wie jeder einzelne aus ihr anders über das »schwarze Schaf« der Familie denkt (»Denke gut über deinen Gegner!«) und sich entsprechend verhalten kann (»Widerstandslosigkeit« und »Einheit: Liebt eure Feinde!«). Ebenfalls wird imaginiert, wie aus dem (vermeintlich) »schwarzen Schaf« der Familie ebenfalls ein »schwarz-weißes« geworden ist: Wie der »Außenseiter« auf das veränderte Denken, Fühlen und Verhalten der anderen drei reagiert (»gruppenexternes« zweites Ziel), indem er zum Beispiel zu einem offenen Gespräch bereit ist. Zwischen den einzelnen Familiensitzungen versuchen die drei, sich tatsächlich untereinander und zum »Außenseiter« im Sinne »sozialen Engagements von innen« zu verhalten. Dieser erfährt von der Aktion der Dreiergruppe oder zumindest von deren Ziel nichts, bis er selbst nach den Gründen für das veränderte Verhalten fragt. (Ähnlich können einige Personen – als »Kleingruppe« – aus einer größeren Gruppe wie zum Beispiel einer Gemeinde, einer religiösen Lebensgemeinschaft oder einem beruflichen Team vorgehen.)

Beispiel 2: Eine größere Gruppe. Sie möchte zwei ihrer Mitglieder, die eine konkrete Hilfe gebeten haben, unterstützen. Für Person 1 geht es um Aufhellung der seelischen Stimmung, bei Person 2 um neue Ideen und Mut zur Weiterführung ihrer beruflichen Tätigkeit als Lehrer, wobei die fachliche Qualifikation außer Frage steht. Im Mittelpunkt der gemeinschaftlichen Übungen, an denen sich beide »Zielpersonen« beteiligen, stehen zunächst Meditation und Kontemplation.

Person 1: Als Folge der meditativen Entspannung und des Geborgenheitsgefühls in der Kontemplation – beide in der Gruppe durchgeführt! – kommt es zu angstlösenden Erlebnissen, wie sie in Kapitel 34 beschrieben sind. Eventuell werden körperliche Übungen integriert. Die begleitende gemeinsame Durcharbeitung des Abschnitts II. »Wie innen – so außen!« tut ein übriges zur Aufhellung der ängstlich-depressiven Stimmungslage. Gemeinsam wird in der 4. Phase imaginiert, wie der Betreffende das federführend von ihm formulierte Ziel mit Unterstützung der Gruppe erreicht hat. Das praktische Verhalten der 5. Phase besteht darin, daß er zunehmend wieder mehr Verantwortung übernimmt, wobei er von einzelnen Gruppenmitgliedern aktiv unterstützt wird.

Person 2: Begleitend zu Meditation und Kontemplation wird Kapitel 33 »Mentales Training« zur Erleichterung von Problemlösungen durch die »linke Hirnhälfte« gleichsam als Brainstorming gemeinsam durchgearbeitet. Dabei sind die »ver-rücktesten« Einfälle willkommen. In der 4. Phase wird imaginiert, wie der Lehrer seinen Unterricht inhaltlich neu geplant und anders organisiert sowie sein Verhalten zu den Schülern und im Lehrerkollegium geändert hat. Dies beinhaltet auch, wie er mit möglichen Widerständen und Enttäuschungen umgeht. Dieses Ziel akzeptiert die gesamte Gruppe, während es bei der Diskussion der These, ob und wie die schöpferische Vorstellung direkt auf un(ter)bewußte Reaktionsmuster der Schüler und damit auf ihr Verhalten verändernd einwirken könne, Widerstände in der Gruppe gibt. Unter anderem wird eingewandt, eine solche Annahme sei mit Freiheit und Selbstbestimmung von Menschen nicht vereinbar. Da die Gruppe weiß, daß Übereinstimmung im Ziel eine notwendige Bedingung ist (→ Mt 18,19 f.), entschließt sie sich, diese These als Hypothese anzusehen und ihr Akzeptieren oder Nichtakzeptieren jedem einzelnen anheimzustellen. Die Idee jedoch, daß die Schüler auf das beobachtbar veränderte Verhalten des Lehrers reagieren werden, ist für alle einsichtig. Daher kann dies letztere Ziel in der 4. Phase durch *alle* Gruppenmitglieder imaginiert werden. Ziel dieser Phase ist es, die neuen Aspekte bei möglichst vielen Gruppenmitgliedern, also auch bei der »Zielperson«, bewußt und unterbewußt zu verinnerlichen und sie so in Fleisch und Blut übergehen zu lassen. Zwischen den Gruppensitzungen (5. Phase) versucht der Lehrer das visualisierte Verhalten im Unterricht zu praktizieren. Eventuell bekommt er dabei Supervision und Hilfestellung von einem Gruppenmitglied. Er imaginiert auch außerhalb der Gruppensitzungen morgens vor dem Unterricht.

Beispiel 3: Eine Firma. Der Chef hat auf einem Wochenendseminar von der streßreduzierenden Wirkung der Meditation und vom »Sozialen Engagement von innen« gehört. Die einfachen Meditationsübungen während des Seminars haben ihn sehr angesprochen. Er sieht in beidem eine Chance zur Verbesserung des Betriebsklimas. Besonders interessieren ihn jedoch die psychologischen Gesetze vom Geben und Empfangen (→ Kap. 11), von der Versorgung (→ Kap. 22) und »Brot oder Steine: Jeder, der bittet, empfängt« (→ Kap. 25), denn es geht ihm schon lange durch den Kopf, ob und wie er sich selbst vom Streß entlasten und wie seine Firma aus dem Konkurrenz- und Verteilungskampf-Verhalten aussteigen und trotzdem oder gerade deswegen gute Gewinne erzielen kann. Zunächst nimmt er Kontakt mit einem Unternehmer auf, der diese Ansätze bereits praktiziert. Er hat ihn auf dem Seminar kennengelernt. Dann erlernt er, ohne jemandem etwas davon zu sagen, selbst eine einfache Meditationstechnik, informiert sich näher über die genannten psychologischen Gesetzmäßigkeiten, visualisiert entsprechendes Verhalten und versucht es zunächst bei seinen leitenden Angestellten zu praktizieren. Nach einigen Wochen beginnt der eine oder andere von ihnen sich über die Veränderung im Verhalten des Chefs zu wundern und zu fragen. In der Familie hat sich inzwischen auch einiges verändert: Der Vater hat mehr Zeit, mit den Kindern zu spielen, er kommt abends nicht mehr völlig abgeschafft mit der Bemerkung »Laßt mich gefälligst in Ruhe!« nach Hause. Bei gleicher Arbeitsintensität beginnt sich sein Gesundheitszustand zu verbessern, was der Arzt bestätigt. Jetzt ist der Zeitpunkt gekommen, einen externen »Fachmann« zu einer Teamsitzung einzuladen. Fünf der zwölf Führungskräfte fühlen sich angesprochen; die anderen verhalten sich reserviert bis ablehnend, was den Chef nicht daran hindert, sein verändertes Denken und Verhalten auch weiterhin zu zeigen. Die Fünf erlernen in der Firma eine Meditationstechnik und informieren sich über die psychologischen Gesetzmäßigkeiten. Sie haben schon manche firmeninterne und firmenexterne Fortbildung mitgemacht, aber unter diesem Aspekt haben sie ihre berufliche Tätigkeit noch nie gesehen. Ein harter Kern von vier Personen, der Chef eingeschlossen, praktiziert mit dem Ziel 1, der Verbesserung des Betriebsklimas, zweimal wöchentlich für eine Viertelstunde in der Firma gemeinsam Meditation und schöpferische Vorstellung. Außerdem versucht diese Gruppe, soziales Engagement von innen im jeweiligen Zuständigkeitsbereich zu zeigen. Ziel 2, eine Umstrukturierung des Betriebs, hat der Chef zunächst zurückgestellt, da er abwarten möchte, inwieweit Ziel 1 erreicht wird. Als Maßstab dafür hat das Leitungsteam unter Einschluß der Skeptiker die Verminderung des Krankenstandes in der Belegschaft, vermehrte Verbesserungsvorschläge aus deren Reihen und die Entwicklung kreativer Ideen im Führungsstab innerhalb eines Jahres festgesetzt.

Beispiel 4: Mitglieder einer christlichen Gemeinde (oder einer anderen Religionsgemeinschaft): Sie möchten zu größerer Akzeptanz gegenüber Ausländern und Aussiedlern in der eigenen Gemeinde und darüber hinaus im Stadtteil beitragen. Sie schließen sich zu einer Arbeitsgemeinschaft zusammen. Um von Anfang an ein Zeichen zu setzen, werden außer Ausländern und Aussiedlern auch Angehörige anderer Konfessionen und Religionen eingeladen, an der Arbeitsgemeinschaft teilzunehmen. Aktives und passives Ausländerwahlrecht im Rahmen dieser Arbeitsgemeinschaft ist für sie selbstverständlich; ein Ziel ist es, dies auch in der ganzen Kirchengemeinde zu praktizieren. Nach der Durcharbeitung des Abschnitts »Wege« und besonders der Kapitel 13 und 14 ist der Gruppe noch deutlicher geworden, daß die Bergpredigt konfessions- und religionsübergreifend konzipiert ist: Wenn es nur *einen* Vater aller Menschen und nur *einen* Schöpfer aller Geschöpfe einschließlich der Tiere, der Pflanzen und der »unbelebten« Natur gibt, ist die Einheit aller Menschen untereinander und mit der gesamten Schöpfung vorgegeben (Ökologie!); es muß dann auch einen gemeinsamen Kern in allen Religionen geben, der deren wesensmäßige Einheit begründet und die Unterschiede einerseits in ihrer trennenden Bedeutung relativiert, andererseits mannigfaltige Ausdrucksformen als Bereicherung empfinden läßt. Eine Vertuschung von Unterschieden oder ein »Eintopf« ist von daher weder wünschenswert noch nötig. Die Arbeitsgemeinschaft vertieft ihre Kenntnisse über die Bergpredigt, indem sie arbeitsteilig auch andere Literatur durcharbeitet, und beginnt damit, Meditation einzuüben und soziales Engagement von innen zunächst in der eigenen Gruppe zu praktizieren. Schließlich werden die ganze Gemeinde und alle Stadtteilbewohner zu einer Informationsveranstaltung eingeladen. Etwa einhundert Personen kommen. Es wird beschlossen, wöchentlich konfessions- und religionsübergreifend eine für alle offene Meditationssitzung anzubieten. Die Arbeitsgemeinschaft als Kern gibt dabei jeweils eine kurze Einführung, dann wird meditiert und kontempliert; später kommt die schöpferische Vorstellung hinzu. Das Angebot beginnt sich herumzusprechen: Die Gruppe der wöchentlichen Teilnehmer wird größer und konstanter, einige haben das Interesse verloren. Außer den Mitgliedern der Arbeitsgruppe beteiligen sich zunehmend auch andere Personen an der Vorbereitung und Durchführung der wöchentlichen Meditationssitzung. Als sichtbare »Früchte« kristallisieren sich von selbst gegenseitige Einladungen zwischen Ausländern und Einheimischen heraus; zeitweilige »Patenschaften« mit dem Ziel, Neuankömmlingen den Umgang mit Behörden zu erleichtern, bilden sich, ebenso ein Deutschkurs, den ein pensionierter Lehrer kostenlos mit Unterstützung anderer Personen leitet, und die Idee eines großen Festes. Die Meditationsidee hat mittlerweile nach dem Schneeballsystem in anderen kleinen Gruppen, in Familien und in einer Schule Fuß gefaßt, weil die Menschen die positiven Auswirkungen in vielen Lebensbereichen spüren: Die Idee wirkt anstekkend. Noch weitere Erfahrungen werden gemacht: Je tiefer die Wirkungen von Meditation, Kontemplation und schöpferischer Vorstellung erlebt werden, desto lebendiger und lebensnäher wird Religion. Viele können in ihrer je eigenen Gemeinschaft engagierter mitarbeiten und auch mit Schwächen der Institution und des »Bodenpersonals« und mit den nicht ausbleibenden Frustrationen mit Hilfe des Gesetzes der Widerstandslosigkeit (→ Kap. 9) besser umgehen. Viele Menschen erfahren die heilende Kraft des Glaubens.

Betrachten wir nun unsere *Hypothesen*, so ist zu sagen: Die Hypothesen 1 a und 2 a treffen nicht zu, da die Zielpersonen (zum Teil) räumlich anwesend sind; über die Hypothesen 1 b und 2 b können keine Aussagen gemacht werden; vorausgesetzt, beobachtbare Veränderungen im Verhalten der Zielpersonen sind vorher überdacht worden, läßt sich zumindest abschätzen, ob Hypothese 3 in die richtige Richtung weist, das heißt, ob die beobachtbaren Ergebnisse im Sinne einer hinreichenden oder einer notwendigen Bedingung (→ Wissenschaft, Teil 1) interpretierbar sind. Eine Klärung der Hypothesen 1–3 ist erst durch eine streng experimentelle Versuchsanordnung, wie sie in Teil C beschrieben wird, möglich.

Teil C:
Zunächst sei ein weiteres Beispiel angeführt.

Beispiel 5: Eine kontemplative Gemeinschaft. Sie ist ohne die gewohnten »aktiven« Tätigkeiten nach außen wie Unterricht, Seelsorge usw. Sie weiß um die bewußtseinserweiternde und heilende Kraft von Gedanken, mag sie diese nun »Gebet«, »Betrachtung«, »Mentales Training« oder noch anders nennen. Meditation und Kontemplation werden in dieser Gemeinschaft seit ihrer Gründung geübt. Hinzu kommt jetzt die schöpferische Vorstellung. Die Klostergemeinde hat von dieser Möglichkeit und den praktischen Wegen zu ihrer Verwirklichung aus der Literatur oder in Exerzitien erfahren. Auf dem Boden ihrer eigenen Tradition entwickelt sie nun die Kunst »wirksamen Betens« (→ Kap. 12) weiter, um in der Region, in der sie lebt, aber auch weltweit zu einer geistigen Erneuerung mit spürbaren Auswirkungen beizutragen. Die neuen Informationen lassen die eigenen Traditionen und Quellen in einem neuen Licht erscheinen. Es wird nun neu entdeckt, daß das streng kontemplative Leben, verglichen mit dem »aktiven« Handeln anderer Gemeinschaften, keineswegs minderwertig ist. »Kontemplieren – und das Geschaute verkünden!«: Unter dem Aspekt der schöpferischen Vorstellung erscheint das kontemplative Leben als ein sehr aktiver und wirksamer Weg der Verkündigung und Weltveränderung. Die Mönche oder Nonnen wissen (wieder), daß sie »Profis« sind. Sie lassen sich vom Gerede anderer, ihr Leben sei nutzlos, da ohne sichtbare Aktivität nach außen, nicht beeindrucken. Der einzige regelmäßige Kontakt mit Menschen, die nicht zur Klostergemeinschaft gehören, besteht in der Teilnahme an den Gottesdiensten in der öffentlich zugänglichen Kirche; außerdem sind ab und zu einzelne Personen für einige Tage zu Gast im Kloster. Die Gemeinschaft hat jedoch eine solche Ausstrahlung, daß sie sich um Nachwuchs keine Sorgen zu machen braucht. Das Durchschnittsalter liegt bei 35 Jahren. Außerdem ist eine Wirkung nach innen im Sinne der Augustinus-Regel deutlich spürbar: »Der erste Grund, weswegen ihr in Einheit zusammen seid, ist, daß ihr einmütig im Hause lebt und daß ihr ein Herz und eine Seele in Gott seid.« Die Klostergemeinschaft visualisiert täglich gezielt bestimmte Veränderungen in ihrer Region. Sie weiß darüber hinaus, daß ihr »Tun« andern Menschen auch in entfernten Gegenden der Welt, die sie nicht kennt und nie kennenlernen wird und die ihrerseits nicht einmal um die Existenz dieser Kontemplativen wissen, Möglichkeiten der Verbesserung ihrer Lebensqualität eröffnet. Die Mönche oder Nonnen betätigen sich nicht sichtbar als »Samariter« (Lk 10,30–37). Sie machen sich auch nicht »Sorge und Unruhe um vieles« wie die »aktive« Martha, weil sie wissen, daß »nur eins notwendig ist« und daß sie »den guten Teil erwählt haben« (Lk 10,38–42). Vielleicht leisten sie mit dieser Lebensform ohne jedes *beobachtbare* »soziale Engagement« der Welt den wertvollsten Dienst, den Menschen ihr leisten können.

Das Beispiel 5 erfüllt die Voraussetzung, die eine *empirische* Überprüfung der Hypothesen 2 a, 2 b und 3 ermöglichen. Als »unabhängige Variable« wirkt eine überschaubare Gruppe »Wirksames Beten« (Hypothese 3); die Zielpersonen sind nicht räumlich anwesend (Hypothese 2 a) und wissen auch nichts von der Aktion der kontemplativen Gemeinschaft (Hypothese 2 b). Sollen die Hypothesen jedoch zusätzlich *experimentell* überprüft werden, so muß als weitere Bedingung eine Versuchsanordnung hinzukommen, die eine statistische Prüfung der Ergebnisse zuläßt (→ Wissenschaft, Teil 4). Die Erfüllung dieser Bedingung liegt wohl kaum im Interesse und in den Möglichkeiten einer kontemplativen Gemeinschaft. Wissenschaftler aus dem Bereich der »Transzendentalen Meditation« haben solche Experimente tatsächlich durchgeführt. Allerdings waren bei einigen dieser Experimente die Meditationsgruppen ohne Wissen der Zielgruppen (Hypothese 2 b) in deren räumlicher Nähe (Hypothese 2 a wurde nicht aufgestellt), was nach der oben (Hören) beschriebenen Theorie nicht notwendig sein dürfte. Über die Ergebnisse wird jetzt berichtet:

Wirkungen:

Sie lassen sich so zusammenfassen: *Ein Wandel unserer Geisteshaltung hat nicht nur Einfluß auf unser eigenes Verhalten und auf diesem Wege mittelbar auch auf das Verhalten anderer Menschen; er kann auch unmittelbar un(ter)bewußte kognitive und emotionale Reaktionsmuster anderer Menschen beeinflussen und damit auch deren praktisches Verhalten ändern, selbst wenn diese Menschen von uns und unseren Gedanken, Gefühlen und Vorstellungen (Hypothese 3) nichts wissen (Hypothesen 1b und 2b) und noch dazu räumlich von uns entfernt sind (Hypothesen 1a und 2a). Die Veränderung geschieht in Richtung verbesserter Kommunikation und Kooperation der Zielpersonen. Wenn eine bestimmte Anzahl von Individuen, eine sogenannte »kritische Masse«, ein bestimmtes Wissen und Verhalten gelernt hat, wird dieses auf uns noch unbekanntem Wege an Individuen gleicher Art auch über weite Entfernungen hinweg vermittelt (Hypothesen 2a und 2b).*

1. Forscher aus dem Bereich der »Transzendentalen Meditation« wollen herausgefunden haben, daß als »kritische Masse« ein Prozent Meditierender dieser Meditationsform in einer Zielpopulation genügt; bei fortgeschrittenen Meditierenden genüge sogar die Wurzel aus einem Prozent, um in der Zielpopulation wirksame Veränderungen herbeizuführen. So soll beispielsweise in USA ein landesweiter Effekt erzielt worden sein, der statistisch signifikant folgende Meßgrößen verändert habe: die Kriminalitätsrate; den Prozentsatz ziviler Streitigkeiten, die vor Gericht kommen; die Rate der Infektionserkrankungen; die Kindersterblichkeit; die Selbstmordrate; den Zigarettenkonsum; den Alkoholkonsum; das Bruttosozialprodukt; die Zahl der Patentanmeldungen; die Zahl verliehener Bildungsgrade; die Scheidungsrate; die Zahl der Verkehrsunfälle[12].

Über Sinn und Unsinn einzelner Größen aus diesem »Index für kollektive Lebensqualität« läßt sich streiten. Es läßt sich auch verschiedener Meinung darüber sein, ob es sich bei diesen Variablen überhaupt um eine Steigerung von »Lebensqualität« handelt. Unterstellt jedoch, daß sich auch nur die *Tendenz* der Ergebnisse solcher Experimente durch andere, nicht der »Transzendentalen Meditation« angehörende Wissenschaftler wiederholen läßt, so ist die Vermutung, daß Gruppen von kontemplativen Menschen die eigentlichen Weltveränderer sind, nicht nur auf dem Hintergrund des Neuen Testaments verstehbar (Hören), sondern auch auf breiter Basis »verifizierbar«, ob uns dies nun paßt oder nicht, ob wir es als Chance oder als Gefahr sehen. Psychologische Gesetzmäßigkeiten, von denen die Bergpredigt sagt, daß »nicht ein einziges Jota oder ein einziges Häkchen vergeht« (→ Kap. 4), würden sich auf überraschende Weise als auf breiter Basis wahr und wirksam erweisen. Die referierten Experimente und ihre Ergebnisse klingen auf den ersten Blick unglaublich. Keinem der Forscher sei bewußte Täuschung unterstellt. Die Original-Unterlagen vermitteln den Eindruck korrekter Arbeit. Wer jedoch als Psychologe die vielen Fallen kennt, die es bei der Planung, Durchführung, statistischen Auswertung und Interpretation der Ergebnisse von Experimenten zu vermeiden gilt, wird vorsichtig sein. Der Einwand, jedes Experiment sei in Planung, Verlauf und Ergebnis auch von der Einstellung der Experimentatoren abhängig, ist richtig, jedoch dürfte er hier nicht stechen, geht es doch gerade um den Nachweis, daß nicht-materielle subjektive Informations-Quellen, nämlich das *Bewußtsein* der »Sender«-Gruppe, durch gezielten Einsatz auch ohne (uns bis jetzt bekannte) physikalische Informationsträger Veränderungen hervorrufen können. Es wäre sicher falsch, anzunehmen, Meditierende könnten zum Beispiel die Verbrechensrate in einem Stadtteil direkt beeinflussen; *wenn* dieses Ergebnis eintritt, dann auf dem Wege einer Veränderung im Bewußtsein der »Empfänger-« oder Ziel-Gruppe. Auf dem Hintergrund biblischer und naturwissenschaftlicher Aussagen, wie sie oben (Hören) skizziert wurden, liegen die Ergebnisse der Experimente durchaus im Bereich der Wahrscheinlichkeit. Sie lassen die Hypothesen 2a, 2b und 3 als so begründet erscheinen, daß weitere Experimente sinnvoll und notwendig erscheinen.

2. Verschiedene Einwände gegen den Inhalt dieses Kapitels werden immer wieder vorgebracht: Die Beispiele der Phase 5 seien »blauäugig«. Modelle müssen klare Strukturen zeigen. Dies ist nur möglich, wenn von einigen situativen Bedingungen abstrahiert wird. Das ist ein Grund, warum modellhafte Beispiele sich nie genau in der beschriebenen Form verwirklichen lassen. Keine Gruppe von Menschen läßt sich völlig mit einer anderen vergleichen: Die Motivation ist von Faktoren abhängig, die zum Teil nicht im vorhinein abschätzbar, geschweige denn völlig vergleichbar sind (→ Wissenschaft, Teil 3 »Feld-Untersuchungen«); Institutionen können das Gruppen-Ziel unterstützen oder zu blockieren versuchen usw. Die Beispiele 1 bis 5 sind nicht als Rezepte zu verstehen. Sie können Interessierte anregen, unter ihren jeweiligen Bedingungen und Voraussetzungen eigene Möglichkeiten zu entwickeln. Das Ganze sei »apolitisch«, wird eingewandt. Der Leser wird sich auch zu diesem Argument eine eigene Meinung bilden. Der Versuch von Einstellungs- und Verhaltensänderungen auf dem beschriebenen Wege verstoße gegen Freiheit und Selbstbestimmungsrecht. Die aufgezeigte Methode bedeute eine ungeheure Gefahr, da sie eine fast

unbegrenzte Manipulierbarkeit im großen Maßstab ermögliche. Wenn unser Denken, Fühlen und Vorstellen auf jeden Fall, ob wir es wissen und wollen oder nicht, andere Menschen beeinflußt, auch wenn diese davon nichts wissen und sogar räumlich weit entfernt sind (siehe oben), ist »Freiheit« sowieso eine relative Größe im Sinne des Ausspruchs von Mephisto (im Faust): »Du glaubst zu schieben, und du wirst geschoben!« Ist es unter dieser Voraussetzung nicht begrüßenswert, sich diese psychologischen Mechanismen bewußt zu machen? Dann besteht wenigstens die *Möglichkeit*, sie zum Guten einzusetzen. Wer um das Gesetz des Ausgleichs (→ Kap. 23) weiß, wird sich schon im *eigenen* Interesse hüten, sie zum Schaden anderer zu mißbrauchen. Das Wissen um Gebrauch und Mißbrauch kann uns und andere immun machen: Es gilt, diese Dinge auf breiter Basis publik zu machen.

Fazit:
Immer wieder haben Menschen versucht, den »Himmel auf Erden« zu verwirklichen. Die Bergpredigt sagt von Menschen, die der »Kraft aus der Höhe« teilhaftig werden und die »Geheimnisse des Gottesreiches« verstehen, sie *seien* das »Salz der *Erde*« und das »Licht der *Welt*«. Vielleicht kommen wir so dem Ziel näher, das der Autor des letzten Buches des Neuen Testaments »sieht«: einem *neuen* Himmel und einer *neuen* Erde!

IX. Abschied

»Laß' die Toten ihre Toten begraben; du aber geh' hin und verkünde das Reich Gottes! …Niemand, der seine Hand an den Pflug legt und zurückschaut auf das, was hinter ihm liegt, ist tauglich für das Reich Gottes!« (Lk 9,57–62)

38. »Ver-Selbst-ständigung« oder »Emanzipation«?

Aus ängstlichen, immer wieder versagenden Schülern wurden am ersten Pfingst-Fest *selbst*-bewußte Zeugen (A 2,1ff.). Um selbst Meister werden zu können (Lk 6,39f.), hatten sie vorher von ihrem Meister Jesus, »des Zimmermanns Sohn und seiner Mutter Maria« (Mt 13,55), Abschied nehmen müssen. Er hatte ihnen vor seiner Kreuzigung gesagt (Jh 16,7): »Es ist gut für euch, daß ich hinweggehe; denn gehe ich nicht hinweg, wird der Beistand nicht zu euch kommen. Wenn ich aber hinweggehe, werde ich ihn zu euch senden.« Sie waren »ausgerüstet mit Kraft aus der Höhe« (Lk 24,49; A 1,8), be-Geist-ert, *selbst*-ständig zu werden. Wie Jesus es ihnen vorausgesagt hatte (Jh 14,12), vollbrachten sie nun selbst die Taten (A 2,43), die vor ihnen ihr Meister getan hatte, und betonten dabei (A 3,16): »Der durch ihn wirksame *Glaube* gab ihm die volle Gesundheit vor aller Augen!« War dies alles nur eine Angelegenheit, die sich vor 2000 Jahren abspielte? Was geht sie dann *uns* an? Oder wird hier, in das Gewand einer Erzählung gekleidet, eine Erfahrung beschrieben, die *jeder* Mensch machen kann: be-Geist-ert und sich so seines Kerns, seines *Selbst*, bewußt, also *Selbst*-bewußt zu werden? Wer um die Tatsache weiß, daß unser Gehirn der Information, die unsere Sinne uns liefern, unser ganzes Wissen über den Gegenstand unserer → Wahrnehmung hinzufügt, und daß dieser konstruktive Prozeß, der alle davor liegenden Erfahrungen einschließt, unwillkürlich und automatisch abläuft (Kline 1989), der wird einerseits Wert darauf legen, seine vorbewußten Postulate und unbewußten Abwehrmechanismen kennenzulernen, und andererseits wird er nach zusätzlichen, erfahrungsunabhängigen Erkenntnis-Quellen, wie die Bergpredigt und andere heilige Schriften der Menschheit sie anbieten, suchen. Je mehr uns in Meditation und Kontemplation die »Kraft aus der Höhe« bewußt und erfahrbar wird und je mehr wir mit Hilfe der Schöpferischen Vorstellung die Erfahrung machen, daß sich die in der Bergpredigt enthaltenen psychologischen Gesetzmäßigkeiten anwenden lassen und »vor aller Augen« zu konkreten Ergebnissen in allen Lebensbereichen führen, desto mehr werden auch wir *selbst*-ständig. Das heißt, wer heute die Lehre der Bergpredigt »hört und tut«, weiß: Wir sind nicht festgelegt auf unsere Vergangenheit, auf frühkindliche Erlebnisse, ebensowenig auf Sünde und Schuld in diesem Leben, geschweige denn in vermeintlichen oder tatsächlichen früheren »Inkarnationen«. Wer auf das »zurückschaut, was hinter ihm liegt, taugt nicht für das Reich Gottes!« Wir sind weder auf kulturpessimistische Denkmodelle[1] noch auf eine konfliktscheue Lebensgestaltung festgelegt. Wir können uns befreien vom Kollektiv- oder Durchschnitts-Bewußtsein, von dem, was »man/frau« denkt, sagt oder tut, ebenso von unseren eigenen vorbewußten Postulaten[2] und un(ter)bewußten Abwehrmechanismen, die unser Denken, Fühlen und Handeln mitbestimmen. Ver-*selbst*-ständigung ist auch möglich in bezug auf religiöse und nichtreligiöse Institutionen, Interessen- und Standesvertretungen. Der Schüler der Bergpredigt, der sich als Kind seines »Vaters im Himmel« erfährt, braucht keine Vaterfiguren mehr, die ihm sagen, was er zu tun oder zu lassen hat, oder die ihm den Stallgeruch emotionaler Sicherheit und Geborgenheit unter der Bedingung anbieten, daß er sich an die jeweiligen Gruppennormen hält. Er kann innerlich Abschied nehmen von Gesetzen, die von Menschen gemacht sind (Mt 12,8; Mk 2,27; G 3,23 f.). So kann er sich von über-flüssigen Traditionen frei machen und sich in seiner jeweiligen Gemeinschaft engagieren, aber als freier Mensch (2 K 3,17; G 3,28; 4,31; J 1,25), der um den *Kern* von Religion in der eigenen und in anderen Gemeinschaften weiß. Er kann sich beispielsweise in der Liturgie seiner eigenen Kirche, Konfession oder Religion zu Hause fühlen, gleichzeitig aber an Gottesdiensten anderer voll teilnehmen; »Interkommunion« ist für ihn kein Problem, und er läßt sie sich auch nicht von Autoritäten erlauben oder verbieten. Es gilt nicht mehr das Verhältnis von (Ober-)Hirten (= Amtsträger) zu Schafen (= Laien) (Mt 23,8). Er braucht auch keine Propheten mehr: Sie können ihm nichts Wesentliches mehr offenbaren, da er ja auch selbst die Prophetengabe besitzt (Jh 6,45; Is 54,13). Das schließt ein Beachten von Regeln des Zusammenlebens und ein Akzeptieren von Autorität durchaus ein, solange diese ihre Dienstfunktion (nicht nur verbal!) darin sieht, ihre Brüder und Schwestern im Glauben zu stärken und ihnen Freiheit zu ermöglichen (Lk 22,32). Auch wenn zuweilen der Eindruck entsteht, daß die Verfassung und die Mentalität religiöser Institutionen dem ähnelt, was jeder in jedem guten Lehrbuch der Sozialpsychologie über »weltliche« Institutionen nachlesen kann – was meint, daß diese Institutionen sich »die Art dieser Welt zu eigen gemacht haben« (R 12,2) –, so nützt weder eine Einstellung oder ein Verhalten nach dem Motto »Auge um Auge, Zahn um Zahn«, denn das provoziert nur Gegenreaktionen und schadet beiden Parteien (→ Kap. 5, 9 und 10), noch kritiklose Anpassung »um des heiligen Gehorsams willen«, denn das verstärkt das Beharrungsvermögen von Institutionen und Amtsträgern. Klüger ist es, aus Einsicht in das Gesetz der täuschenden Wahrnehmung und der Projektion (→ Kap. 24) zu überlegen, wie die Gesetze des Umdenkens und der Widerstandslosigkeit und die Goldene Regel im konkreten Fall anzuwenden sind. Weil der »Meister« Dogmen auf der seelischen und geistigen Ebene verstehen kann, sind sie für ihn kein Hindernis der Verständigung mehr, sondern bereichernd. Lehrzuchtverfahren oder andere Disziplinar-Maßnahmen sind in dieser Hinsicht für ihn gleich-(un-)gültig. Der Schüler der Bergpredigt kann auch in anderen religiösen Gemeinschaften mitarbeiten, weil er dort Gleichgesinnte treffen kann, die wie er um den gemeinsamen *Kern* wissen.

Dies alles gilt nicht nur für Christen. Die Bergpredigt bietet Ver-*Selbst*-ständigung – in diesem Begriff ist auch »Verständigung« enthalten! – und damit »Emanzipation« im Sinne eines »Pfingst-Erlebnisses« allen Menschen unabhängig von ihrer Zugehörigkeit zu einer bestimmten Religion, Rasse, Kultur, politischen Überzeugung, Alter und Geschlecht an. »Mystiker« gab und gibt es in allen Religionen und außerhalb von ihnen. Sie wurden und werden von religiösen Institutionen manchmal als Bedrohung empfunden und, wo die Institution die Macht hat(te), zuweilen auf den Scheiterhaufen geschickt. Sie galten bei den »Recht-Gläubigen« (»Orthodoxe«) schon immer als »ver-rückt«, als nicht normal, weil sie nicht dem Durchschnitt entsprachen. Inquisition und Hexenverfolgung gab es nicht nur im Christentum und nicht nur im Mittelalter. Einige Mystiker und »Ketzer« wurden posthum als Heilige kanonisiert oder rehabilitiert. Wären Religionen nicht glaubwürdiger, wenn sie solche Menschen zu deren Lebzeiten als Bereicherung empfinden würden?

39. Abschied von der »Religion des Buches«

Ein weiterer Schritt des Abschiednehmens ist möglich und zur vollen Ent-Wicklung des *Selbst* auch notwendig: der Abschied vom Buchstaben heiliger Schriften und schließlich von diesen selbst. »Es ist ein weitverbreitetes Übel, die heiligen Schriften zum Gegenstand äußerer Verehrung zu machen, statt ihren Inhalt zu befolgen... Dies geht natürlich zu Lasten ihrer Botschaft, die immer mehr in Vergessenheit gerät« (Divyanand 1987).

Jesus sagt zu Nikodemus ausdrücklich, daß wir »neu geboren werden müssen aus Wasser und Geist« und daß »der Geist weht, wo er will« (Jh 3,5). »Der Buchstabe tötet, der Geist aber macht lebendig«, schreibt Paulus (2 K 3,6). Jede Auslegung heiliger Schriften, auf welcher Ebene auch immer sie erfolgt, unterliegt unserer selektiven Wahrnehmung und trägt daher die Gefahr der Rechthaberei, der Intoleranz und der Spaltung in sich[1]. Dies hat die Geschichte der Religionen zur Genüge gezeigt. Die Religion der Bergpredigt ist daher keine Religion des Buches. Heilige Schriften können Impulse zum Umdenken geben. Als »konditionierte Stimuli« erwecken sie auch Gefühle der Ehrfurcht, der Geborgenheit. Für den »Meister« (Lk 6,39f.) sind sie überflüssig (redundant) geworden.

40. »Und der Tod wird nicht mehr sein!«
(O 21,4)

Handelt es sich bei den in diesem Buch vorgeschlagenen Wegen, vor allem aber im Kapitel 37, um (Selbst-)Erlösungsträume, Allmachtsphantasien oder Omnipotenzgefühle, wie Theologen und Psychologen sagen mögen? Wenn die empirische Überprüfung zeigt, daß auf diese Weise Potentiale praktisch aktivierbar sind, ist das nicht wenig. Die Frage bleibt jedoch auch dann: »Quid hoc ad aeternitatem – Was nützt das für die Ewigkeit?« Was bleibt nach unserem Sterben? Nehmen wir etwas mit? Und was ist mit dem »ewigen Leben« und einem »Leben nach dem Tode«? Im Johannes-Evangelium wird ausdrücklich gesagt (Jh 6,47): »Wer glaubt, *hat* ewiges Leben.« Die Geheime Offenbarung meint (O 21.4): »Und der Tod wird nicht mehr sein.« Danach wäre ewiges Leben uns *jetzt* eigen. Unser Sterben wäre ein Abschied von unserem Körper, nicht aber ein endgültiges Verlöschen unserer Existenz.

Auch Nah-Tod-Erlebnisse, ähnliche Erfahrungen in der Meditation und *Ich-Bin*-Erfahrungen in der Kontemplation mögen darauf hindeuten, daß es einen Tod im Sinne des völligen Verlöschens menschlicher Existenz nicht gibt, es sei denn, es ließe sich nachweisen, daß solche Phänomene auf eine vermehrte Endorphinausschüttung und – in Meditation, Kontemplation und Sterbevorgang gleichermaßen – auf Sauerstoffmangel im Gehirn zurückzuführen sind; daß Lichterlebnisse und Tunnel-Erfahrungen das Resultat optischer Täuschungen oder eine Täuschung des Zentralnervensystems sind, die einen Lichteffekt auf der Netzhaut hervorrufen[1]. Wie, wenn auch der »Lebensfilm«, der im Neuen Testament unter dem Bild des Weltenrichters auftaucht (Mt 25,31–46), nur die Erkenntnis des Gesetzes des Ausgleichs (→ Kap. 23) in *diesem* Leben beschriebe und keineswegs etwas mit einem wie immer gearteten »Jenseits« zu tun hätte? Wenn die meta-physische Deutung solcher in allen Kulturen von religiösen und nichtreligiösen Menschen beschriebenen Phänomene, psychologisch formuliert, eine Rationalisierung wäre, die unsere Angst vor dem Erlöschen unserer Existenz kaschieren soll? Wenn also Erleuchtungserlebnisse, Visionen und Stimmen, die – zugegebenermaßen – das Leben von Menschen grundlegend verändern können, gegen alle Ideologien immunisieren und die »Erleuchteten« lächeln lassen, selbst eine Ideologie wären? Dann gälte es, von all diesen Illusionen[2] Abschied zu nehmen: »Ent-Täuschung ist besser als Täuschung!«

Alle großen Seher und Religionsstifter haben vor einer Überbewertung solch außergewöhnlicher Erlebnisse gewarnt (→ Kap. 29). Ob im Sterben nicht nur unsere irdische Existenz endet, sondern auch unser Bewußtsein erlischt, ob es also einen Tod gibt, oder ob »das Leben uns nicht genommen, sondern verwandelt wird«, wie die römische Liturgie sagt, ob es also keinen Tod, sondern »nur« ein Sterben gibt, das die nächste Stufe unseres Lebens einleitet: Diese Frage läßt die Bergpredigt offen. Wenn wir in ihrem Sinne das, was »tot« ist, den »Toten« überlassen, das heißt, wenn wir nicht mehr »zurückschauen auf das, was hinter uns liegt«, haben wir wirklich Abschied genommen und sind auf dem »schmalen Weg« zum »engen Tor«: zum eigenen Pfingst-Erleben.

Anhang

A Glossar

»Diskussion ist die Kunst, wohlüberlegt aneinander vorbei zu reden« (Claire Boothe-Luce). Dieses Bonmot der ehemaligen US-Botschafterin bei den Vereinten Nationen trifft den Nagel auf den Kopf, zumal der lateinische Ursprung »dis-cutio«, wörtlich übersetzt, »Ich schlage entzwei« bedeutet. Um zu versuchen, wenigstens einigen vermeidbaren Mißverständnissen vorzubeugen, wird in diesem Glossar skizziert, in welchem Sinn die folgenden Begriffe in diesem Buch verwandt werden und von welchen Voraussetzungen die vorliegende Interpretation der Bergpredigt ausgeht:

1. Bewußtsein (Wachbewußtsein – Unterbewußtsein – Unbewußtes / Nicht-Bewußtes)
2. Ebenen der Schriftauslegung
3. Glauben
4. Psychologie
5. Psychosomatik
6. Psychotherapie
7. Religion
8. Wahrnehmung
9. Wissenschaft

1. Bewußtsein

Der Sammelbegriff »Bewußtsein« beinhaltet in diesem Buch drei Aspekte: das Wachbewußtsein, das Unterbewußtsein und das Unbewußte bzw. Nichtbewußte. Schlaf und Traum sind weitere Bewußtseinszustände.

a) Wachbewußtsein. Unsere Sinne sind die Kanäle, durch die Informationen aus unserer Umwelt und aus unserer Innenwelt in unser Großhirn gelangen und dort wahrgenommen werden. Was wir im wachbewußten »Normal«-Zustand registrieren, das heißt, wenn wir nicht schlafen, träumen, in Trance oder in einem anderweitig veränderten Bewußtseinszustand (→ Unbewußtes) sind, unterliegt den Gesetzen der selektiven → Wahrnehmung. Unser Verhalten wird lediglich bis zu 15 Prozent von unserem individuellen Wachbewußtsein gesteuert. Durch Fixierung auf diese Bewußtseinsebene werden andere Informationskanäle geradezu verstopft. Zu unterscheiden ist das *individuelle Wachbewußtsein*, dessen Wirkweise aus unserer individuellen Lebensgeschichte resultiert, vom *Kollektivbewußtsein*, dessen Quellen die Kultur, die Religion usw., in der ein Mensch aufgewachsen ist, sind. Die Inhalte unseres Kollektiv-Bewußtseins sind als »Selbstverständlichkeiten«, die »frau« oder »man« unreflektiert übernommen hat, meist vorbewußt und steuern daher um so wirksamer unser Denken, Fühlen und Verhalten. Die *Bergpredigt* warnt massiv vor der selbstverständlichen Übernahme kollektiver Bewußtseinsmuster (→ Kapitel 5–10). Paulus charakterisiert das Kollektivbewußtsein im Römerbrief (12,2) als »die Art dieser Welt«, der wir uns nicht anpassen sollen, und stellt ihr ein »neues Denken« gegenüber (→ Glauben).

Fazit:

Wer in der Religion, in der Psychologie, in der Psychotherapie, in seinen Beziehungen zu anderen Menschen, im Berufsleben, im Management usw. lediglich auf der wachbewußten Ebene arbeitet, bleibt bei noch so ausgefeilten und / oder verständlichen Methoden an das gebunden, was er in seiner individuellen und kollektiven Biographie gelernt hat. Daher kann er prinzipiell immer nur Lösungen auf der gleichen Ebene (»Lösungen 1. Ordnung« nach dem Konzept »mehr desselben«, wie Watzlawick sagt) finden. Damit begrenzt er sich selbst auf die Nutzung von 10 bis 15 Prozent seines »quantitativen« Potentials.

b) Unterbewußtsein. In unserem »Archiv Unterbewußtsein« sind Erfahrungen aus unserer individuellen und kollektiven Biographie gespeichert, die a) *zur Zeit unterhalb unserer wach- oder vorbewußten Wahrnehmungsschwelle* liegen, die aber b) nichtsdestoweniger unser Denken, Fühlen und Verhalten auf allen Ebenen mitbestimmen (zu 85 bis 90 Prozent), und die c) uns zuweilen in Form von plötzlichen Erinnerungen, von kreativen Einfällen, von Versprechern oder als Träume verschlüsselt oder unverschlüsselt bewußt werden. Die Funktionsweise unseres Unterbewußtseins unterscheidet sich von der unseres Wachbewußtseins dadurch, daß es *primär »psycho-logisch«* und nicht »logisch« arbeitet. In ihm gelten außer der uns vertrauten, sehr wertvollen »Aristotelischen Logik« auch Gesetze der »paradoxen Logik« (→ Wissenschaft).

Die Deutung der Funktionsweisen des Unterbewußtseins, seine Diagnostik und die Methoden, die jemand anwendet, um praktischen Nutzen aus diesen Erkenntnissen zu ziehen, hängen von der individuellen und kollektiven Lebensgeschichte des Interpreten, von seiner psychologischen »Schule«, seiner Weltanschauung, seiner Lebensphilosophie und seiner Religion ab. Auch im Bereich des Unterbewußtseins ist dessen *individueller Aspekt* von seinem *kollektiven Aspekt* zu unterscheiden. Der Weg, auf dem Gedanken und Vorstellungen in unser individuelles Unterbewußtsein »eingespeichert« werden, ist in Kapitel 36 beschrieben. Das Markus-Evangelium veranschaulicht die *Wirkweise unseres Unterbewußtseins* in einem Gleichnis (Mk 4,26–29): »Mit dem Reich Gottes ist es so wie bei einem Mann, der den Samen in die Erde streut. Er schläft, er steht auf, es wird Tag, es wird Nacht; der Same sproßt und wächst, ohne daß er es wahrnimmt. Von selbst trägt die Erde Frucht: zuerst den Halm, dann die Ähre, dann volles Korn in der Ähre. Und wenn die Frucht es zuläßt, legt er alsbald die Sichel an, denn die Ernte ist da.« Die Symbolik ist deutlich:

Der *Same* sind unsere individuellen und kollektiven wach- und vorbewußten Über-Zeugungen (→ Glaube): Herz, Seele, Denken, Fühlen und Vorstellungen mit all ihren Facetten. Er muß *in die Erde* gelangen: Sie symbolisiert unser Unterbewußtsein. Dort, im Verborgenen und Dunkeln, wächst der Same zunächst so, daß wir es nicht wahrnehmen. Wer diese Gesetzmäßigkeiten verstanden hat, kann selbst den »Samen« ausstreuen und wird erleben, wie er »vor aller Augen« (→ Kap. 11, 12, 21) »Frucht« bringt (→ Kap. 29). Welcher Art die *Ernte* ist, hängt von zwei Bedingungen ab: *von der Art des Samens*: Je mehr er den Charakteristiken entspricht, die das Neue Testament nennt, desto reicher wird die Ernte sein. *Von der Beschaffenheit der Erde:* Es kommt darauf an, ob unsere Tiefenschicht aufnahmefähig ist, oder ob und inwieweit sie zum Beispiel durch Abwehrmechanismen oder durch unsere routinemäßige selektive → Wahrnehmung »zu« oder »hart« ist, so daß der Same an der Oberfläche bleibt und keine Wurzel schlagen kann (Mt 13,1–8.18–23). Die Bergpredigt nennt uns *konkrete Wege, wie wir die »Erde« aufnahmebereit machen können* (→ Kap. 32–35). Das Gleichnis zeigt noch andere Merkmale, wie unser Unterbewußtsein arbeitet: *»Es wird Tag, es wird Nacht…«*: Bis zur Erfahrung der Wirkungen vergeht Zeit; *»ohne daß er es wahrnimmt«*: Die Arbeitweise un(ter)bewußter Mechanismen spielt sich unterhalb unserer Wahrnehmungsschwelle ab; *»von selbst trägt die Erde Frucht«*: Sind unsere Überzeugungen erst einmal in unsere Tiefenschichten »eingesät«, so brauchen wir nichts mehr zu tun; wir können in Ruhe abwarten. (Zum *kollektiven Aspekt* des Unterbewußtseins: → Ebenen der Schriftauslegung: Die seelische Ebene. Er ist ein An-Teil der im nächsten Abschnitt erwähnten »kollektiven Datenbank«).

Fazit: Wer zusätzlich zur wachbewußten auf der unterbewußten Ebene arbeitet, dem erschließt sich ein neues Potential, das quantitativ 85 bis 90 Prozent unserer Möglichkeiten ausmacht: eine faszinierende Perspektive! Lösungen und Ergebnisse auf dieser Ebene bleiben jedoch immer noch von den Erfahrungen abhängig, die ein Mensch in seiner individuellen Geschichte oder die die Menschheit insgesamt gemacht haben. Es besteht sogar die Gefahr, daß jemand immer wieder die gleichen Denk-, Gefühls- oder Verhaltensmuster reproduziert, wenn er die Wirkweise des Unterbewußtseins und / oder seine Steuerungsmöglichkeiten nicht versteht oder nicht in die Praxis umsetzen kann. Erst ein *qualitativer* Sprung befreit uns von diesen Begrenzungen.

c) Das Unbewußte oder das nicht Bewußte. In diesem Buch werden das Wachbewußtsein und das Unterbewußtsein [*1] als An-Teile, oder, besser gesagt, als winzige Ausschnitte eines *Ganzen*, eines *umfassenden, universellen Bewußtseins* verstanden (→ Religion). Die Existenz und das Wesen dieses Ganzen ist uns im wachbewußten Zustand aufgrund unserer selektiven → Wahrnehmung bestenfalls schemenhaft [2], meist jedoch *nicht bewußt.* In einem veränderten meditativen oder kontemplativen Bewußtseinszustand können uns jedoch Aspekte dieses universellen Bewußtseins erfahrbar werden (→ Kap. 34,35). Untersuchungen im Bereich der »Transpersonalen Psychologie« (Walsh 1985), vor allem jedoch die Erfahrungen einer großen Zahl von Meditierenden und Kontemplierenden in allen Religionen und Kulturen, auch außerhalb organisierter religiöser Institutionen, belegen dies. Naturwissenschaftliche Forschungsergebnisse und Theorien der letzten 30 bis 40 Jahre weisen erstaunliche Analogien auf. Es dürfte eine »kollektive Datenbank« geben, die gleichsam der »unpersönliche« oder Energie-Aspekt des universellen Bewußtseins ist. Dieser Energie-Aspekt wird in der Bibel unter den Begriffen »Licht«, »Kraft« und »Macht« beschrieben (→ z. B. Mt 5,14). Freud spricht vom »Menschheitsgedächtnis«, Jung vom »Kollektiven Unbewußten«. Das Unbewußte oder nicht Bewußte (aus *unserer* Perspektive »unbewußt« oder »nicht bewußt«, nicht aus der Perspektive des »Ganzen«!) wird in diesem Buch nicht als im genetischen Code gespeichert gedacht, sondern – etwa im Sinne Sheldrakes (1983) – als in einem Feld angesiedelt, das jenseits aller materiellen Strukturen liegt. Die Auswirkungen dieser uns meist nicht bewußten »Kraft« wird nicht nur von Meditierenden und Kontemplierenden, sondern in einer analogen Sprache auch von Naturwissenschaftlern beschrieben (→ Kapitel 36 und 37).

---

* Anmerkungen am Ende jedes Abschnitts des Glossars

Alle großen religiösen Systeme bieten verschlüsselt *Hypothesen* an, die auf einer »Ebene höherer Ordnung« (Watzlawick) angesiedelt sind, ebenso *Wege zur empirischen Überprüfung dieser Hypothesen*; so auch das Neue Testament. Speziell die Bergpredigt fordert zu einer Überprüfung ihrer Hypothesen auf (→ Kap. 29). Sie fordert keinen blinden Glauben, sondern das, was von jedem Wissenschaftler erwartet wird: daß er neue und ungewohnte Denkansätze nicht ohne Überprüfung nur deshalb als »Unsinn« usw. in den Papierkorb wirft, weil sie nicht in sein bisheriges »Paradigma«, in seine Denkgewohnheit, passen. Ohne einen solchen vernünftigen »Glauben«, der auch Ungewohntem eine Chance gibt, wäre jeder Fortschritt – auf welchem Gebiet und wie auch immer geartet – unmöglich.

Der *Bewußtseinsaspekt des Ganzen*, der uns im gewöhnlichen Wachbewußtsein nicht zugänglich ist, wird im Neuen Testament »*Heiliger Geist*« genannt. Wie dieser »Geist« einer Gruppe von Menschen, die sich in einem meditativen und / oder kontemplativen Bewußtseinszustand befinden, sich auf diese Gruppe selbst und auf andere Menschen auswirkt und unter welchen Voraussetzungen er sich manifestiert, wird in den beiden ersten Kapiteln der Apostelgeschichte beschrieben. Die praktische Anwendung, die jedem Menschen heute wie zur Zeit der Apostel möglich ist, wird im Kapitel 37 aufgezeigt. Das Alte und das Neue Testament kennen den *Traum* als Informationsform, durch die der »Geist«, dessen An-Teil wir ja sind, zu einzelnen Menschen spricht. Im Traum ist unser normales Wachbewußtsein fast völlig ausgeschaltet. Unterstellt, daß unser Unterbewußtsein eine »Teil-Menge« der universellen Datenbank »Unbewußtes« ist, so steht uns im Traum eine Informationsquelle zur Verfügung, deren Funktionsweise S. Freud und C. G. Jung teilweise wiederentdeckten und die durch die neuere Traumforschung weiter erhellt wird.

Versteht jemand die Bild- und Symbolsprache der Bibel, so wird deutlich, daß die in ihr geschilderten Träume Eigenschaften beschreiben, die *jedem* Menschen – damals wie heute – zukommen. *Jede Figur in unseren Träumen*, zeige sie sich in menschlicher oder nichtmenschlicher Gestalt, *stellt einen Aspekt unserer eigenen Persönlichkeit dar*. In unseren Träumen werden uns sogar Problemlösungen gegeben, derentwegen wir uns im Wachbewußtsein vergebens den Kopf zerbrechen, die wir jedoch mittels Schöpferischer Vorstellung (→ Kap. 36) induzieren können. Es ist uns möglich, aus einer Quelle zu schöpfen, die unerschöpflich ist. Ob sich aus dieser Quelle auch Phänomene der sogenannten »außersinnlichen Wahrnehmung« verstehen lassen, mag offen bleiben. Sicher werden spontane Einfälle und Kreativität aus dieser

Quelle – und nicht nur aus unserem begrenzten individuellen Unterbewußtsein – gespeist (→ Kap. 34 »Was bewirkt Meditation«?).

Fazit: Erst die Öffnung unserer Wahrnehmung für das »Unbewußte«, das, da raum- und zeitunabhängig, nicht mehr von unserer individuellen oder kollektiven Biographie begrenzt wird (vgl. »Glauben«), eröffnet uns Grund-Sätz-lich neue und erweiterte Möglichkeiten des Denkens, Fühlens und Verhaltens auf allen Ebenen des Menschseins (Körper, Seele, Geist, Beziehungen, berufliches Handeln, materielle Versorgung) im individuellen, sozialen, soziologischen und weltweiten Maßstab.

Anmerkungen:

1 Da das individuelle und das kollektive Unterbewußtsein in diesem Buch als An-Teile des Unbewußten oder nicht Bewußten aufgefaßt werden, wird im Text öfters die Schreibweise »un(ter)bewußt« verwendet.

2 Paulus schreibt: »Jetzt schauen wir wie durch einen Spiegel im unklaren Bild, dann aber von Angesicht zu Angesicht. Jetzt erkenne ich stückweise; dann aber werde ich erkennen, so wie auch ich erkannt bin« (1 K 13,12).

2. Ebenen der Schriftauslegung:

»Der Buchstabe tötet, der Geist aber macht lebendig« (2 K 3,6). Analog der alten Ein-Teilung (*Eines* wird in verschiedene Aspekte *geteilt!*) »*Körper – Seele – Geist*« werden in diesem Buch drei Ebenen unterschieden:

1. Die »körperliche Ebene« heiliger Schriften

Unter diesem Aspekt wird nach der »historischen Wahrheit« bzw. dem »historischen Kern«, gleichsam dem materiellen Hintergrund, gefragt. Folgende Fragestellungen sind geläufig: a) Hat der Stifter dieser Religion wirklich gelebt, oder b) nicht? a) Hat er bestimmte Aussprüche selbst getan, oder b) wurden sie ihm »nur in den Mund gelegt«? Wenn b) zutrifft: Ist der betreffende Text oder Ausspruch wenigstens im *Sinne* des Stifters wiedergegeben, oder weicht er davon ab? Aus welchen *Quellen* wurde der Text redigiert? a) Wurde ein Text, zum Beispiel ein Brief des Neuen Testaments, wirklich von dem behaupteten Verfasser geschrieben, oder b) wurde dessen Autorenschaft nur deswegen behauptet, weil sein Name Autorität ausstrahlt? a) Sind berichtete Ereignisse wirklich so geschehen (z. B. Wunder) oder b) nicht? Die Fragen lassen sich fortsetzen. Je nach theologischer und konfessioneller Herkunft neigen die Fragesteller zu unterschiedlichen Lösungsversuchen, die sich zum Teil gegenseitig ausschließen:

»*Fundamentalisten*« werden eher die unter a) genannten Alternativen verteidigen und die unter b) aufgeführten als Angriff auf die »reine Lehre« zurückweisen. »*Aufgeklärte*« *Menschen* neigen eher dazu, die Widersprüche in den betreffenden Texten (z. B. zwischen den vier Evangelien) aufzuzeigen und, da diese auf der »historischen Ebene« nicht auflösbar sind, alle Texte als »unwahr« oder als Ergebnis einer »kollektiven Neurose« abzuqualifizieren. Ein bekannter »Rettungsversuch« besteht dann darin, Texte zu »entmythologisieren«, indem man z. B. die Wunderberichte des Neuen Testaments als »Mythen« betrachtet, die niemals so geschehen sind, die jedoch »trotzdem« einen Wahrheitskern enthalten. Darüber, was denn dieser »Wahrheitskern« sei und was er für unser Leben konkret bedeutet, streiten sich die Gelehrten. Allen diesen Versuchen eignet – mehr oder minder – die Tendenz, mit Hilfe der »linken Hirnhälfte«, das heißt, »logisch« und → »wissenschaftlich« zu argumentieren. Da hierbei jedoch vorbewußte Postulate (→ Psychologie) und nicht-bewußte Abwehrmechanismen (→ Bewußtsein) eine wichtige Rolle spielen, ähneln Diskussionen (»discutio = ich schlage auseinander«!) auf dieser Ebene selbst bei bestem Willen oft »der Kunst, gezielt aneinander vorbeizureden« (Claire Boothe-Luce). Die geschichtliche Erfahrung in allen Religionen zeigt, daß die »körperliche« Ebene der Interpretation zur Spaltung in zahlreiche Gruppen (im christlichen Bereich: Kirchen, Konfessionen und Sekten) und zur Verteidigung und Zementierung historisch gewordener Formen bis hin zu Religionskriegen führt. Jede Gruppe behauptet dabei mit unterschiedlicher Betonung, sie sei im Besitz der »Wahrheit«.

2. Die »seelische Ebene« heiliger Schriften
Unter diesem Aspekt wird nach der psychischen Bedeutung eines Textes, seiner Möglichkeiten und Auswirkungen für das Leben einzelner Menschen, ganzer Gruppen, ja der gesamten Menschheit gefragt. Es ist auf *dieser* Ebene nicht gleichgültig, in welcher *Sprache* ein Text geschrieben oder aus welcher Sprache er in welche andere übersetzt wird. Worte und Begriffe sind keine leeren Hülsen. In jeder Sprache gibt es »termini technici« (Fachausdrücke), die in unterschiedlichen Sprachen unterschiedliche Nuancen zum Ausdruck bringen. Dies heißt nun nicht etwa, daß bei jeder Übersetzung etwas vom ursprünglichen Gehalt verloren geht, was zwar bedauerlich, aber unvermeidbar ist[1]. Im Gegenteil: Übersetzungen können uns bereichern, da sie ein zusätzliches Verstehen der »ursprünglichen« Botschaft durch eine andere Kultur ermöglichen. Dies trifft auch für das Neue Testament und in ihm für die Bergpredigt zu. Die griechische Übersetzung der ursprüng-

lich wohl aramäischen oder hebräischen Texte verrät uns, wie hellenistisch gebildete Menschen diese verstanden. Zu der Gruppe der so Gebildeten zählten zur Zeit Jesu nicht nur viele im Ausland lebende Juden (Apg 2,9–11). Auch dem Orden der Esséner, dem Johannes der Täufer angehörte und zu dem wohl auch Jesus Kontakt hatte, war hellenistisches (und fernöstliches!) Gedankengut nicht fremd. Aus diesem Grunde, und weil die griechische Übersetzung die älteste uns zur Zeit vorliegende Fassung der neutestamentlichen Schriften ist (von wenigen Ausnahmen abgesehen), wurden die Texte der Bergpredigt in diesem Buch aus dieser Sprache übersetzt, wobei auch manche Textvarianten (im sogenannten »Apparat«) unser Verstehen weiter bereichern können.

Eine wichtige Hilfe ist hier auch die *etymologische Betrachtungsweise* von Begriffen, die diese auf ihre Entstehungsgeschichte hin untersucht; denn in jeder Sprache wandelt sich der Bedeutungsgehalt von Begriffen mit der Zeit, ja, manchmal wird die ursprüngliche Bedeutung fast in ihr Gegenteil verkehrt, wie z. B. bei der »Sanftmut« (Mt 5,5). Zur etymologischen Betrachtungsweise gehört auch die Zerlegung von Worten in ihre Bestandteile und deren wörtliche Übersetzung (vgl. z. B. die Übersetzung von »Medikamente« in »Psychosomatik«). Von diesen Möglichkeiten kann auf der seelischen und auf der geistigen Ebene der Schriftauslegung Gebrauch gemacht werden.

Eine weitere Überlegung ist wichtig: Neuere Untersuchungen[2] legen die Schlußfolgerung nahe, daß Jesus zwischen seiner Kindheit und dem Beginn seiner öffentlichen Wirksamkeit in Palästina *»Lehr- und Wanderjahre«* in Indien, dem heutigen Pakistan und Tibet verbracht hat. Die im Matthäus-Evangelium (2,13–23) genannte »Flucht nach Ägypten« signalisiert, daß Jesus Kontakte zu diesem Land hatte und ihm so die dortigen Mysterienkulte nicht unbekannt waren, wenn er nicht sogar auch dort einen Teil seiner »Ausbildung« zum »Meister« (Lk 6,39–40) absolviert hat. Die Erzählung vom Besuch der »Weisen aus dem Morgenland« (Mt 2,1–12) erinnert in ihrer Struktur an die Suche nach dem neuen »Gottes-Kind«, wie sie nach dem Tode eines tibetischen Dalai Lama noch heute praktiziert wird. Auf dem Hintergrund dieser Überlegungen geht dieses Buch von folgenden *Hypothesen* aus:

a) Es ist sehr einseitig, das Neue Testament und in ihm die Bergpredigt ausschließlich auf dem Boden des Alten Testaments und seiner Überlieferungen zu interpretieren. Ergänzt werden muß diese Sichtweise durch fernöstliche und westliche (hellenistische) Elemente. b) Die Einbeziehung anderer Sprachen und anderer religiöser und philosophischer Tra-

210

ditionen ermöglicht uns eine erweiterte Sichtweise, die durchaus im Sinne Jesu bzw. der Verfasser des Neuen Testaments ist.

Es ist müßig, sich über Sinn oder Un-Sinn dieser Hypothesen zu streiten. Die Bergpredigt selbst gibt uns einen Maßstab an die Hand: »An ihren Früchten werdet ihr sie erkennen!« (Mt 7,16.20); das heißt in unsere Umgangssprache übertragen: »Ob Behauptungen falsch oder richtig sind, könnt ihr an ihren Auswirkungen erkennen: Macht die Probe auf's Exempel!« Oder wie Paulus formuliert (1 Th 5,21): »Prüft alles, das Gute behaltet!«, ein durchaus empirischer Ansatz! Geht man von den oben genannten Hypothesen aus, so ergeben sich für das psychische Verständnis der Bergpredigt – und, wie im 3. Abschnitt gezeigt wird, auch für die geistige Ebene – nicht nur überraschende Parallelen zwischen den genannten Hochreligionen, was für deren gemeinsamen Kern spricht, sondern es werden auch Bilder, Symbole und Gleichnisse verständlicher und damit anwendbar.

In allen Religionen finden sich ähnliche Symbole. Als Beispiel aus dem Alten und Neuen Testament seien hier »*Wasser*« und »*Meer*« genannt: Sie zeigen einen Aspekt dessen, was wir heute »*Unterbewußtsein*« nennen. Das Schwimmen auf dem Wasser (die Arche Noah auf der »Sintflut« (1 M 6,14ff.), das Kind Moses im Körbchen auf dem Fluß (2 M 2,3ff.) oder das Gehen über das Wasser (Jesus geht über den See: Mt 14,25) symbolisieren, daß und wie jemand die unterbewußten Möglichkeiten und Gefahren beherrschen und »nutzen« kann, während das Untergehen im Wasser (die Ägypter im Roten Meer: 2 M 14,8.26–31; Petrus versinkt im Wasser: Mt 14,28–33) eine Veranschaulichung dafür ist, wie und unter welchen psychischen Bedingungen (beim ägyptischen Pharao das »verhärtete Herz«, bei Petrus der »kleine Glaube« und der »Zweifel«) Menschen von unterbewußten Kräften überwältigt werden (→ Glaube und Unterbewußtsein).

An diesem einen Beispiel wird schon deutlich: Unter psychischem Aspekt sind Versuche, Widersprüche zu harmonisieren, nicht notwendig, da die Fragestellungen der »körperlichen« Ebene hier irrelevant sind[3].

Ob beispielsweise Jesus »wirklich«, das heißt, leibhaftig über das Wasser ging oder nicht, wird hier weder bejaht noch geleugnet. Es geht vielmehr um für alle Menschen unabhängig von ihrer Kultur, ihrer Rasse, ihrer Religionszugehörigkeit und der Zeit, in der sie leb(t)en, gültige psychische Gesetzmäßigkeiten, die in Symbolen ausgedrückt werden. C. G. Jung würde hier von »Archetypen« sprechen, die im »kollektiven Unbewußten« der Menschheit wurzeln. Ein solch archetypisches Symbol ist auch das in vielen heiligen Schriften, so auch in der

Bergpredigt vorkommende »Herz«. Es charakterisiert den gefühls- und gemütsmäßigen Aspekt unserer Tiefenschichten oder, wie wir heute sagen würden, unseres »Unterbewußtseins«, der letztlich unsere Wahrnehmung (siehe dort), unser Denken, Schlußfolgern und Handeln auf allen Ebenen bestimmt: »Wie der Mensch in seinem Herzen denkt, so ist er!«, sagt die Bibel, und in der Bergpredigt heißt es: »Selig, die lauteren Herzens sind, denn sie werden Gott schauen!« (Mt 5,8).

Saint-Exupéry läßt den Fuchs zum kleinen Prinzen sagen: »Man sieht nur mit dem Herzen gut!« Riten, Liturgien und Sakramente verwenden in reicher Fülle psychische Symbole. Bilder, Symbole, Mythen und Gleichnisse veranschaulichen abstrakt erscheinende Inhalte (z. B. den Begriff »Reich Gottes«) in einer Sprache, die tiefe seelische Schichten ansprechen und daher sehr praktische Konsequenzen für jeden einzelnen Menschen haben. Was auf diese Weise »eingesät« wird und in »gutes Erdreich« fällt, bringt »reiche Frucht« (Mt 7,15–20; 13,8; Mk 4,26–29: »Unterbewußtsein«).

3. Die »geistige Ebene« heiliger Schriften

Ist die körperliche Ebene heiliger Schriften mehr »linkshemisphärisch« und die seelische Ebene mehr »rechtshemisphärisch« beheimatet, so geht es jetzt um Integration und Kohärenz aller An-Teile des Ganzen: Alle Schriften der uns bekannten Hochreligionen enthalten *allgemeine und spezielle Hypothesen und Gesetzmäßigkeiten*, die weit über das hinausgehen, was wir mit unseren wachbewußten Sinnen wahrnehmen und verarbeiten können, weil sie in einem »veränderten Bewußtseinszustand« erkannt werden (→ Psychologie), und die gleichzeitig praktisch anwendbar und überprüfbar sind.

Im Neuen Testament werden diese Hypothesen und Gesetzmäßigkeiten die »*Geheimnisse des Himmelreiches*« genannt: wer sie versteht, »dem wird gegeben werden, und er wird in Fülle haben; wer sie aber nicht versteht, dem wird auch das genommen werden, was er zu haben glaubt« (Mt 13,10-17; → Kap. 1). *Ob* jemand diese Gesetzmäßigkeiten versteht und damit anwenden kann, hängt davon ab, auf welche Art von Boden das »Wort« fällt (Mt 13,18–23). Die Bergpredigt nennt *die allgemeinen Gesetzmäßigkeiten* »*Gesetz*«, von dem »nicht ein einziges Jota oder ein einziges Häkchen vergeht, bis der Himmel und die Erde vergehen«; das heißt, diese Gesetzmäßigkeiten sind zeitunabhängig. *Die speziellen psychologischen Gesetzmäßigkeiten* nennt die Bergpredigt »*Gebote*« (Mt 5,17–20: → Kap. 4). Sie nennt gleichzeitig Wege, wie wir den »Boden« vorbereiten können (→ Kapitel 12, 34, 35, 36).

Ein Beispiel für allgemeine Gesetzmäßigkeiten ist die bekannte Kurzfassung des 2. Gesetzes aus der »Tabula smaragdina« des Hermes

Trismegistos »*Wie oben – so unten!*«, die in der Bergpredigt im »Vater unser«, also an zentraler Stelle, als »*Wie im Himmel – so auf Erden!*« erscheint (→ Kap. 17). Die speziellen Gesetzmäßigkeiten werden in der Bergpredigt vor allem in deren Kapitel 5, Vers 21–48, genannt (→ Kap. 5–10). Die »*Wenn… – dann… – Struktur*« solcher *psychologischer Gesetze* wird besonders deutlich im Markus-Evangelium (5,25–34) beschrieben (→ Glauben, → Wissenschaft). Aus dem Ganzen wird deutlich: Zur Zeit Jesu gab es – wie vorher und nachher auch – zwei Gruppen von Menschen: »*Verstehende*« und »*Nichtverstehende*«! Interessant ist, daß im Neuen Testament Amtsträger, Gelehrte und Fromme (z. B. die »Schriftgelehrten und Pharisäer« in der Bergpredigt: Mt 5,20) oft zu den »Nichtverstehenden« gezählt werden, während z. B. Nichtisraeliten wie der »barmherzige Samariter« oder die Samariterin am Jakobsbrunnen oder »Sünder« wie der verachtete Zöllner zu den »Verstehenden« gehören. Auch Blutsbande und Verwandtschaftsgrade spielen bei der Unterscheidung von »Verstehenden« und »Nichtverstehenden« offenbar keine Rolle, wie das Matthäus-Evangelium demonstriert: Als »seine Mutter und seine Brüder« ihn sprechen wollten, sagt Jesus: »Wer ist meine Mutter, und wer sind meine Brüder?… Wer den Willen meines Vaters tut, der im Himmel ist, der ist mein Bruder, meine Schwester und meine Mutter!« (Mt 12,46–50). Sprich:

Im Sinne des Neuen Testaments und der Bergpredigt gibt es keine durch Geburt, Zugehörigkeit zu einer bestimmten Religion oder Inhaberschaft eines Amtes von vornherein »Auserwählten« oder Bevorzugten; die »Geheimnisse des Himmelreiches« stehen jedem Menschen offen.

Anmerkungen:

1 In seinem sehr lesenswerten Buch »Ist die Bibel richtig übersetzt?« argumentiert Pinchas Lapide auf Seite 12 in diesem Sinne: »Jede Übersetzung übt Ersetzung.« Dies trifft für die »körperliche Ebene« der Schriftauslegung zu: hier sind Exegeten und Sprachforscher darauf hingewiesen, den »Urtext« so getreu wie möglich zu finden, zu rekonstruieren und zu übersetzen. Auf die seelische und die geistige Ebene der Schriftauslegung trifft der Satz von Lapide meines Erachtens nicht zu. Der Rückgriff auf die Muttersprache Jesu kann durchaus zu überraschenden Erkenntnissen – oder besser: Hypothesen – führen (vgl. Lamsa, Schwarz).

2 Vgl. die Literatur von Faber-Kaiser, Kersten und Pryse

3 Aus diesem Grunde und um die Ausdrucksweise nicht zu verkomplizieren, heißt es im Text öfters »*Jesus* sagte« (obwohl ihm diese Worte vielleicht nur in den Mund gelegt werden) oder »*Paulus* schreibt« (obwohl von den mit dem

Namen des Paulus versehenen Briefen wahrscheinlich nur die Hälfte von ihm stammen); ebenso gleich-(un-)gültig ist es für die Absicht dieses Buches, aus welchen »Quellen« eine biblische Schrift sich zusammensetzt, wann sie in ihrer jetzigen Form entstanden ist, wer von wem »abgeschrieben« hat usw. Als Theologe ist mir sehr wohl bewußt, daß sogenannte »Evangelienharmonien« unter dem Aspekt wissenschaftlicher Exegese (körperliche Ebene) unzulässig sind, auch zum Beispiel die Interpretation oder Anreicherung von Texten der Synoptiker durch Texte aus dem Johannes-Evangelium, aus Paulusbriefen usw. Dem, der sich für methodenkritische Exegese interessiert, steht eine Fülle von Fachliteratur älteren und neueren Datums zur Verfügung (z. B. Egger, Ritt). Eine »Kostprobe«, wie sich die Absichten Jesu auch interpretieren lassen, gibt Jay Haley (1990), der ihn als »politischen Psychologen« versteht, oder Ryzl, für den Jesus »das größte Medium aller Zeiten« ist.

3. Glauben

Das griechische »pisteúein« bedeutet: »Vertrauen fassen, sich verlassen auf, zuversichtlich hoffen, überzeugt sein, für wahr halten, glauben«; mit dem Dativ: »jemandem glauben, vertrauen«; mit dem Akkusativ: »etwas oder an etwas glauben«. Das mittelhochdeutsche »gelouben«, im altsächsischen »gilobian«, hat als Faktitiv zu »lieb« die Grundbedeutung »sich etwas lieb, vertraut machen«. Zur gleichen Wurzel »lub« gehören »erlauben, lieben und loben« (Kluge 1960). In diesen Beschreibungen werden verschiedene Komponenten sichtbar:

1. Glauben kann als *Beziehung zwischen Personen* verstanden werden (»fides qua«) und/oder als *überzeugt sein von etwas* (»fides quae«).

2. Glauben kann sich auf das *»Heiligste«* (Gott) und/oder auf etwas *»Profanes«* (z. B. auf unser tägliches Brot) beziehen[1].

3. Glauben hat außer einer *Denk-* auch immer eine *Gefühlskomponente.*

4. Glauben schließt immer auch eine *aktive Komponente* (lieben, loben) ein. Glaube, der sich auf etwas »Profanes« bezieht, hat oft eine *»Wenn..., dann«-Struktur*, wie sie z. B. bei Markus (Mk 5,25–34; → Kap. 29) deutlich wird: »Sie sagte sich: ›*Wenn* ich nur sein Gewand berühre, *dann* werde ich gesund!‹ ...Er aber sprach zu ihr: ›Tochter, dein Glaube hat dich gesund gemacht; geh hin in Frieden und sei geheilt von deiner Plage‹«.

In diesem Sinne hat Glauben eine *beobachtbar verändernde Kraft*, die sich z. B. als Wiederherstellung körperlicher Gesundheit zeigt. In Kapitel 36 werden einige Bedingungen wirksamen Glaubens näher dargestellt. Hier soll unser Augenmerk vor allem darauf gerichtet sein, welche grundsätzlichen Möglichkeiten im Sinne der Bergpredigt und des Neuen Testamentes Glaube uns eröffnet. Paulus schreibt im Römerbrief (R 12,2): »Macht euch nicht die Art dieser Welt zu eigen, sondern wandelt euch um durch neues Denken!« Thomas Kuhn (1981) nannte die Begrenzungen unseres Denkens »Paradigmen« (= Vorbilder, Muster, warnende Beispiele). Sie entstehen durch Weltbilder, festgefügte Weltanschauungen, konditionierte Denkgewohnheiten, Selbstverständlichkeiten. Diese werden, da meist nur vorbewußt, nicht in Frage gestellt und wirken daher als »Sich selbst erfüllende Prophezeiungen« (Merton 1957) im Sinne von »Dir geschehe, wie du geglaubt hast« (Mt 8,13); oder: »Du wirst das erfahren, was du erwartest!« In unserem »normalen« wachbewußten Denken befinden wir uns gleichsam in einem Halbschlaf oder in »Hypnose«; daher mahnt schon Paulus im Römerbrief (R 13,11), die Stunde sei da, vom Schlafe aufzustehen.

Diese unsere Denkgewohnheiten sind nicht nur in unserem Gefühl verankert, sondern auch in unserem individuellen und kollektiven Unterbewußtsein (→ Bewußtsein, → Psychologie). In diesem Bewußtseinszustand sind wir an die Erfahrungen unserer Vergangenheit gebunden. Unser Denken, Fühlen, Vorstellen und Verhalten ist eher reaktiv denn aktiv, wie schon Goethe den Mephisto zu Faust sagen läßt: »Du glaubst zu schieben, und du wirst geschoben!« Dies ist »die Art dieser Welt«, die wir uns nicht zu eigen machen sollen. Uns »durch Erneuerung unseres Denkens umzuwandeln« meint, *etwas Neues, das bisher außerhalb unseres Gesichtsfeldes lag* und das deshalb – nicht, weil es nicht realisierbar wäre oder gewesen wäre! – von uns nicht erfahren wurde und nicht erfahren werden konnte, *für möglich zu halten* und so unser stereotypes Denken und Rollenverhalten zu entkonditionieren (Grün 1986). *Glauben heißt hier: Ausgehend von einer neuen »Theorie« neue Prämissen und neue Hypothesen zu bilden, diese zu überprüfen und so zu überraschenden Erfahrungen zu kommen* (Nickel 1983). Die Bergpredigt nennt diesen Vorgang »Hören und Tun« (Mt 7,24–27). Glaube in diesem Sinne verändert, verglichen mit jeder anderen Wissenschaft, unser Bezugssystem »*radikal*« (= an der Wurzel). Er bietet uns *Grund-Sätz-lich* neue, weil aus einem anderen Bewußtseinszustand resultierende Information, deren Umsetzung ungeahnte Kräfte freisetzt und so auch nach psychologischen Gesetzmäßigkeiten sich ereignende »Wunder« ermöglicht. Glaube im Sinne der Bibel und anderer heiliger Schriften der Menschheit betrifft den ganzen Menschen: sein Herz, seine Seele, sein Denken, seine Vorstellungen und auf diesem Wege auch seinen Körper (→ Psychosomatik) und seine Beziehungen; er hat nicht nur eine individuelle, sondern auch eine soziale und soziologische, ja weltweite Dimension (→ Kap. 37). Er ermöglicht uns zudem aufgrund radikal erweiterter und damit veränderter Sichtweise Gelassenheit[2] gegenüber den Äußerungen der »Welt« und größere Transparenz in der Erfahrung.

Anmerkungen:

1 Die Unterscheidung zwischen »heilig« und »profan« sei hier aus methodischen Gründen erlaubt; sie wird nicht dualistisch verstanden. Ähnlich unterscheidet auch der Dominikaner Albertus Magnus zwischen »Wundern« und »natürlich wirkenden Kräften«: »In den Naturwissenschaften ist es nicht unsere Aufgabe, danach zu forschen, wie der Schöpfergott die Welt, die er aus völlig freiem Willen erschaffen hat, dazu nutzen könnte, Wunder zu vollbringen, um so seine Allmacht zu offenbaren; vielmehr sollten wir zu erforschen suchen, was in den Naturwissenschaften auf Grund der natürlich wirkenden Kräfte ohne Eingriff möglich ist« (De caelo et mundo, liber 1, tract. 4, cap. 10).

2 Gelassenheit ist nicht zu verwechseln mit Gleichgültigkeit (→ Kap. 2.2).

4. Psychologie

Vom Wortsinn her (hé psyché = Atem, Lebensprinzip, Lebenskraft, Leben, Seele, Geist, Herz, Gemüt, Verlangen, Lust, Neigung; hó lógos = Sprechen, Wort; lógios / lógos = gelehrt, bewandert, der Seher) ist *Psychologie die Wissenschaft vom → Bewußtsein mit seinen bewußten, vorbewußten, unterbewußten, unbewußten und emotionalen Aspekten.* Gegenstand der Psychologie sind jedoch nicht nur diese Aspekte. Die orthodoxe abendländische Psychologie hatte, von Ausnahmen wie William James (1910) abgesehen, eine viel zu enge Vorstellung von der Psyche des Menschen und ihren Möglichkeiten. Stand dort die »*Person*«[1], das für viele Menschen zum Gefängnis gewordene, nach allen Seiten abgesicherte und verteidigte *Ego* im Mittelpunkt, so setzen neuere Richtungen wie z. B. die Transpersonale Psychologie andere Prioritäten: Sie richten ihr Augenmerk vor allem auf die *die Grenzen des Ego durchbrechenden und überschreitenden Potentiale des Bewußtseins* (Walsh, 1985), zum Beispiel auf meditative und kontemplative Bewußtseinszustände und deren Auswirkungen. Dabei untersuchen sie empirisch auch, welchen Einfluß diese Bewußtseinszustände auf der sozialen und soziologischen Ebene haben.[2].

Aufgabe des Psychologen ist in erster Linie die Erforschung, die empirische Überprüfung und das Lehren der praktischen Anwendung der skizzierten psychologischen Gesetzmäßigkeiten, nach denen unser Leben abläuft. Dies ermöglicht es jedem einzelnen und jeder Gemeinschaft von Menschen, mit unseren Bewußtseinskräften auf allen Ebenen a) möglichen krankmachenden Faktoren vorzubeugen, so daß eine Therapie (→ Psychotherapie / Klinische Psychologie, → Psychosomatik) erst gar nicht notwendig ist, und b) Veränderungskräfte gezielt einzusetzen (→ Kap. 32–37).

Wie in jede Wissenschaft fließen auch in die Psychologie eine Reihe von in Wechselbeziehung zueinander stehender, per se nicht zu beweisender Postulate ein. Jede Theorie und die in ihrem Zusammenhang gemachten Beobachtungen beruhen auf solchen stillschweigenden Voraussetzungen oder »Postulaten« (Tart 1978), das heißt auf für erwiesen gehaltenen Annahmen, die sich »von selbst« verstehen. (Die stark vereinfachte Darstellung von »Psychologie« in diesem Artikel soll lediglich als Orientierungshilfe dienen.) In der Bergpredigt werden alle wichtigen psychologischen Gesetzmäßigkeiten mit dem Ziel ihrer praktischen Anwendung beschrieben.

Anmerkungen:

1 Der griechische Begriff »persona« bedeutet »die Maske«; das lateinische »personare« = »hindurchtönen«.

2 Naturwissenschaftliche Aussagen bieten Analogien. So sagt zum Beispiel Jonas Salk (zit. in: Pierrot): »Unsere Gehirne sind miteinander verbunden.« Und Ilya Prigogine (in: Pierrot): »Wir wissen jetzt: Eine ›Fluktuation‹, das heißt eine kleine Veränderung, kann sich in jedem System verstärken und kann eine neue Entwicklung einleiten, die dann das Gesamtverhalten des Systems drastisch verändert« (→ Kap. 36 u. 37).

5. Psychosomatik

Psychosomatik im engeren Sinn wird in diesem Buch als ein Anwendungsgebiet von Psychotherapie verstanden. In Anlehnung an Alexander und Selesnick (Wesiack 1984, S. 13), jedoch deren Ansatz erweiternd, *seien solche Prozesse »psycho-somatisch« genannt, »in denen die ersten Glieder einer Kette von Ereignissen subjektiv«* (im Bewußtsein mit allen seinen Komponenten) *»als Einstellungen und Emotionen wahrgenommen und die nachfolgenden Glieder objektiv als Veränderung von Körperfunktionen beobachtet werden«.* Aus dieser Beschreibung ergibt sich: Will man die Körperfunktionen verändern, müssen primär Inhalte des Bewußtseins verändert werden. »Mens« (das Denken, die psychologischen Einstellungen, das → Bewußtsein) spielt in einer so verstandenen »psycho-somatischen Medizin« die führende, weil steuernde Rolle. Vom Steuerungsfaktor »mens« hängt es ab, wie andere Einflüsse (das

Verhalten anderer Personen, die Ernährung, Umweltbedingungen usw.) auf dem Wege z. B. über Neurotransmitter und Hormonausschüttungen unser vegetatives Nervensystem, unser Immunsystem und andere Körperfunktionen beeinflussen und wie wir daraufhin die beobachtbar veränderten Körperfunktionen deuten: So schließt sich der Regelkreis. Diese Erkenntnisse sind nicht neu. Wir finden sie in ihrer praktischen Anwendung auch im Alten und Neuen Testament (→ Glaube). Nicht umsonst waren im Altertum die Berufe des Priesters, des Psychologen, des Psychotherapeuten und des Arztes identisch.

Das Wort »Medizin« ist aus dem lateinischen »medicari = heilen« abgeleitet. Der »Medicus = Arzt« ist »der Heilende, der Heiler«. Der Begriff *»Medikamente«*, in seine Bestandteile »medicari« und »mens = das Denken, das Denkvermögen, der Geist, der Verstand« zerlegt und wörtlich übersetzt, bedeutet: *»Medica mente = Heile durch den Geist!«* Dies zeigt: In die Wirkweise aller »Medikamente«, seien sie allopathischer, homöopathischer oder »natürlicher« Art, gehen die Denkweisen, die Überzeugungen des Empfängers und des Spenders mit ein. Den Einfluß von gefühlsmäßig aufgeladenen Gedanken und Vorstellungen und deren Wechselwirkungen auf körperliche Funktionen untersuchen heute z. B. die Wissenschaften der Psychoneuroimmunologie, der Neuropsychologie und der Psychokybernetik (Benesch 1988). Es soll hier nicht einer dualistischen Sicht von Geist / Seele und Leib das Wort geredet werden. Eher verhalten sie sich wie zwei Seiten der gleichen Münze, die – sehr vereinfacht ausgedrückt – mit verschiedenen Ausdrucksformen der gleichen »Substanz« verglichen werden können. Dabei ist die psychische, die Bewußtseinsseite, die Steuerungszentrale; die Wahrnehmung ihrer Auswirkungen (der körperlichen Funktionen) wiederum führt zu mannigfachen Regelkreisen.

Psychosomatische Symptome können mit Peseschkian (1986, S. 173) traditionell als die »Auslösung körperlicher Krankheitszeichen durch seelische Ursachen« oder positiv als »die Fähigkeit, durch Organsprache darauf hinzuweisen, daß zur Zeit kein anderes Mittel der Konfliktverarbeitung zur Verfügung steht« gedeutet werden; er unterscheidet zwischen Psychosomatik im engen, weiteren und umfassenden Sinn« (1990).

»Eine Gesundheit an sich gibt es nicht, und alle Versuche, ein Ding derart zu definieren, sind kläglich mißraten. Es kommt auf dein Ziel, deinen Horizont, deine Kräfte, deine Antriebe, deine Irrtümer und namentlich auf die Ideale und Phantasmen deiner Seele an, um zu bestimmen, was selbst für deinen Leib Gesundheit zu bedeuten habe. So gibt es unzählige Gesundheiten des Leibes« (Friedrich Nietzsche).

6. Psychotherapie / Klinische Psychologie

Übersetzt aus den griechischen Wortbestandteilen (*hé psyché* = Atem, Lebensprinzip, Lebenskraft, Leben, *Seele*, Geist, Herz, Gemüt, Verlangen, Lust, Neigung; *hé therapeía = Heilung*, Kur, Pflege), *bedeutet Psychotherapie »Seelen-Heilung«.* Das Wort »heilen« ist verwandt mit »heil«, »heilig« und dem englischen »whole« = »ganz«. »Heil machen« oder »heiligen« bedeutet also auch »ganz machen, ergänzen, die Ganzheit wiederherstellen«. Schon vom Wortsinn her wird also die Verwandtschaft zwischen »Psychotherapie« und »Seel-Sorge«, einem religiösen Begriff, deutlich.

Der Psychotherapeut und der Klinische Psychologe versuchen, mittels psychologischer Methoden (Bewußtmachung, Deutungen, Konditionierungsmethoden, Selbst- und Fremdsuggestionen, Hypnose usw.) dem Bewußtsein (Geist, Seele, Herz, Gemüt, Vorstellung) eines Menschen Anregungen zur Heilung zu vermitteln, wenn es krankmachende oder einengende »Über-Zeugungen« oder »Konzepte«[1] enthält, die sich auf die geistige, seelische und körperliche Gesundheit und auf die Beziehungen zu anderen Menschen auswirken. Je nach Problemlage und Menschenbild geht der Therapeut unterschiedlich auf bewußte, vorbewußte und un(ter)bewußte Inhalte ein. Er versucht dem anderen zu helfen, daß ihm solche Konzepte in ihrer aktuellen Bedeutung und in ihrer Entstehungsgeschichte bewußt(er) werden, daß er sie relativieren, erweitern oder ergänzen kann. Dazu dient beispielsweise ein »Standortwechsel«[2], das Erkennen »positiver Aspekte«[3], die Analyse von Träumen etc. Wesentlich für das Gelingen einer Psychotherapie ist die Beziehung zwischen dem Therapeuten und seinem Partner, die von vielen Faktoren im Erleben und Verhalten beider abhängt. Der Partner des Therapeuten (»Patient« oder »Klient«) heilt sich selbst; die Aufgabe des Therapeuten ist es lediglich, ihm dabei Hilfestellung anzubieten. Psychotherapie beschränkt sich meist auf einzelne Menschen oder kleine Gruppen.

Anmerkungen:
1 Peseschkian 1982, S. 77
2 ders., S. 56
3 ders., S. 66

7. Religion

Das lateinische »religio« bedeutet: »gewissenhafte Sorgfalt, Gewissen, Bedenklichkeit, Gottesfurcht, Frömmigkeit, Glaube, Gottesdienst, Kult, heiligendes Band, Verbindlichkeit«; es setzt sich zusammen aus den Wortteilen »re = zurück« und »ligare = binden, festbinden, verbinden«. Wie bei der Auslegung heiliger Schriften (→ Ebenen der Schriftauslegung), so werden in diesem Buch auch in der Religion drei Ebenen unterschieden:

1. Die geistige Ebene von Religion. Sie *bedeutet die Rück-Bindung, die Re-Integration des Menschen in das Bewußtsein seiner Einheit mit dem Ganzen, das mehr und größer ist als die Summe seiner An-Teile.* Dabei ist es gleich-(un-)gültig, mit welchem Namen wir dieses »Ganze« benennen (Gott, Allah, Brahman, Nirvana, Universelles Bewußtsein…) und ob wir es uns als »Person«[1] oder unpersönlich, theistisch, pan-theistisch, poly-theistisch oder a-theistisch vorstellen[2]. Jede Religion hat – außer geschichtlich bedingten Formen, die sich mit der Zeit wandeln – eigene Wesensmerkmale, die zu ihrem Kern gehören und daher unwandelbar sind. Die wichtigsten spirituellen Grundgedanken aller Zeitalter und Erfahrungen aller Hochreligionen stimmen jedoch überein[3]. Die Re-Integration ist zunächst eine Sache des Glaubens, der jedoch in sehr praktische, überprüfbare Erfahrungen und insofern in Wissen einmündet (→ Glauben). Jesus verheißt seinen Jüngern, sie sollen »ausgerüstet werden mit *Kraft* (dynamis) aus der Höhe« (Lk 24,49), wie sie dann in der Apostelgeschichte demonstriert wird. Auch Paulus betont, seine Rede und seine Predigt habe »im *Erweis von Geist und Kraft*« bestanden; er wolle nicht »das Reden der Aufgeblasenen kennenlernen, sondern ihre Kraft« (1 K 2,4;4,20)[4].

Eine Religion, die – aus welchen Gründen auch immer – diesen Erweis von Geist und Kraft nicht (mehr) in Form real beobachtbarer Veränderungen in diesem »irdischen« Leben erbringen kann oder erbringt, verliert ihre Anziehungskraft. Jesus betont ausdrücklich (Mt 9,5–8), daß z. B. die »Macht« der Krankenheilung »den Menschen« und nicht nur ihm oder seinen damaligen Jüngern[5] gegeben ist. Selbst er machte, wenn man dem Johannesevangelium (Jh 14,11ff.) glaubt, die Erfahrung, daß Glaube, ein wesentliches Merkmal jeder Religion, bei vielen Menschen durch Worte allein nicht zustande kommt und daß daher die Wahrheit der Verkündigung durch »Werke« (»Wunder und Zeichen«) demonstriert werden muß, sollen Menschen überzeugt werden. Das gleiche Motiv klingt in der Bergpredigt (Mt 5,14) an: »So leuchte euer

Licht vor den Menschen, damit sie eure guten Werke sehen und euren Vater preisen, der im Himmel ist.«

Die Möglichkeit der Demonstration von »Werken« basiert im Erleben der *Einheit* (→ Kap. 14 u. 15) und im daraus resultierenden Gebet mit seinen *»Früchten«* (→ Kap. 29). Vermittelt wird dieses Erleben durch »Hören und Tun« in Meditation, Kontemplation, und schöpferischer Vorstellung (→ Kap. 34 – 36). Die »Früchte« werden sichtbar im individuellen, sozialen und soziologischen Bereich, ja sogar weltweit (→ Kap. 37).

In diesem Buch spielt die geistige Ebene von Religion eine herausragende Rolle. Hier ist jeder Mensch »all(-)ein«: »mit dem All ein(s)«, und daher unabhängig von allen geschichtlich gewordenen Traditionen und von allen Institutionen. »Heilige Orte« (Kirchen, Tempel) oder »Orte der Kraft«, »heilige Städte« (Rom, Mekka...) und Wallfahrtsorte haben auf der seelischen Ebene ihren Stellenwert[8].

2. Die seelische Ebene von Religion. Gleichnisse, Mythen, Bilder, Symbole, Bewegung, Rhythmus, Farben, Töne, Gerüche und (Ge-) Fühle(n), vor allem in der *Liturgie* einer Religion konzentriert, sprechen besonders das →»Unterbewußtsein« von einzelnen und von Gruppen (Gemeinde, Kirche...) an[8]. Dem »Geist« gebührt auch in der Religion die Führungsrolle: Er ist gleichsam der »Same«. Dieser braucht jedoch, um keimen und »Frucht« bringen zu können, einen aufnahmebereiten »Boden«. Daher ist auch die psychische Ebene von Religion äußerst wichtig, sie ist jedoch kein Selbstwert. Losgelöst von der geistigen Ebene, ohne »Samen«, kann sie ihre Aufgabe nicht erfüllen: Sie erstarrt dann zum Ritus, der zwar die Gefühle von Menschen noch – mehr oder minder – anzusprechen vermag, jedoch den »Erweis von Geist und Kraft« (1 K 2,4) nicht erbringt und daher nicht mehr über-»zeugend« wirkt; sie gleicht einem Schiff ohne Steuermann, dessen Kurs von den jeweiligen »Strömungen« und »Windrichtungen« bestimmt wird und das man schließlich aus Angst im »sicheren Hafen« (»körperliche Ebene«) festbindet: »Tradition« ist jetzt nur noch ein Ruhekissen, aber kein Sprungbrett mehr[6].

3. Die »körperliche« Ebene von Religion. Auf dieser Ebene folgt Religion sozialpsychologischen und soziologischen Gesetzmäßigkeiten. Es bilden sich mit der Zeit Führungsfunktionen heraus. Gebote (Normen) und Glaubenssätze (Dogmen) werden formuliert und Gesetze zu deren Schutz erlassen, deren Nichtbefolgen mit Sanktionen (Strafandrohungen) belegt wird. Jede Religion, deren Mitgliederzahl unaufhörlich wächst, unterliegt in den ersten Jahrzehnten und Jahrhunderten diesem Prozeß. Er ist *Sinn*-voll (der Mensch nimmt mit körperlichen

Sinnen wahr) und Not-wendig, solange sich die Gläubigen und ihre Leiter sich der Dienstfunktion dieser Strukturen bewußt sind, das heißt, solange diese einen Rahmen für das Gedeihen auf der psychischen Ebene ermöglichen und Freiheit des Geistes anmahnen. Sobald solche »körperlichen« Elemente sich verselbständigen, werden sie zur Fessel. Der geistig-seelische Gehalt von Glaubenssätzen und Geboten (→ Kap. 4) wird zugunsten eines wörtlichen Verstehens (→ Ebenen der Schriftauslegung) zurückgedrängt. Es bilden sich Machtstrukturen heraus. »Abweichler« werden bestraft. »In-group / out-group«-Denken und -verhalten wird zur Regel: »Wir haben die Wahrheit, wir sind im Recht...«[7], »Andersgläubige« müssen bekehrt werden; bestenfalls werden sie toleriert, schlimmstenfalls mit Krieg überzogen. »*Kirche*«, der analog alle drei Ebenen eignen, wird auf diese Weise zur Institution reduziert. Ähnlich wie ein Mensch eine Einheit von Körper, Seele und Geist darstellt, die stirbt, wenn diese Ebenen sich trennen, so auch Religion und Kirche. Wer deren »körperlichen« Aspekt – aus welchem Grunde auch immer – nicht wahrhaben möchte, beraubt sie der »Frucht« des sichtbaren Ausdrucks von Geist und Seele. Von dem, der den »körperlichen« Aspekt von Religion und Kirche verabsolutiert und ihn damit von seinem Lebensprinzip, der geistigen und seelischen Ebene, trennt, sagt das Evangelium: »Laß die Toten ihre Toten begraben!« (Mt 8,22).

Anmerkungen:

1 → Psychologie, Anmerkung 1.

2 Thomas von Aquin sagt, daß wir nicht wissen können, was Gott ist, sondern nur, was er nicht ist, und auch nicht, wie Gott sei, sondern eher, wie er nicht sei (S.th. 1, q.3). So heißt es bereits im 1. Gebot, wir sollen uns »kein Bild machen« von Gott (2 M 20,4; → Kap. 12.2). Wir können nicht ohne Benennungen und Vorstellungen auskommen. Das hat Vor- und Nachteile: Wer sich beispielsweise einen persönlichen Gott vorstellt, dem fällt es womöglich leichter, zu diesem Gott zu beten; er ist jedoch in der Gefahr, sich Gott als einen überdimensionierten Menschen vorzustellen. Es gilt daher, immer im Auge zu behalten: Jede menschliche Aussage und Vorstellung von »Gott« ist mehr falsch als richtig, auch die Beschreibungen in diesem Buch, z. B., er sei »das Ganze«!

3 Eine interessante Übersicht findet sich zum Beispiel in: E. Holmes, Science of mind, Lehrgang 39, S. 18–48.

4 Das griechische »dynamis« heißt soviel wie »Kraft, Gewalt, Stärke, Macht, Wirksamkeit«. »Kraft erstreckt sich auf das, was jenseits des Bewußtseins geschieht, sie bedeutet den Eingriff in den realen Bestand des Lebens« (Rienecker, Sprachlicher Schlüssel).

5 → Ebenen der Schriftauslegung

6 Rochus Spiecker

7 Jesus war solches Freund-Feind-Denken fremd: »Da wandte sich Johannes an ihn und sprach: ›Meister, wir sahen einen, der in deinem Namen Dämonen austreibt, und wir verwehrten es ihm, weil er sich uns nicht anschließt.‹ Jesus sprach zu ihm: ›Verwehrt es nicht; denn wer nicht gegen euch ist, der ist für euch‹« (Lk 9,49f.).

8 Auf der geistigen Ebene von Religion werden solche Größen bedeutungslos: »Jesus sprach zu der Samariterin: ›Glaube mir, Frau, es kommt die Stunde, da ihr weder auf diesem Berge (Garizim) noch in Jerusalem den Vater anbeten werdet... Es kommt die Stunde, und sie ist schon da, in der die wahren Anbeter den Vater anbeten werden im Geist und in der Wahrheit; denn der Vater sucht solche als seine Anbeter‹« (Jh 4,21ff.).

8. Wahrnehmung

»Nur scheinbar ist ein Ding süß oder bitter, nur scheinbar hat es Farbe. In Wirklichkeit gibt es nur Atome und den Raum« meint Demokrit (460–371 v. Chr.). »Wir sind, was wir denken. Alles, was wir sind, entsteht mit unseren Gedanken. Mit unseren Gedanken machen wir die Welt«, sagt Gautama Buddha (6. Jh. v. Chr.). Psychologen, Physiologen und Biologen haben die Gesetze der *Wahrnehmung* erforscht. Die *Quintessenz* ihrer Ergebnisse läßt sich in folgenden Sätzen zusammenfassen:

1. »Der menschliche Organismus besitzt eine definierte Informationskapazität, die mit Hilfe der abstrakten Meßeinheit von bits ausgedrückt werden kann. So nimmt beispielsweise der Augensinn etwa 2×10^8 bit (200 Millionen bit) pro Sekunde auf, und das Gehör 3×10^4 bit/sec. Die Verarbeitungsgeschwindigkeit von Informationen im Gehirn liegt bei durchschnittlich nur 16 bit/sec. und die Speicherkapazität bei circa 10^{11} bis 10^{12} bits«[1]. Das bedeutet: *Unsere Wahrnehmung wird mit Recht »selektiv« (auswählend) genannt, da wir nur einen winzigen Bruchteil der aufgenommenen Informationen verarbeiten.*

2. »Bei der normalen visuellen Wahrnehmung fügt unser Gehirn der Information von der Netzhaut unser ganzes Wissen über den Gegenstand unserer Beobachtung hinzu. Dieser konstruktive Prozeß, der alle davorliegenden Erfahrungen einschließt, läuft unwillkürlich und automatisch ab«[2]. »Die Realität der Dinge ist für uns völlig unerkennbar und wird es immer bleiben. Erst über den Intellekt, durch seine Vermittlung beziehen wir völlig verwandelte, in Wahrheit rein subjektive Erfahrungen. Nicht die Wirklichkeit, sondern die von uns selbst er-

zeugten Symbole dieser Wirklichkeit bilden den Inhalt unserer Wahr-
nehmungswelt... Das biologische Wahrnehmungsschema ist mit der
wirklichen Umwelt in keiner Weise identisch. Außerdem bezieht sich
diese übersetzte Wahrnehmungsfähigkeit auf jene beschränkte Anzahl
unter den Umweltreizen, für die wir ein Sinnesorgan besitzen«[3]. Hier
werden zwei weitere Gründe genannt, warum unsere Wahrnehmung
»selektiv« genannt werden muß:

*a) Wir nehmen überhaupt nur das wahr, für das wir ein Sinnesorgan
besitzen (jedenfalls im »normalen« wachbewußten Zustand;) eine Fülle
anderer Informationen nehmen wir unter den gewöhnlichen Bedingungen überhaupt nicht wahr.*

*b) Den Bruchteil der Informationen, die wir verarbeiten, deuten wir
noch einmal subjektiv auf Grund unserer Vergangenheit.* Die Schlußfolgerung lautet: *Eine »objektive« Wahrnehmung gibt es nicht, ebensowenig eine »objektive«* → *Wissenschaft*[4].

Die Bergpredigt nennt in ihrem ersten »Grund-Satz«[5] die Voraussetzung, wie wir unsere Wahrnehmung erweitern und objektivieren kön-
nen: »Glücklich die Menschen, die »arm« (d. h.: leer und damit offen)
sind für den Geist, denn ihnen wird die volle Wahrheit und Wirklichkeit zuteil.« Das »Arm- oder Leerwerden« erinnert an eine japanische
Geschichte: Ein junger Mann (ein »Jünger«) kommt zu einem Zen-
Meister und bittet diesen, ihn in die Kunst der Meditation einzuführen.
Während der junge Mann noch redet, gießt der Meister Tee in eine
Schale. Auch als die Schale schon überfließt, gießt er weiter ein. Der
Schüler ruft: »Halt, halt! Es geht doch nichts mehr in die Schale hinein,
sie ist doch längst voll!« Lächelnd entgegnet der Meister: »Wie soll ich
dich Meditation lehren, da du doch gefüllt bist wie diese Schale?« Er
gießt den Tee aus: »Nur in eine leere Schale läßt sich etwas einfüllen!«
Diese Geschichte gibt sehr plastisch wieder, was im oben genannten
1. Grund-Satz gemeint ist. Jeder von uns ist mehr oder minder »voll«
mit vorgefaßten Meinungen, mit Vor-Urteilen, mit »Programmen«,
die in uns eingespeichert wurden oder die wir selbst eingespeichert haben und die unsere Wahrnehmung, unser Denken und unser Fühlen
zusätzlich zu dem, was biologisch vorgegeben ist, noch weiter
einengen und färben (→ Bewußtsein). Wie soll da neuer »Geist« (neues
Bewußtsein), neues Denken und Fühlen einfließen oder spürbar werden können? Es gilt, »loszulassen« und uns einer »Ent-Identifizierungs-
Therapie«[6] oder einer »Ent-Hypnotisierung« zu unterziehen[7]. Die
Bergpredigt kennt auch die wichtigsten, uns meist nicht bewußten Abwehrmechanismen (→ Unterbewußtsein), die unsere Wahrnehmung
noch weiter verzerren. Als Beispiele seien zwei dieser Mechanismen

genannt, die in Kapitel 24 näher erläutert werden: das Gesetz der Projektion (Mt 7,3–5) und das Gesetz der täuschenden Wahrnehmung (Lk 6,37–39).

Anmerkungen:

1 Colin Cherry und Siegfried Maser; zit. in: Schorsch, S. 81
2 P. Kline, in: Psychologie heute, Februar 1989, S. 52
3 M. Lorenz, S. 41
4 Der bekannte Satz »Ich *glaube* nur, was ich sehe!« zeugt, wie er meist verstanden wird, auf dem Hintergrund dieser Erkenntnis entweder von Unwissenheit oder von »ideo-logischer« Blockiertheit. Wörtlich genommen, trifft er den Kern der Sache: Wir *glauben* tatsächlich das, was wir sehen (bzw. zu sehen meinen), da wir weder die Quantität noch die Qualität der eingehenden Informationen objektiv wahrnehmen.
5 Mt 5,3; → Kap. 2.1
6 A. Grün, Dimensionen des Glaubens, S. 38 f.
7 Vgl. den Kommentar zu Römer 12,2 in »Glauben«.

9. Wissenschaft

1. Hinter jeder Wissenschaft im engeren Sinn steht eine *Theorie*. Unter einer Theorie werden nach Kraiker[1] »Aussagen oder Systeme von Aussagen verstanden«, die… »in die konkrete Erklärung eines Phänomens oder bestimmter Klassen von Phänomenen eingehen« können. Eine Theorie, die im empirischen Bereich anwendbar sein soll, muß zumindest *ein* allgemeines Gesetz von der Form enthalten: »Für alle z gilt: wenn…, dann…«. Zum Beispiel: »Für alle z gilt: Wenn z glaubt, gesund zu werden, dann wird z gesund« (→ Mk 5,25–34: »Glauben«). In den folgenden Sätzen 1) bis 3) bedeuten: z = eine (oder mehrere) *Person*(en); x = der *Glaube* dieser Person z, gesund zu werden; y = das *Gesundwerden* dieser Person z. 1) *»Für alle z gilt: Wenn x, dann y«*. Bei diesem Satz handelt es sich logisch um eine *Implikation*: der Glaube (x) der Person (z) ist eine *zureichende* Bedingung für das Gesundwerden (y). Damit vereinbar ist durchaus, daß das Gesundwerden auch auf ganz anderem Wege erfolgen kann, zum Beispiel durch Medikamente. 2) *»Für alle z gilt: Wenn y, dann x«*. Dieser Satz, logisch eine *Implikation mit gegenüber 1) vertauschten Gliedern*, besagt, daß der Glaube an das Gesundwerden (x) eine *notwendige* Bedingung für das Gesundwerden (y) ist. Diese Aussage verträgt sich mit der Behauptung, daß eine Reihe von anderen Bedingungen zusätzlich gegeben sein können oder müssen, damit z gesund wird. Zum Beispiel: Es müssen zusätzlich bestimmte Techniken (Meditation, Kontemplation, Schöpferische Vor-

stellung, Psychotherapie usw.) angewandt oder un(ter)bewußte Inhalte bewußt gemacht werden. 3) *»Für alle z gilt: y genau dann, wenn x«.* Dieser Satz drückt logisch eine *Äquivalenzbeziehung* aus. Sie besagt, daß der Glaube (x) an das Gesundwerden die *sowohl notwendige als auch hinreichende* Bedingung für das Gesundwerden (y) ist, oder anders formuliert: a) ein Gesundwerden (y) ohne den Glauben an das Gesundwerden (x) ist nicht möglich (notwendige Bedingung), und b) der Glaube (x) an das Gesundwerden ist hinreichende Bedingung für das Gesundwerden (y), es bedarf keiner anderen zusätzlichen Bedingungen. Wenn sich stichhaltig nachweisen läßt, daß Gesundwerden auch ohne den Glauben daran möglich, der Glaube also keine notwendige Bedingung ist, oder daß zum Gesundwerden außer dem Glauben daran noch eine oder mehrere andere Bedingungen dazukommen müssen, ist Satz 3) falsifiziert. Welcher dieser drei logischen Formen die in der Bergpredigt beschriebenen psychologischen Gesetzmäßigkeiten zuzuordnen sind, soll hier auch aus folgendem Grund offen bleiben:

2. Im uns vertrauten (westlichen) wissenschaftlichen Denken wird die *»Aristotelische Logik«* als allein gültig vorausgesetzt. Sie folgt dem Satz der Identität (A ist gleich A), dem Satz vom Widerspruch (A ist nicht Nicht-A) und dem Satz vom ausgeschlossenen Dritten (A kann nicht A *und* Nicht-A, noch A *oder* Nicht-A sein). In dieser Form der Logik steht eher die linke, analytisch arbeitende Hemisphäre im Vordergrund (→ Kap. 33; Dietrich Dörner, 1983; M. B. Smith, 1986). *»Paradoxe Logik«* hingegen geht von der Annahme aus, daß A und Nicht-A als Aussagen von x sich nicht gegenseitig ausschließen[2]: *positiv:* »Es ist und es ist nicht!« (Taoismus, Heraklit, Hegel u. a.); *negativ:* »Es ist weder dies noch das!« (Indien, Mystik aller Religionen).

Im Neuen Testament gibt es zahlreiche Paradoxien, zum Beispiel »Wer sein Leben retten will, wird es verlieren; wer aber sein Leben verliert um meinet- und des Evangeliums willen, wird es retten!«; oder: »Die Ersten werden die letzten sein und die letzten die Ersten!« Gleichnisse im Neuen Testament sprechen – auf verschiedenen Ebenen – sowohl die (Aristotelische) Logik als auch die (paradoxe) Psycho-Logik an. Daraus ergibt sich: Unter diesem Aspekt ist es gleichgültig, ob Aussagen sich auf Beobachtungen, Traditionen, Intuition oder Offenbarung als Quelle beziehen oder berufen, ob sie mit den Regeln Aristotelischer Logik vereinbar sind und / oder paradoxer Logik folgen; ob sie in einer heute allgemein anerkannten Forschungstradition beheimatet sind oder von »Außenseitern« oder einer »ideologieverdächtigen« Gruppe stammen (»Außenseiter« oder »ideologieverdächtig«: unter welchen Voraussetzungen? → Tart 1976!). Eine Einengung

226

auf »naturwissenschaftliche« Zugangsweisen im heutigen Verständnis (»Weil nicht sein kann, was nicht sein darf!« oder aus anderen Vor-Urteilen) reduziert unsere Informationskanäle unnötig und ist nach den Gesetzen der → Wahrnehmung unklug.

3. Eine *empirische Überprüfung* psychologischer Hypothesen, wie sie auch in der Bergpredigt anzutreffen sind, setzt nicht nur die Überlegung voraus, welcher logischen Struktur (1.) und welcher Art von Logik (2.) sie zugeordnet werden können. Die Hypothesen müssen auch so formuliert werden, a) daß sie eine empirische Überprüfung (beobachtbare Erfahrung), eventuell auch eine experimentelle Versuchsanordnung ermöglichen – dazu müssen sie operationalisiert sein –, und b) daß diese Überprüfung durch Dritte wiederholbar ist; c) dabei müssen Dritte zu den gleichen oder zumindest zu vergleichbaren Ergebnissen kommen; *nur* »vergleichbar« deshalb, weil bei psychologischen Experimenten die Variablen um so weniger konstant zu halten sind, je mehr es sich um Feld-Untersuchungen handelt.

4. Zu einer *experimentellen Überprüfung* von Hypothesen müssen, zusätzlich zu den unter 3. genannten Bedingungen, bestimmte Versuchsanordnungen kommen, wie sie in Lehrbüchern der experimentellen Psychologie beschrieben sind, zum Beispiel nach dem A – B – A-Design oder mit Versuchs- und Kontrollgruppen. Die Ergebnisse werden mit statistischen Methoden auf ihre Stichhaltigkeit überprüft.

Anmerkungen:

1 Die Ausführungen in diesem Abschnitt 1 lehnen sich an Christoph Kraiker (1976) an. Vgl. auch Innerhofer, Gottwald und Scharfetter 1976.

2 Fromm 1979

B Anmerkungen

Einleitung:

1 Hamp, V. und andere: → Literaturverzeichnis.

2 »Der Glaube kommt vom Hören!«, schreibt Paulus (R 10,17). Im Alten Testament heißt es 91 mal: »Höre, Israel!«

1. *»Höhen-Psychologie«: Vom »Berg« aus gesehen*

1 Das deutsche Wort »Joch« (→ Mt 11,28–30) ist mit dem Sanskritwort »Yoga« verwandt, was soviel wie »Lehre« bedeutet.

2 Die Worte »heil«, »heilig«, »heilen« und »heiligen« sind verwandt mit dem englischen »holy« und »whole« = »ganz, ganzheitlich« (→ Mt 6,9; Kap. 15).

2. *Grund-Sätze: Das Glück der Menschen*

1 Daß die »Armut im Geiste« nicht notwendigerweise materielle Armut meint, geht aus zahlreichen Stellen in den Evangelien hervor. So heißt es im Markus-Evangelium (10,29f.), wer »Haus oder Brüder... verläßt... um meinetwillen oder des Evangeliums willen«, wird »Hundertfaches dafür erhalten: in *dieser* Welt Häuser und... Äcker...« Paulus schreibt (2 Tm 6,10), die »Gier nach Geld – nicht etwa das Geld selbst – sei die Wurzel allen Übels. Die Bergpredigt behandelt dieses Thema sehr ausführlich (→ Kap. 22). In dieser Bedeutung geht tatsächlich »eher ein Kamel durch ein Nadelöhr als ein Reicher in das Himmelreich« (Mt 19,24). Der »reiche Jüngling« (Mt 19,16–22) war »traurig«, das heißt: sein Gefühl (»Herz«) hing an seinem Besitz: *Das* war seine Tragik. Solange wir unser Herz nicht an unseren Besitz verlieren, solange wir innerlich nicht daran haften, spielt die Menge unseres materiellen Besitzes keine Rolle. Gerade auch der materiell Arme kann nach Besitz »gieren«: Dann dient er wie der Reiche dem »Mammon« (→ Kap. 22). Daß Jesus selbst sich durchaus »verschwenderisch« verhalten konnte, geht zum Beispiel aus der Erzählung von der Frau, die kostbares Salböl über sein Haupt ausgoß, hervor (Mt 26,6–13). Jesus war kein Sozialreformer. Er lebte auch nicht – entgegen weit verbreiteter Meinung – in persönlicher Armut (→ Lk 8,1 f.). Auch Mt 8,20 darf nicht verallgemeinert werden: Wer nur *ein* Kapitel weiter liest, erfährt, daß Jesus durchaus ein »zu Hause« hatte (→ Mt 9,28; Mt 13,36; Mk 3,20; Mk 8,27). Auch Petrus besaß ein Haus (Mt 8,14) während der Zeit, in der er Jesus nachfolgte. Dies alles verdeutlicht uns einen wichtigen Grund-Satz, der uns in der Bergpredigt noch öfter begegnen wird: *Es geht im Neuen Testament und speziell in der Bergpredigt niemals um äußere Vorschriften* (ob wir z. B. Besitz haben dürfen oder nicht, und wenn ja, wieviel), *sondern um die Veränderung unseres Inneren: um »Herz, Seele und Denken«* (Mt 22,37). Nach der Maxime »Wie innen – so außen« (→ Teil III) regeln sich dann alle äußeren Dinge von selbst.

2 »Priester« und »Leviten« scheinen für solche Fehleinschätzungen besonders anfällig zu sein: vielleicht deshalb, weil sie als Amtsträger aufgrund ihrer Funktion eine bestimmte Denkweise und Rolle besonders fest verinnerlicht haben. Solche Konzepte, die Not-wendiges Verhalten blockieren, kennen Sozial- und

Tiefenpsychologie zur Genüge. Heute würden wir sagen: Diese Denk- und Gefühlsmuster sind bereits ins unterbewußte Repertoire und damit »in Fleisch und Blut« übergegangen.

3 Beispiele: Sp 4,23; Ps 50,12; Ez 11,19ff.; 36,25–30; Mt 5,28; 6,21; 9,4; 15,19; 22,37.

4 Das Wort »Problem« setzt sich aus dem griechischen »pro = für« und »ballein = werfen« zusammen. Ein Pro-blem ist also nicht gegen, sondern für uns: es wird uns etwas zugeworfen!

3. Salz und Licht
1 »Privat« kommt vom lateinischen »privare = berauben«!

5. Umdenken
1 »Es ist außerordentlich schwierig, den Gegner im verbissenen Kampf die Achtung, die Liebe spüren zu lassen, die man – trotz allem – für ihn empfindet« (Rochus Spiecker 1969, S. 32).

2 Es geht keineswegs um »eine gemachte, künstliche Versöhnung, einen Kniff« (Karlfried Graf Dürckheim 1979, S. 80).

8. Ein-Deutigkeit
1 Ähnlich wird in der Bergpredigt auch »das Gesetz und die Propheten« in Form der »Goldenen Regel«, die unsere zwischenmenschlichen Beziehungen bechreibt, a-theistisch formuliert (Mt 7,12: → Kap. 26).

2 Vgl. die Geschichte »Ein Grund, dankbar zu sein« (Peseschkian 1980, S. 96).

3 Gelassenheit ist nicht mit einer Verdrängung unangenehmer Wahrheiten, mit dem Schauen durch eine rosarote Brille, das nur einen Teil der Wirklichkeit zur Kenntnis nimmt (»positives Denken« in seiner oberflächlichen Bedeutung) oder mit Anpassung zu verwechseln (→ Kap. 2.2).

4 Den wenigsten Menschen, die anderen ein »Grüß Gott!« entbieten, wird bewußt sein, daß dieser Gruß eine Kurzform von »Ich grüße Gott in Dir!« oder – im Sprachgebrauch fernöstlicher Religionen – von »Ich grüße das Göttliche in Dir!« ist.

9. Widerstandslosigkeit
1 Auch Pinchas Lapide bezieht sich in seinem lesenswerten Buch »Ist die Bibel richtig übersetzt?« (S. 67–69) lediglich auf den Text im 2. Buch Mose. Den Text im 5. Buch Mose erwähnt er mit keinem Wort, ebensowenig das unterschiedliche Recht für Freie und Sklaven: weil diese Aussagen nicht in sein Konzept passen?

2 Hinter einem solchen Versuch steckt meist die stillschweigend angenommene Voraus-Setzung »Jede Übersetzung übt Ersetzung« (Lapide 1986, S. 12), das heißt, eine Übersetzung könne den »eigentlichen« (ursprünglichen) Sinn eines Textes nicht so angemessen wiedergeben wie das Original.

3 Ein solcher Versuch würde schon an der Tatsache unserer selektiven → Wahrnehmung scheitern, die auch in die Deutung eines Originals mit eingeht, auch wenn viele Gruppen behaupten, sie besäßen, zum Beispiel aufgrund

einer speziellen Offenbarung oder von »Inspiration«, die »allein richtige« Interpretation.

4 Lapide (1987, S. 58) ist »überzeugt, daß dieser Satz ein Fremdkörper in der Berglehre ist, der aller jesuanischen Ethik zuwiderläuft.« Seine Meinung ist für ihn als Juden, der die Nazi-Pogrome miterleben mußte, nur allzu einfühlsam und verstehbar. Sollte sie zutreffen, bliebe noch die Möglichkeit, »wie etliche evangelische Exegeten und Franz Kamphaus, der (katholische) Bischof von Limburg«, zu behaupten, »dieser Aufruf gegen den Widerstand ›sei durch den Evangelisten Matthäus eingefügt worden‹« (zitiert bei Lapide 1987, S. 58); mit anderen Worten: es handele sich um einen Text, der nicht ernst genommen zu werden brauche. Die Lösung des Dilemmas dürfte jedoch in der Richtung zu suchen sein, die Lapide selbst an anderer Stelle weist (S. 12): Er kennt »zwei Umgangsarten mit der Bibel: Die Wörtlich-Nehmer und die Ernst-Nehmer«.

5 Vgl. Dürckheim (S. 80).

6 Dies bedeutet nicht, die Augen vor diesen Situationen zu verschließen (→ Anmerkung 2 zu Kapitel 5), auf einem Auge – auf dem linken oder rechten? – blind zu sein oder passiv abzuwarten (→ Kap. 36 und 37).

10. Einheit

1 Der Gedanke der Vollkommenheit gehört auch in anderen Religionen zu deren Kern. So sagt der Zen-Meister Hakuun Yasutani Roshi: »Wie wundervoll, daß alle menschlichen Wesen, seien sie nun klug oder dumm, männlich oder weiblich, häßlich oder schön, so wie sie sind, ganz und vollständig sind! Das will besagen, daß das Wesen jedes einzelnen an sich ohne Fehl und vollkommen ist. Dies ist die erste Erklärung von Shakyamuni Buddha und die letzte Schlußfolgerung des Buddhismus« (zitiert in: Dürckheim S. 119; vgl. auch Griffith 1987).

2 Rochus Spiecker: Mitschrift einer Vorlesung in Walberberg 1958.

III. Wie innen – so außen:

1 Zitiert nach: Vermächtnis; Eine Sammlung spiritueller Gedichte von Johann Wolfgang von Goethe, zusammengestellt von Günther A. Furtenbacher. Edition Lichtwort, Verlag CSA Rosemarie Schneider, Bad Homburg 1989.

11. Absichtslosigkeit

1 Zitiert in Ousely, S. 5.

2 Vgl. z. B. das Thomas-Evangelium (K. O. Schmidt, 1984).

3 1 M 14,20; 3 M 27,30; 4 M 18,21; 1 Kö 8,15; Ma 3,8; H 7,2; u. a.

12. Ein(s)-Sicht

1 »Person« kommt vom griechisch-lateinischen »persona«, was ursprünglich »Maske« bedeutet. Die »Person« ist in dieser Be-Deutung also lediglich ein äußeres Bild, hinter der sich das eigentliche Wesen verbirgt.

2 Summa theologiae I, 3 pro.

16. Erneuerung unseres Denkens

1 Im griechischen Text heißt es »entos humin«. Als Präposition mit dem Genetiv bedeutet entos »innerhalb, im Bereich von«. Die lateinische Vulgata übersetzt: »Regnum Dei est intra vos«. Intra bedeutet – im Gegensatz zu »inter« = zwischen« ﬞ »innerhalb, inwendig«. Die geläufige Übersetzung »Das Reich Gottes ist mitten unter euch« erscheint von hierher sehr frag-würdig (→ Grün 1987, S. 72; Kreppold S. 63).

2 → Kap. 11, 12 u. 22.

17. Ein(s)-verstanden

1 Zum »Sehen« → Kap. 11 u. 36

2 Aus zeitgenössischen Schriften wissen wir, daß Jesus zu seiner Zeit nicht der einzige war, der »Wunder und Zeichen« wie die im Neuen Testament erzählten tat. Man berief sich zum Teil dabei sogar auf ihn (Mk 9,38–41). Jesus lehnte im Gegensatz zum Ingroup-Outgroup-Denken seiner damaligen Jünger diese Wundertäter nicht grundsätzlich ab. Er warnt jedoch in der Bergpredigt vor »falschen Propheten«, die man an ihren »schlechten Früchten« erkennen könne (Mt 7,15–20: → Kap. 29).

3 Empfehlenswert erscheinen mir die Bücher von Peseschkian. Sehr praxisbezogene Wege beschreiben auch Jampolsky und Rauch.

4 Verschiedene Aspekte zeigen zum Beispiel die Bücher von Alt, Capra, Emde, Griffith, Holmes, Kübler-Ross, Leonard, Lorenz, Lutz, Mensching, Nickel, Panikkar, Schorsch, Sheldrake, Walsh und v. Weizsäcker / Krishna. Auch diese Autoren gehen wie alle anderen von ihrem jeweiligen Weltbild aus.

18. Hier und Jetzt

1 Vgl. dazu den »Dreischritt« (Kap. 12), »Schöpferische Vorstellung« (Kap. 36) und das Stichwort »Glauben« im Glossar.

19. Loslassen

1 Alice Miller (1990) hat recht mit ihrer Meinung, ein »Vergeben und Vergessen«, wie sie es zum Beispiel auf Seite 55 des Vorabdrucks beschreibt, richte großen Schaden an. Ein Loslassen im Sinne der Bergpredigt jedoch setzt eine vorherige Bewußtwerdung und Aufarbeitung voraus, so daß ein »Vergessen« im Sinne (weiteren) Verdrängens gerade *nicht* intendiert wird. Die Frage »Warum sollte diese Frau ihrer Mutter verzeihen, nachdem diese nie den geringsten Versuch unternommen hatte, einzusehen, was sie ihrer Tochter angetan hat?« beantwortet die Bergpredigt sehr eindeutig (Kap. 5 und 9): weil Verbitterung, Haß usw. auf Dauer diese Frau selbst schädigen. Was Müller (1990) vom Ärger sagt (»Menschen, die sich oft und vor allem ›falsch‹ ärgern, leiden häufig unter Bluthochdruck und Herz- und Kreislauferkrankungen«), gilt auch für die oben genannten Emotionen mit noch anderen psychosomatischen Symptomen. Die Behauptung, »die Forderung nach Verzeihung... entlarvt auch die Ohnmacht der Verzeihungsprediger, die sich seltsamerweise Therapeuten nennen, obwohl sie sich als Priester bezeichnen müßten«, trifft in ihrem ersten Teil sicher öfters zu (wenn es darum geht, »die Ohnmacht und

231

Angst der Therapeuten abzuwehren«), läßt sich jedoch nicht verallgemeinern; daß Therapeut und Priester etwas miteinander zu tun haben, belegt schon das Wort →Psycho-Therapie (Seelen-Heilung oder Seel-Sorge).

22. Sucht oder Suche

1 »Streß« ist durchaus nicht immer etwas Negatives. Anforderungen von innen oder von außen, die uns motivieren, werden als »Eu-Streß« bezeichnet, solange sie nicht so komplex, intensiv oder widersprüchlich sind, daß wir sie nicht mehr angemessen verarbeiten können (»Dis-Streß«) und (unbewußt) in Fluchtmechanismen ausweichen, die uns krank, beziehungsgestört oder leistungsunfähig machen und uns die Zukunft grau in grau sehen lassen.

2 Der derzeitigen Interpunktion des griechischen und lateinischen Textes folgend, wird in den meisten deutschen Übersetzungen erst nach dem Wort »Gerechtigkeit« ein Komma gesetzt. Diese Zeichensetzung ist bereits eine Interpretation des Textes: Daß die Dinge des täglichen Lebens (»dies alles«) uns »hinzugegeben werden«, ist dann abhängig davon, daß wir a) »das Reich« *und* b) »seine Gerechtigkeit« *suchen*. Wenn man jedoch weiß, daß es im Aramäischen, der Sprache Jesu und seiner Jünger, keine Satzzeichen gab – sie erscheinen erst im griechischen Text –, so läßt sich der Satz ganz anders verstehen: *Auch die* »*Gerechtigkeit*« ist eine *Folge* des Suchens des Gottesreiches, nicht eine zusätzliche Vorbedingung, damit uns »dies alles hinzugegeben wird«. Wer zudem weiß, daß das Matthäus-Evangelium ursprünglich für judenchristliche Leser zusammengestellt wurde, für den wird die Formulierung noch verständlicher. Die Pharisäer versuchten ja gerade, durch strenge Beobachtung aller ihrer Vorschriften »gerecht« zu werden, um dadurch in das Himmelreich zu kommen. Dies ist einer der Hauptkritikpunkte der Bergpredigt an ihnen (→Kap. 4). Matthäus dreht daher die Reihenfolge genau um: Er sieht die Erlangung von »Gerechtigkeit« genau wie das Dazugegebenwerden des Lebensnotwendigen als *Wirkung* und nicht als zweite Ursache neben dem Suchen des Reiches an. Was hier wie ein akademischer Streit zwischen Theologen anmuten mag, hat sehr konkrete Folgen für die Anwendung des »Generalschlüssels«.

3 Al. Strom. I 24,158; zitiert aus: Fragments of an unknown Gospel, ed. by H. J. Bell and T. C. Skeat, London 1935; deutsch in: Holmes, Fernlehrgang »Science of Mind« 12, S. 23.

4. In: Holmes, Fernlehrgang 12, S. 23.

23. Saat und Ernte

1 Im Johannes-Evangelium heißt es (Jh 12,31): »*Jetzt* ergeht das Gericht über die Welt.« Der sogenannte »Jüngste Tag« wird allgemein mit einem zukünftigen Weltgericht assoziiert. Gemeint ist der Tag, der der jüngste ist und vor dem es keinen jüngeren mehr gibt: *heute*. Die Sprache ist keine leere Hülse.

2 Der Reinkarnations-Glaube fernöstlicher Religionen, wie er auch im Alten und Neuen Testament anzutreffen ist, ist nicht zu verwechseln mit heute mancherorts schon zur Mode gewordenen »Reinkarnations-*Therapien*«, in denen Menschen angeblich in »frühere Leben zurückgeführt« werden. Solches Tun

kann im Rahmen einer Psychotherapie sehr sinnvoll, weil wirksam, sein, es *kann* jedoch auch, je nach Handhabung durch den »Therapeuten« (mit oder ohne Anführungsstriche) und der Problematik des Klienten oder Patienten, Verwirrtheitszustände oder Depressionen herbeiführen oder verstärken. Zudem weiß jeder Psychologe und Psychotherapeut, der eine solide Hypnoseausbildung mitgemacht hat, zu welch *objektiv* unzuverlässigen Informationen bereits eine »Altersregression« (bezogen auf *dieses* Leben) führen kann, von Erkenntnissen aus »früheren« Leben ganz zu schweigen: Hier ist oft der Wunsch – dessen Bewußtwerdung psychotherapeutisch durchaus sinnvoll sein kann – der Vater des Gedankens. Selbst wenn sich in Einzelfällen Daten an Ort und Stelle und / oder historisch verifizieren lassen, beweist dies noch nicht, daß es sich um ein früheres Leben des Zurückgeführten handelt. Eher spricht dies für die Hypothese eines unter bestimmten Bedingungen für jeden Menschen zugänglichen »kollektiven Datenpools«, wie ihn nicht nur Psychologen (→ z. B. Walsh u. Vaughan, 1985), sondern auch Naturwissenschaftler (z. B. Sheldrake 1983) postulieren (→ Kap. 36 u. 37).

25. Brot oder Steine

1 → z. B.: »Report Psychologie« Nr. 1 / 1989, S. 28, wo über das Modell der kreativen Imagination berichtet wird. Eine Übersicht findet sich in »Psychologie heute«, Jan. 88, S. 51–55.

2 → z. B. Charles Tart, Gordon Globus, Ken Wilber; in: Walsh u. Vaughan.

26. Die goldene Regel

1 Schmidt S. 65.

2 3 M 19,18: Hier wird übrigens hinzugefügt: »*Ich bin* der Herr!«

3 Hindus gründen die Goldene Regel auf die Einheit aller im Universalen Selbst: Schmidt S. 65.

4 → Kap. 12.

5 → Wahrnehmung.

6 »Sitzen« ist – ähnlich wie im Zen-Buddhismus – ein Fachausdruck für Meditation und Kontemplation: → Kap. 1.

7 Tausch und Tausch sprechen von »Sozialer Reversibilität« (S. 368 ff.).

8 Gertrud Höhler; in: Handelsblatt Karriere, Nr. 39, 22.23. 9. 89, Seite K2.

29. Zweifel oder Leichtgläubigkeit

1 Vgl. das Sammelreferat von B. Bozok und K.-E. Bühler in: Fortschritte der Neurologie und Psychiatrie, Band 56, S. 119–132, ebenso Heinrich Wallnöfer (1989, S. 120), der die »Therapeutenvariable« an einem sehr konkreten Beispiel verdeutlicht.

2 Schon in der Einleitung war davon die Rede, daß auch der Verfasser dieses Buches zu den »falschen Propheten« gehören könnte und daß deshalb der Leser gut beraten sei, wenn er ihm kein Wort *glaube*, sondern die Hypothesen des Buches an seiner eigenen Erfahrung auf ihre Relevanz überprüfe. Umgekehrt ist es dem Verfasser klar, daß es sinnlos ist, die vorliegenden Thesen zu »diskutieren« (»discutio« lat. = zerschlagen, zertrümmern, auseinandertreiben«):

Gemäß der Bergpredigt kommt es darauf an, zu »hören« und zu »tun«, um feststellen zu können, welche »Früchte« die Thesen in der Praxis bringen. Jeder Kritiker (griechisch: »Krinein = unterscheiden«) geht – wie der Verfasser auch – von ihm teilweise bewußten, teilweise vorbewußten philosophischen, weltanschaulichen, religiösen etc. Postulaten (Voraus-Setzungen oder Vor-Urteilen) aus, die, auf ihre Begründung hinterfragt, letztlich nicht mehr begründbar sind, sondern in Glaubens-Sätze einmünden. Andererseits gehen die Gesetze der Wahrnehmung und unbewußte Abwehrmechanismen in jede Kritik mit ein, von wem sie auch kommen mag, sei sie nun wohlwollend oder ablehnend. Der Verfasser ist sich als Theologe und Psychologe bewußt, welche Kritik vorgebracht werden kann. Sie wird je nach persönlicher Biographie, Ideologie und der daraus resultierenden Psycho- und Theologie sehr unterschiedlich sein.

31. Hören und Tun

1 Im Dominikaner-Orden gibt es einen Wahlspruch »Contemplari et contemplata aliis tradere! = Kontemplieren (Schauen) und das Kontemplierte (Geschaute) anderen weitergeben!« Die selbst-ironische Variante lautet: »Contemplata aliorum tradere! = Das, was andere kontempliert haben, weitergeben.«

2 Konditionierungen sind nicht per se etwas Minderwertiges. Nur nicht-bewußte Konditionierungen – oder eine »unbewußte Metaphysik«, wie Tart sich ausdrückt – sind gefährlich, weil sie unseren Freiheits-Spiel-Raum einengen.

33. Mentales Training

1 Von Thomas von Aquin wird der Satz überliefert: »Timeo lectorem unius libri! = Ich fürchte den Leser *eines* Buches!« Der Satz ist doppeldeutig: Fürchtet er diesen Leser wegen seiner Einseitigkeit, oder weil er sich in *einer* Sache gründlich auskennt? Nicht umsonst gab es lange Zeit Indices verbotener Bücher: Man erhoffte sich davon den Schutz vor »verwirrenden« neuen Informationen. Auch heute noch werden unerwünschte Bücher auf dem Scheiterhaufen verbrannt.

2 Der Verfasser ist seit 18 Jahren (auch) Mitarbeiter von Dr. med. N. Peseschkian, einem Perser, lebt also berufsmäßig weithin im »Ausland«.

3 So gibt es zum Beispiel in der griechischen Übersetzung des Neuen Testaments einige Fachausdrücke aus hellenistischen Mysterienkulten, die von den Übersetzern bewußt plaziert wurden. Den damaligen Lesern und Hörern waren deren Bedeutungen, die uns heute fremd sind, vertraut.

4 Ausgezeichnete Hinweise zum transkulturellen Aspekt gibt Peseschkian in seinen Büchern.

5 → Tart, Kap. 2.

6 Die Frag-Würdigkeit solcher Fragestellungen wurde im vorigen Abschnitt an der Möglichkeit von Begründungsschritten demonstriert. Ähnlich läßt sich auch jede Wirk-Ursache auf deren Ursache, diese wiederum auf deren Ursache usw. »hinterfragen«. Fragt jemand zum Beispiel nach der Ursache eines

psychosomatischen Symptoms (wie eines grippalen Infekts), läßt sich dies mit dem Hinweis auf die Wirksamkeit bestimmter anwesender Erreger begründen. Warum wurden diese Erreger bei diesem Menschen wirksam? Weil sein Immunsystem geschwächt war. Warum war sein Immunsystem geschwächt? Weil... So läßt sich der Regreß ad infinitum weiterführen.

7 Vgl. zum Beispiel die in Kapitel 29 zitierte Erzählung von der blutflüssigen Frau.

8 Vgl. Peseschkian 1980, Idries Shah, Paul Reps, Karlfried Graf Dürckheim.

9 Vgl. Verena Kast, Ulla Wittmann, Wolfgang Werner.

10 Mitschrift einer Vorlesung in der Albertus-Magnus-Akademie der Dominikaner in Walberberg, 1958. Von Spiecker stammen viele der in diesem Abschnitt beschriebenen Aspekte.

11 »Auch wenn der Mensch ›hunderttausend Bibeln hätte gefressen‹, so wird er nur einen toten, ›gedichteten‹ Glauben haben, sagt Thomas Müntzer und relativiert damit die Autorität der Schrift. Die Bibel ist für ihn bedeutsam unter dem Gesichtspunkt ihrer Verinnerlichung... Die Gefahr einer subjektivistischen Auslegung der Bibel hat Luther erkannt. Von einer Trennung des Wortsinns und des geistigen Sinnes hat er genausowenig gehalten wie von der Auslegung nach dem vierfachen Schriftsinn, die vor allem die scholastische Theologie ausgeformt hatte« (Schmoll 1989). Angenommen, die Autorin interpretiert Müntzer und Luther richtig: Wessen Meinung ist dann zutreffend?

34. Meditation

1 Z. B. Davis, Gottwald / Howald, Lay, Massa, Müller-Elmau, Naranjo / Ornstein, Rozman, Seitz, Smith, Wenzel.

2 Vgl. die Artikel von Shapiro (1982) und von Benson.

3 Es gibt Meditationsmethoden, bei denen dem Schüler in einem mehr oder minder geheimnisvollen Ritus ein Meditationswort (»Mantra«) vermittelt wird, das angeblich oder tatsächlich individuell für den Betreffenden vom Meditationslehrer – nur dieser hat Zugang zu den Regeln der Zuteilung! – ausgewählt und ihm zugeteilt wird, das dieser aber keinem Dritten mitteilen darf, da dann das Mantra seine Wirkung verliere. Abgesehen davon, daß solche Behauptungen sehr zweifelhaft sind, da eine Reihe von Untersuchungen gegen die Haltbarkeit solcher Behauptungen sprechen (→ oben 2), handelt es sich aus der Sicht des Psychologen hier um eine sehr geschickte, aber auch fragwürdige Taktik. Zum einen fühlt sich der, dem das Mantra zugeteilt wurde, einer auserwählten Gruppe von Geheimnisträgern zugehörig, welche Überzeugung sehr suggestiv zu wirken vermag. Zum anderen wird der kritische Schüler in eine perfekte Doppelbindung hineingeführt: Erkundigt er sich bei anderen, ob diese vielleicht das gleiche Mantra zugeteilt bekamen, und forscht nach den Regeln, nach denen diese Meditationsworte zugeteilt werden – durchbricht er also sein Versprechen, zu schweigen –, kann er zwar eventuell seine Wißbegier befriedigen, geht aber andererseits das Risiko ein, daß sein Mantra nicht mehr »wirksam« ist! An dieser Stelle sei hingewiesen auf Wallnöfer (S. 117–120). Es sei noch einmal betont: Es ist nicht die Absicht

des Verfassers, irgendeinem religiösen Repräsentanten, einem Meditationslehrer, einer Meditationsschule oder überhaupt einem anderen Menschen unlautere Absichten zu unterstellen. Die meisten Menschen sind vermutlich subjektiv von der Gültigkeit ihrer Behauptungen überzeugt. Die Bergpredigt warnt jedoch ausdrücklich vor Leichtgläubigkeit (→ Kap. 29), wie auch Paulus (1 Th 5,21): »Prüft alles; das Gute behaltet!«

4 → Orme-Johnson (1985), Howald 1989.

5 Bei manchen Menschen besteht ein Problem darin, ihnen die Möglichkeit der Selbsthilfe durch Meditation oder andere Methoden bewußt zu machen und sie dazu zu motivieren. Dies ist eine der Aufgaben, die Psychotherapie leistet. Bei schweren neurotischen Erkrankungen ist die Hinzuziehung eines Fachmanns (Psychologe und / oder Psychotherapeut) selbstredend indiziert.

6 So erscheinen ja auch manche Aussagen der Bergpredigt als »unvernünftig«, wenn jemand ihren Sinn nicht versteht, beispielsweise: »Widerstehet nicht dem Bösen…!« → Wissenschaft: »paradoxe Logik«.

7 Vielleicht meint Paulus auch das, wenn er schreibt (G 3,28): »Da gilt nicht mehr Jude und Hellene, nicht Sklave und Freier, nicht Mann und Frau; denn alle seid ihr eins in Christus.«

8 transcendere = übersteigen.

35. Kontemplation

1 Lateinisch »Übung, Training«.

2 → Schorsch S. 80.

3 Deutsche Predigten und Traktate (1973).

4 Ährenlese, S. 103; zit. in: Peseschkian 1980, S. 50. Baha'u'llah kannte sicher die Bergpredigt: Seine ersten Sätze ähneln stark Mt 5,14–16.

5 So verstanden gibt es kein »Leben *nach* dem Tode«, da es zwar ein Sterben, nicht aber einen Tod gibt.

6 Vgl. 2 M 20,4.

7 Vgl. die Bücher von Kübler-Ross, van Eersel, Moody und Hesses »Suicid«.

36. Schöpferische Vorstellung

1 Vgl. E. Holmes, Lehrgang »Science of Mind«.

2 Vgl. die Arbeiten von Bandler, Drayer, Epstein, Goleman, Ernst (2), Klinger, Leuner, Madelung, Taylor, Wilson u. Barber.

3 Ghawain 1986.

4 Rosemarie Schneider (1986).

5 Vgl. Peseschkian (1982, S. 106 ff.), der außer der Ich-Dimension die weiteren Dimensionen Du, Wir und Ur-Wir kennt, und Jürg Willis Ko-Evolution.

VIII: Salz der Erde – Licht der Welt

1 Seit 1972 habe ich als Psychologe und Theologe durch Dr. med. N. Peseschkian auch die Baha'i-Religion, die solche Ziele verfolgt, kennen- und achten gelernt.

2 Die »Sprachen« der Psychologie und naturwissenschaftlicher Disziplinen bieten sich heute weltweit dafür an. Daher versucht der Autor in diesem

Buch, sie zu verwenden. Es geht nicht darum, Theologie und Religion zu psychologisieren oder alles hinwegzurationalisieren. Es wird auch nicht behauptet, die vorliegende Interpretation sei die einzig richtige oder eine vollständige, geschweige denn, sie gebe die Botschaft des Neuen Testaments oder auch nur der Bergpredigt erschöpfend wieder.

37. Die Kraft der Gruppe

1 → Wissenschaft.

2 → Psychologie heute, Oktober 88, S. 13 f.

3 → Kap. 33 und »Wissenschaft«.

4 Einen guten Überblick gibt Gerhard Bott (1987).

5 Zit. in: esotera 2/1989, S. 73.

6 Willis Harman, Hochschullehrer an der Stanford University in USA; zit. bei Bott (1987).

7 Lutz 1983; dort auch Originalquellen.

8 In: Noetic Sciences Review (Hrsg.: Willis Harman); Institute for Noetic Sciences, 230 Forbes Avenue, San Rafael, California 94901; zit. in: Uebel, J. F.: Meditation auf dem Prüfstand. esotera 2/1989, S. 70 ff. Vgl. auch Schorsch S. 132: »Zur Hypothese kollektiver Lernprozesse«.

9 In: Bott (1987).

10 Schorsch S. 132 ff.

11 Bott (1987).

12 Die Daten sind entnommen aus: Jochen Uebel: Globale Bewußtseinsprojekte (1); in: Trendwende Nr. 8/1986, 5. Jhg., S. 16–28; vgl.: Aron, A. u. Aron, E. N. (1981).

38. Ver-SELBST-ständigung oder »Emanzipation«

1 Johannes Groß schreibt in seinem »Tagebuch« in der FAZ in Abwandlung eines bekannten Diktums von Alexander Mitscherlich, wir Deutschen seien eher unfähig, uns zu freuen.

2 C. T. Tart 1978, S. 99–178.

39. Abschied von der »Religion des Buches«

1 Dies gilt selbstredend auch für die in diesem Buch gebotenen Auslegungen, es sei denn, sie werden als Hypothesen verstanden, deren Gültigkeit im Kontext von Mt 7,15–20 und Mt 7,24–27 an der Erfahrung überprüfbar sind.

40. »Und der Tod wird nicht mehr sein«.

1 → Psychologie heute, Nov. 88, S. 8 f.; Patrice van Eersel, S. 7–18.

2 »Il-lusio = Ironie« ist mit »ludere = spielen« verwandt: »Das Leben ist ein Spiel!«

C Literaturverzeichnis

Alexander, F., Selesnick, G.: Geschichte der Psychiatrie. Zürich 1965

Andreas, P. & Davies, R. L.: Das verheimlichte Wissen. Ansata: Interlaken 1984

Alt, F.: 1. Liebe ist möglich. Die Bergpredigt im Atomzeitalter. Piper: München [8]1987; 2. Frieden ist möglich. Die Politik der Bergpredigt. Piper: München [24]1987; 3. »Jesus«. Der erste neue Mann. Piper: München 1989

Aron, A. und Aron, E. N.: Experimental Interventions of High Coherence Groups into Disorderly Social Systems. In: Aron, A.: Preventing Crime through the Transcendental Meditation program. Symposium, Annual Convention of the American Psychological Association, Los Angeles, August 27, 1981

Bandler, R.: Using your brain – for a change. Real People Press Moab: Utah 1985

Benesch, H.: Zwischen Leib und Seele. Grundlagen der Psychokybernetik. fischer perspektiven 4186. Fischer: Frankfurt/M. 1988

Benson, H.: The relaxation response. William Morrow & Co: New York 1975

Bollnow, O. F.: Wesen und Wandel der Tugenden. Ullstein-Bücher 209: Frankfurt 1958.

Bott, G.: Der neue Optimismus: Absage an den Weltuntergang: In: Pierrot Nr. 3/1987, S. 40–47

Capra, F.: 1. Wendezeit. Scherz: Bern–München–Wien [3]1983; 2. Das Tao der Physik. Scherz: [8]1986

Carrington, P.: Meditation: Innere Ruhe, die befreit. Psychologie heute, Nov. 88, S. 58 ff.

Davis, R. E.: Einfache Einführung in die Meditation. Verlag CSA, Rosemarie Schneider: Bad Homburg [2]1982

Divyanand, S.: Universale Religion 7/87, S. 3 ff. Divyanand Verlag, Herrischried

Dörner, D. (Hg.): Lohhausen: Vom Umgang mit Unbestimmtheit und Komplexität. Huber: Bern 1983

Draayer, H.: Finde dich selbst durch Meditation. Kösel: München 1984

Dua, J.: Meditation und kognitive Verhaltenstherapie. Report Psychologie, Februar 1990, S. 32–39

Dürckheim, K. Graf: Wunderbare Katze und andere Zen-Texte. Scherz, Bern–München–Wien [4]1979

Eck(e)hart, Meister: Deutsche Predigten und Traktate. Hrsg. und übersetzt von Josef Quint. detebe-Klassiker 20642, Diogenes: München 1983

Eersel, P. van: Sterben – der Weg in ein neues Leben. Scherz: Bern–München–Wien 1987

Egger, W.: Methodenlehre zum Neuen Testament. Freiburg–Basel–Wien 1987

Emde, G.: 1. Grundlagen einer transzendenzoffenen Theorie paranormaler Vorgänge. Resch: Innsbruck 1982; 2. Brücken von der Wissenschaft zur Religion. Emde: Ottobrunn [3]1983; 3. Transzendenzoffene Wissenschaft. *Via mundi* Heft 67. Emde: Pittenhart 1989

Epstein, G.: Wachtraumtherapie. Klett-Cotta: Stuttgart 1981

Ernst, H.: 1. Grenzerfahrungen (Red.). Psychologie heute: Sonderband. Beltz: Weinheim/Basel [2]1985. 2. Machen Sie sich ruhig Illusionen. Psychologie heute, Sept. 89, S. 21–28

esotera: Neue Dimensionen des Bewußtseins. Bauer: Freiburg i. Br.

Fromm, E.: Die Kunst des Liebens. Ullstein Buch 258. Frankfurt a. M. 1979

Frör, K.: Biblische Hermeneutik. Kaiser: München [2]1964

Ghai, O. P. (Hg.): Einheit in der Vielfalt. Horizonte: Rosenheim 1987

Ghawain, S.: Stell dir vor. Kreativ visualisieren. rororo-Sachbuch 8093. Rowohlt: Reinbek 1986

Goleman, D.: Lebenslügen und einfache Wahrheiten. Psychologie heute – Sachbuch. Beltz: Weinheim und Basel 1987

Gottwald, F.-T., Howald, W.: Selbsthilfe durch Meditation. mvg: Landsberg am Lech 1988

Gottwald, P., Kraiker, C. (Hg.): Zum Verhältnis von Theorie und Praxis in der Psychologie. In: Sonderheft I/1976 der Mitteilungen der Gesellschaft für Verhaltenstherapie, Tübingen, S. 33–46

Grinberg-Zylberbaum, J. & Ramos, J.: El Espacio y la Consciencia. Mexiko-City 1981; vgl. in: Journal of Neuroscience 36/1987, 41–53

Griffiths, B.: Rückkehr zur Mitte. Das Gemeinsame östlicher und westlicher Spiritualität. Kösel: München 1987

Grün, A.: 1. Einreden. Vier Türme Verlag, Münsterschwarzach 1983; 2. Glauben als Umdeuten. Münsterschwarzach 1986; 3. Dimensionen des Glaubens. Münsterschwarzach 1987

Haley, J.: Die Jesus-Strategie. Psychologie heute, Februar 1990

Hamp, V., Stenzel, M., Kürzinger, J.: Die Heilige Schrift. Familienbibel, Altes und Neues Testament. Bonn 1966

Hofstätter, P. R.: Einführung in die Sozialpsychologie. Kröner: Stuttgart 1966

Holmes, E.: Lehrgang zum Studium von Science of Mind. CSA: Bad Homburg 1985

Howald, W.: in: Gruppendynamik, Heft 4, 11/89; zit.: Meditation: Mehr als nur Entspannung; in: Psychologie heute, April 90, S. 10

Innerhofer, P., Gottwald, P., Scharfetter, L.: Anmerkungen zu einer pragmatisch orientierten Wissenschaftstheorie. In: Gottwald, P., Kraiker, C. (1976), S. 47–71

James, W.: 1. Psychology: Briefer Course. New York 1910; 2. Die Vielfalt religiöser Erfahrung. Walter: Olten und Freiburg 1979

Jampolsky, G. G.: Lieben heißt die Angst verlieren. Goldmann Ratgeber 10381: [2]1988

Jung, C. G.: Von Religionen und Christentum. Walter: Olten und Freiburg 1987

Kast, V.: Märchen als Therapie. Walter: Olten und Freiburg 1986

Kline, P.: in: Psychologie heute, Februar 1989, S. 52 ff.

Klinger, E.: Der Schritt aus der Wirklichkeit. Psychologie heute, Jan. 88, S. 46 ff.

Kluge, F.: Etymologisches Wörterbuch. W. de Gruyter, Berlin 1960

Kraiker, C.: Zum Problem von Theorien und ihrer Anwendung in der Psychologie. In: Gottwald, P., Kraiker, C. (1976), S. 33–46

Kreppold, G.: Die Bibel als Heilungsbuch. Vier Türme: Münsterschwarzach 1985

Kuhn, T.: Die Struktur wissenschaftlicher Revolutionen. Frankfurt a. M. [5]1981

Kübler-Ross, E.: Über den Tod und das Leben danach. Melsbach 1984

Laiblin, W. (Hg.): Märchenforschung und Tiefenpsychologie. Wissenschaftliche Buchgesellschaft: Darmstadt 1975

Lamsa, G. M.: Die Evangelien in aramäischer Sicht. Gossau–St. Gallen 1963

Lapide, P.: 1. Ist die Bibel richtig übersetzt? GTB 1415: Gütersloh [2]1986; 2. Wie liebt man seine Feinde? Grünewald: Mainz [5]1987

Lapide, P. u. von Weizsäcker, C. F.: Die Seligpreisungen. Calwer: [3]1985

Lay, R.: Meditationstechniken für Manager. rororo Sachbuch 7243. Rowohlt: Reinbek 1979

Leonard, G.: Der Rhythmus des Kosmos. Scherz: Bern und München [2]1983

Leuner, H.: Katathymes Bilderleben (Grundstufe). Thieme: Stuttgart 1982

Lorenz, M.: Umbruch im biologischen Denken. Düsseldorf 1980

Lutz, R. (Hg.): Bewußtseins(R)evolution. Beltz: Weinheim und Basel 1983

Madelung, E.: Botschaften des Unbewußten. Wie man mit Imaginationen arbeiten kann. Psychologie heute, Jan. 88, S. 52 ff.

Maier, S. F. u. Laudenslager, M.: Wann macht Streß krank? Psychologie heute, Mai 87, S. 26 ff.

Massa, W.: Kontemplative Meditation. Topos Taschenbücher 30. Matthias-Grünewald: Mainz 1974

Meister Eck(e)hart → Eck(e)hart; Schmidt, K. O.; Schelp, H.

Mensching, G.: Die Söhne Gottes. Aus den Heiligen Schriften der Menschheit. Löwit: Wiesbaden o. J.

Merton, R.: The self-fullfilling prophecy. In: Merton, Social theory and social structure. Glencoe 1957

Miller, A.: Vergeben und vergessen? Vorabdruck aus: Alice Miller, Abbruch der Schweigemauer. Hoffmann und Campe Verlag 1990. In: Psychologie heute, April 90, S. 54–57

Miller, L.: Das Gehirn: Rechts heiter, links betrübt? Psychologie heute, Mai 1988, S. 32 ff.

Moody, R. A.: Leben nach dem Tod. Die Erforschung einer unerklärten Erfahrung. Rowohlt: Hamburg 1977

Müller, M. M.: Die Kunst des Ärgerns. In: Psychologie heute, April 90, S. 21–26

Müller-Elmau, B.: Kräfte aus der Stille. Die transzendentale Meditation. Econ-Ratgeber 20021: Düsseldorf [2]1985

Naranjo, C., Ornstein, R. E.: Psychologie der Meditation. Fischer Taschenbuch 1811. Fischer: Frankfurt 1980

Nestle, E.: 1. Novum Testamentum Graece et Latine. Privilegierte Württembergische Bibelanstalt: Stuttgart [16]1954; 2. Sprachlicher Schlüssel zum Griechischen Neuen Testament; bearbeitet von Fritz Rienecker. Brunnen-Verlag: Gießen–Basel [11]1953

Nickel, E.: Von der Wissenschaft an die Grenzen der Weisheit. G. Emde: Ottobrunn 1983

Orme-Johnson, D.: Reduced Health Insurance Utilization Through The Transcendental Meditation Program. In: Psychosomatic Medicine, Band XLIX, Nr. 5, September/October 1987

Ousely, G. J.: Das Evangelium des vollkommenen Lebens. Bern 1974

Panikkar, R.: 1. Der unbekannte Christus im Hinduismus. Matthias–Grünewald: Mainz 1986; 2. Den Mönch in sich entdecken. Kösel. München 1989

Peseschkian, N.: 1. Psychotherapie des Alltagslebens. Fischer Taschenbuch 1855, Frankfurt a. M. 1977; 2. Der Kaufmann und der Papagei. Fischer Tb 3300, 1980; 3. Positive Familientherapie. Fischer Tb 6761, 1982; 4. Positive Psychotherapie. Fischer Tb 6783, 1985; 5. Auf der Suche nach Sinn. Fischer Tb 6770, 1986; 6. 33 und eine Form der Partnerschaft. Fischer Tb 6792, 1988; 7. Positive Psychotherapie in der psychosomatischen Medizin. Springer, Heidelberg 1990

Peseschkian, N. u. Deidenbach, H.: Wiesbadener Inventar zur Positiven Psychotherapie und Familientherapie. Springer: Heidelberg 1988

Pierrot: Herman van Veen (Hg.): Alpha Verlagsgesellschaft, Hamburg

Prigogine, I.; in: Pierrot 3 (1987) 41–47

Pryse, J. M.: Reinkarnation im Neuen Testament. Ansata, Interlaken [3]1984

Psychologie heute. Beltz: Weinheim

Rauch, E.: Auto-Suggestion und Heilung. PAL-Verlag: Mannheim 1987

Report Psychologie. Zeitschrift des Berufsverbandes Deutscher Psychologen. Deutscher Psychologen Verlag: Bonn.

Reps, P.: Ohne Worte – ohne Schweigen. 101 Zen-Geschichten und andere Zen-Texte aus vier Jahrtausenden. Barth/Scherz: Bern–München–Wien [5]1985

Rienecker, F.: Nestle, F. (2)

Ritt, H.: 1. Das Reden Gottes im Sohn. Zur textlinguistischen Methode der neutestamentlichen Exegese. In: Schreiner, J., Dautzenberg, G. (Hrsg.) Gestalt und Anspruch des Neuen Testaments. Würzburg [2]1979, 366–384; 2. Gegen die verkopften Methoden in der Bibelwissenschaft? In: Bibel und Liturgie 61 (1988), S. 210–216

Rozman, D.: Mit Kindern meditieren. Fischer Taschenbuch 3383. Fischer: Frankfurt a. M. 1982

Ryzl, M.: Jesus, größtes Medium aller Zeiten. Die biblischen Wunder als parapsychische Phänomene. Ariston: Genf [2]1975

Sabel, B. A.: TM in der Psychologie. Med. Klin. 74 (1979), 1779–1784, Nr. 47

Salk, J.; in: Pierrot 3 (1987) 41–47

Schelp, H.: Meister Eckhart, Stille und Ewigkeit. Eine Anthologie. Helmut Felder: Innsbruck 1985

Schiwy, G.: Weg ins Neue Testament. Echter, Würzburg 1965

Schmidt, K. O.: 1. Meister Eckeharts Weg zum kosmischen Bewußtsein. Drei Eichen Verlag: München & Engelberg/Schweiz [2]1980; 2. Die Religion der Bergpredigt. [6]1982; 3. Das Thomas-Evangelium. [3]1984; 4. Die Goldene Regel. [3]1985; 5. Wegweisende Weisheit. Frick: Pforzheim [2]1981

Schmoll, H.: Der Angriff auf die Herzstücke reformatorischer Theologie. Luthers Auseinandersetzung mit Müntzer. In: Frankfurter Allgemeine Zeitung Nr. 253 vom 31.10.89, S. 3

Schneider, R.: Wochenendseminar München 1986. 5 Audio-Kassetten. Verlag CSA Rosemarie Schneider: Bad Homburg 1986

Schorsch, Ch.: Die große Vernetzung. Bauer: Freiburg 1987

Schrott, E., Wachsmut, D.: TM – Ruhe tiefer als im Schlaf. Ärztliche Praxis, XXXVI. Jhrg., Nr. 32, S. 861 ff.

Schwarz, G.: Die Muttersprache Jesu. Übersetzung des Buches: Black, M.: An Aramaic Approach to the Gospels and Acts. Kohlhammer: Stuttgart 1982

Seitz, M.: Der Meditationsführer. Schönberger: München 1985

Shah, I.: Die Weisheit der Narren. Meistergeschichten der Sufis. Herder: Freiburg 1983

Shapiro, D. H.: 1. Overview: Clinical and Physiological Comparison of Meditation with other Self-Control Strategies. Am. J. Psychiatry 139:3, March 1982; 2. Meditationstechniken in der Klinischen Psychologie. Fachbuchhandlung für Psychologie: Eschborn 1987

Sheldrake, R.: Das schöpferische Universum. Meyster: München 1983

Smith, A. B.: Transzendentale Meditation – eine Methode für Christen? Helmuth Felder: Innsbruck 1985

Smith, M. B.: Toward a secular humanistic psychology. Journal of Humanistic Psychology, 26 (No. 1), 7–26

Spiecker, R.: Innewerden was ist. Bibliotheca christiana: Bonn 1969

Stenger, W.: Biblische Methodenlehre. Leitfaden Theologie 18. Düsseldorf 1987

Stutz, E.: TM in der Medizin: Körperliche Wirkungen. Med. Klin. 72 (1977) 905–908, Nr. 20

Tart, C.: Transpersonale Psychologie. Walter, Olten und Freiburg 1978

Tausch, R. u. Tausch, A.-M.: Erziehungspsychologie. Hogrefe: Göttingen [5]1970

Taylor, S.: Positive Illusions. Basic Books: New York 1990

Teilhard de Chardin, P.: Der Mensch im Kosmos. C. H. Beck: München 1959

Trendwende: Bewußtsein und Gesellschaft im Umbruch: Ein unabhängiger Informationsdienst. B. und J. F. Uebel (Hg.), Worpswede

Wallnöfer, H.: Auf der Suche nach dem Ich. Psychotherapie – Meditation – Seelische Gesundheit. Albert Müller: Rüschlikon–Zürich–Stuttgart–Wien 1989

Walsh, R. N. u. Vaughan, F. (Hg.): Psychologie in der Wende. Scherz: Bern–München–Wien [2]1985

Ware, K. u. Jungclaussen, E.: Hinführung zum Herzensgebet. Herder: Freiburg–Basel–Wien [3]1986

Watzlawick, P., Beavin, J. H., Jackson, D. D.: Menschliche Kommunikation. Bern 1969

Watzlawick, P., Weakland, J. H., Fisch, R.: Lösungen. Huber, Bern–Stuttgart–Wien 1974

Weizsäcker, C. F. v. u. Krishna, G.: Die biologische Basis der religiösen Erfahrung. Suhrkamp Taschenbuch 1557: Frankfurt a. M. 1988

Wenzel, P.: Die rettende Idee. Edition Lichtquell: Todtmoos 1987

Werner, W. (Hg.): Märchen und Mythen. Einhorn-Presse: Reinbek 1987

Wesiack, W.: Grundzüge der psychosomatischen Medizin. Springer, Heidelberg [2]1984

Willi, J.: Ko-Evolution. Die Kunst gemeinsamen Wachsens. rororo-Sachbuch 8536. Rowohlt: Reinbek 1989

Wilson, S. C. u. Barber, T. X.: The phantasy-prone personality: Implications for understanding imagery, hypnosis and parapsychological phenomena. In: Annes Sheikh (Ed.): Imagery, Current Theory, Research & Applications. Wiley: New York 1983

Wittmann, U.: Ich Narr vergaß die Zauberdinge. Märchen als Lebenshilfe für Erwachsene. Ansata: Interlaken 1987

D Abkürzungen

Legende: Zahlen hinter der Abkürzung bedeuten:
vor dem Komma steht die Nummer des Kapitels, hinter dem Komma die Nummer des oder der Verse, zum Beispiel:
1 M 2,15 = 1. Buch Moses (Genesis), Kapitel 2, Vers 15; 1 M 2,15 f. = Kapitel 2, Verse 15 und 16; 1 M 2,15 ff. = Vers 15 und zwei oder mehrere folgende Verse; 1 M 2,15.18 = Kapitel 15, Verse 15 und 18. Werden mehrere Kapitel eines Buches zitiert, so werden diese durch einen Strichpunkt getrennt, zum Beispiel: 1 M 2,15–17; 3,1 = Kapitel 2, Vers 15 bis 17 und Kapitel 3, Vers 1

Altes Testament:

1 M	=	1. Buch Moses (Genesis)
2 M	=	2. Buch Moses (Exodus)
3 M	=	3. Buch Moses (Leviticus)
4 M	=	4. Buch Moses (Numeri)
5 M	=	5. Buch Moses (Deuteronomium)
Jo	=	Buch Josua
Ri	=	Buch der Richter
Ru	=	Buch Rut
1 S	=	1. Buch Samuel
2 S	=	2. Buch Samuel
1 Kö	=	1. Buch der Könige
2 Kö	=	2. Buch der Könige
1 C	=	1. Buch der Chronik (1 Paralipomenon)
2 C	=	2. Buch der Chronik (2 Paralipomenon)
Es	=	Buch Esra (1 Esra)
Ne	=	Buch Nehemia (2 Esra)
To	=	Buch Tobias
Jd	=	Buch Judit
Er	=	Buch Ester
1 Mr	=	1. Buch der Makkabäer
2 Mr	=	2. Buch der Makkabäer
Ps	=	Buch der Psalmen
Hi	=	Buch Hiob
Sp	=	Buch der Sprüche
Pr	=	Buch Prediger (Kohelet oder Ecclesiastes)
Hl	=	Das Hohelied
We	=	Buch der Weisheit
JS	=	Buch Jesus Sirach (Ecclesiasticus)
Is	=	Buch Isaias
Je	=	Buch Jeremias
Kl	=	Die Klagelieder
Ba	=	Buch Baruch
Ez	=	Buch Ezechiel
Da	=	Buch Daniel

Ho = Buch Hosea (Osee)
Joe = Buch Joel
Am = Buch Amos
Ob = Buch Obadja (Abdias)
Jon = Buch Jonas
Mi = Buch Micha (Michäas)
Na = Buch Nahum
Ha = Buch Habakuk
Ze = Buch Zephanja (Sophonias)
Hj = Buch Haggaj (Aggäus)
Sa = Buch Sacharja (Zacharias)
Ma = Buch Maleachi (Malachias)

Neues Testament:
Mt   = Evangelium nach Matthäus
Mk   = Evangelium nach Markus
Lk   = Evangelium nach Lukas
Jh   = Evangelium nach Johannes
A   = Apostelgeschichte
R   = Brief an die Römer
1 K   = 1. Brief an die Korinther
2 K   = 2. Brief an die Korinther
G   = Brief an die Galater
E   = Brief an die Epheser
P   = Brief an die Philipper
Ko   = Brief an die Kolosser
1 Th = 1. Brief an die Thessalonicher
2 Th = 2. Brief an die Thessalonicher
1 Tm = 1. Brief an Timotheus
2 Tm = 2. Brief an Timotheus
Tt   = Brief an Titus
Pn   = Brief an Philemon
H   = Brief an die Hebräer
J   = Der Jakobusbrief
1 P   = 1. Petrusbrief
2 P   = 2. Petrusbrief
1 J   = 1. Johannesbrief
2 J   = 2. Johannesbrief
3 J   = 3. Johannesbrief
Ju   = Der Judasbrief
O   = Die Offenbarung des Johannes (Apokalypse)

E Danksagung

Intellektuelle Schulung und meditativ-kontemplative Erfahrung in Bad Godesberg, Bonn und Walberberg – »Contemplari, et contemplata aliis tradere!« – bilden eine Grundlage dieses Buches.

Mein Blick über den Zaun wurde durch die langjährige Zusammenarbeit mit Dr. med. N. Peseschkian um transkulturelle Sichtweisen »Orient – Okzident« erweitert. Unterschiedliche kulturelle, religiöse und berufliche Sozialisation gaben in der Begegnung mit ihm und vielen anderen Menschen die Gelegenheit, die Thesen dieses Buches an der Praxis zu überprüfen.

Sr. Justina Bönsch O. P. und Frau Brigitte Woltmann-Tetzner haben in freundschaftlicher Verbundenheit das Entstehen der Manuskripte mitverfolgt und wertvolle Anregungen gegeben.

Meine Frau Karin verstand es ausgezeichnet, mich durch ihre konstruktive Kritik zu ermutigen. Ihr ist dieses Buch gewidmet.

Namen- und Sachregister

(Die Namen und Begriffe aus dem Anhang wurden nicht aufgenommen.)

Ablösung 18, 31
Abwehr (mechanismus) 19, 38, 47,
66, 88, 99, 110, 115, 123, 152, 170,
178, 197 f.
Adenauer, Konrad 38
Andreas, P. 64
Anpassung 29, 111, 183, 199
An-Teil / Anteil 20 f., 32, 46, 49,
51, 57, 62, 66, 72, 77, 79, 112,
149
Armut 17, 53 f., 59, 87
A-Theist(en) 10, 55, 60, 72, 102,
109, 148, 155 f.
Auge 24, 70, 86, 98, 102, 105
»drittes« 104, 140, 153
Augustinus 193
Autorität 38 f., 120, 129, 135, 198
Anti- 110 f.

Baha'i-Religion 154
Baha'u'llah 154
Barmherzigkeit 19 f.
Be-Deutung / Bedeutung 56, 61,
66 f., 113, 148, 156, 158, 177
äußere 56
innere 90
Bewußtsein(s-) 9, 20 f., 24, 32, 45,
49, 92, 98, 106, 112, 146, 153, 159,
175 f., 179, 181
änderung 24, 169, 180, 195
erweiterung 114, 158 f.
individuelles 157
kollektives 20, 32, 80, 133, 157
»neues« 180
»Quantensprünge« d. 183
selektives 149
wandel 115, 182
Bitten 100–103, 105, 172

Böse, das 30, 40 ff., 45, 77, 79 ff., 89,
110, 130
Bohm, David 64
Bollnow, O. F. 18
Bruno, Giordano 63
Buber, Martin 66
Buddha / buddhistisch 17, 26, 33, 41,
83, 95, 99

Charon, Jean E. 64
Christen(tum) 183, 199

Davis, R. E. 64
Demokrit 99
Denken(s) 9, 17, 19 f., 22, 30–33, 38,
42 f., 59 f., 66 f., 74, 76 f., 103, 105,
112 ff., 122, 128, 130, 133 f., 173,
198
analoges 137
Erneuerung d. 66 ff., 79, 119, 155
logisches 162
»mit dem Herzen« 111
neues 121
positives 73, 159
Veränderung d. 188, 190
Deutung 21 f., 41, 49, 69, 136
dualistische 87
metaphysische 201
Divyanand, S. 200
Dominikus von Guzman 152
Dua, J. 146
Dualismus / Dualität 77 ff., 86 f.

Einheit 18–22, 47, 49, 62 f., 77 ff.,
86, 116, 123, 185, 188
allen Seins 20 f., 154, 174
Erfahrung d. 112 f., 152
Gesetz d. 165

247

Einheit *(Fortsetzung)*
mit d. Ganzen 47, 112, 129, 149f., 187
Einstein, Albert 60
Einstellung(s-) 74, 127, 160
änderung 35, 45f., 53, 72, 92, 177f., 195
innere 42
Epiktet 86
Erfahrung 20, 25, 31f., 34, 47, 57ff., 67f., 78, 81, 86, 89, 91, 100, 106, 110ff., 124, 149, 158, 161f., 165, 180, 184, 186, 197f.
Erleuchtung 24, 83, 105, 179, 201
Erlösung 25
Ethik 109
Eysenck, H. J. 147
Existenz 201

Fasten, das 82–85
Feind(e; es-) 41, 46
bild(er) 32, 42, 44, 47
liebe 20, 32, 43ff., 76, 113, 130f., 165, 167, 188
Feuerbach, Ludwig 69
Flavius Josephus 38
Freiheit 26, 33, 97, 129, 189, 195f., 198
Freud, Sigmund 146
Frieden 21f., 24f., 116, 129
innerer 155
Fühlen, das 9, 17, 19, 22, 30ff., 38, 43, 59, 66, 103, 105, 122, 130, 198

Gebet(e)/beten 46, 49, 56–59, 61, 68, 79, 81ff., 92, 100, 102f., 105, 138, 173–177, 179, 181, 192f.
Gebot(e) 27f., 81, 111f., 149
Zehn, die 17, 26, 35, 175
Gefühl(e) 20, 31ff., 41, 56, 76, 104f., 112, 136, 139, 160–164, 179
negative 45
Schuld- 80, 89, 130, 158, 167

Geist 17, 21, 24, 41, 60, 68, 75, 78f., 106, 128f., 133, 156, 175ff., 200
Gelassenheit 42
Gerechtigkeit 19f., 22, 27f., 50f., 75, 81, 109f., 156
Gewalt/Gegengewalt 42, 80
Ghai, O. P. 27, 109
Ghawain, Shakti 157, 160, 168
Glauben(s-) 23, 38, 55, 58, 72, 91, 101ff., 106, 127-130, 145f., 152, 158, 161, 173, 179, 197f.
krieg 114
Macht d. 106
system 134
zäune *(Wenzel)* 159
Glück 34, 133, 148, 154
Gnade 59
Goethe, Johann Wolfgang v. 11, 50, 55, 67, 107, 196
»Goldene Regel«, die 19, 27, 80, 91f., 109–117, 131, 199
Gott(es-)
als Einheit allen Seins 133
begriff 13, 47, 60f.
bild 58, 68f., 101
vorstellung 57ff.
»Willkür-« 57, 70, 80
Griffith, B. 86
Grinberg-Zylberbaum, Jacobo 181

Hafis 77
Handeln, das 17, 19, 22, 30, 122, 130, 153, 198
Harman, Willis 182
Haß/hassen 31, 42, 45f., 76, 80, 88, 163f., 167f.
Heine, Heinrich 20
Herz 14, 20f., 33f., 60, 102f., 112f., 133, 150–154, 162, 175, 179
Hillel 111
Himmel(reich) 14f., 17, 24, 26ff., 41, 52, 61, 67f., 71, 78, 89, 120–123, 154, 174

248

Hören, das 130f., 168, 171f., 177
Hofstätter, P. R. 134

Jacobson, Edmund 158
Jampolsky, G. G. 21
Jenseits, das 51f., 75, 92, 127, 201
Jungclaussen, E. 151

Kabat-Zin, Jon 180
Kant, Immanuel 110
Karma 33, 95ff.
kat'holon 24, 47
Kirchen(-) 15, 37, 55, 72, 134, 191,
  193, 198
 geschichte 123
 katholische 69, 155
 Ost- 151
 spaltung 123
Klemens von Alexandrien 90
Kline, P. 197
Klinger, E. 157
Kluge, E. 18f.
Körper 75, 133f., 136, 146,
  165
Kommunikation(s-) 24f., 39, 80,
  167, 179, 194
 blockade 175
 gestörte 31
 Meta- 54
Kontemplation 20, 32, 34, 37, 39,
  54, 60f., 64, 66, 68, 80f., 90f.,
  128, 131, 133, 140–143, 150–157,
  160, 165, 167, 174, 184–189, 192,
  197, 201
Kosmos 65
Kübler-Ross, Elisabeth 155

Lamsa, George M. 17, 29, 74
Lapide, P. 21, 26, 66
Leiden, das 22f.
Liebe 19f., 44, 51, 77, 88, 110f.,
  113, 130
 Gottes- 113, 149ff.
 Nächsten- 43, 111, 113

Loslassen, das 20, 22, 31, 41, 54,
  80f., 133, 138, 160, 163f.,185
Lust 17

Madelung, Eva 158
Makrokosmos 71
Marcus Aurelius Antonius 65
Marx, Karl 137
Meditation(s-) 13, 20, 34, 54, 57,
  68, 80f., 90f., 105, 119, 128, 131,
  133, 138–149, 153f., 157, 160,
  165-168, 174–178, 181f.,
  184–192, 197, 201
 experimente 180f., 193
 Gruppen- 144, 184ff.
 Transzendentale 193f.
Meister Eckhart 47, 56, 60, 63, 112,
  154, 156
Meyrinck, Gustav 18
Mikrokosmos 71
Miller, L. 181
Moral/moralisch 20, 27, 31, 44, 55
Müller-Elmau, B. 145
Mystik(er) 47, 60, 199

Natur 21, 191
 göttliche 63
Nestle, Eberhard 10, 51, 89
Nietzsche, Friedrich 18, 58, 98
Nikolaus von Cues 47

Ökologie 21, 191
Orthodoxie/orthodox 51, 64, 199

Paracelsus 71
Paradigma/Paradigmen(-) 61, 121,
  134, 172, 179
 wechsel 61
Peseschkian, Nossrat 18, 32, 77,
  125, 130, 134
Physiologie 39
Platon 58
Projektion 19, 22f., 45, 76, 111,
  199
 Gesetz d. 98f., 110, 116

Prophezeiung, sich selbst erfüllende
18, 23, 69, 72, 89, 128
Pryse, J. M. 97
Psychoanalyse 19, 146
Psychologie 31, 39, 41, 58, 99, 104,
122, 128, 139, 151, 155, 157 f.,
169 f., 180
Sozial- 124, 184, 199
Tiefen- 66, 99
Psychotherapie 58, 103, 110, 114,
122, 128, 146 f., 158, 170

Ramakrishna, Sri 156
Ramos, Julietta 181
Rationalisierung 22 f., 38, 98, 100,
201
Rationalität 126
Regression 98
Reinkarnation(stheorie) 96 f.,
128
Religion(en; s-) 15, 19, 25, 27, 55,
58, 69, 148, 155 f., 198
alte 78
antike 120
christliche 121
Einheits- 170, 191
fernöstliche 95
Groß- 170
Hoch- 65, 150
lebendige 192
organisierte 200
Staats- 121
stifter 64, 70 f., 95, 168, 201
Unterschiede d. 156, 162
Ryzl, M. 120

Sabel, B. A. 146, 148
Salk, Jonas 180
Schelp, H. 56, 60
Schicksal 14, 33, 57 f., 70, 72, 79, 86,
95 f., 157, 174, 181
Schiwy, G. 38
Schleiermacher, Friedrich Ernst
Daniel 156

Schmidt, K. O. 23, 27, 53, 91, 109,
115
Schöpfung 20 ff., 58 f., 63, 150
Schopenhauer, Arthur 86
Schorsch, Ch. 64 f.
Schrott, E. 148
Schuld(gefühle) 80, 89, 130, 158,
167, 198
Seele 32, 60, 75, 89, 102, 112 f.,
151 ff., 174 f., 179
Sehen, das 57, 163
Selbst, das 49, 112 f., 138, 197,
200
Selbsterfahrung 49
Selbstkonzept 147
Selbstverwirklichung 49, 73, 113,
164
Sexualität 134
Shaw, George Bernard 19, 43
Sheldrake, Rupert 182
Smith, A. B. 63
Sozialisation 47, 55
Spiecker, Rochus 138, 149
Stutz, E. 148

Taoismus 176
Tart, Charles 134
Teil(habe) 123, 179
Teilhard de Chardin, Marie-Joseph
Pierre 63
Theologie / Theologe(n) 14, 25, 58,
155 f., 180
Theosophie 156
Thomas von Aquin 19, 58, 110, 136,
138, 154
Thora(-Gebote) 26, 111, 200
Tin Fu King 90
Tod(es-) 22, 51, 155, 200 f.
näheerfahrung 155 f., 168, 201
Toleranz 116
Trance 104
Transzendenz / transzendent 17 f.,
47, 68, 135, 138, 149, 156, 159
Trauer 17 f.

Überzeugung/Über-Zeugung 23,
  32, 34f., 38, 41, 91, 101, 127f.,
  130, 176f., 179, 181
Umwelt 22, 27, 49, 54, 63, 97, 115,
  133, 147, 174, 177f., 181
Unbewußte, das 17, 154, 158
  kollektive 32, 54, 67, 96, 103, 122,
    176f.
Ungerechtigkeit 57, 107
Universum 60, 65, 70–73, 182
Unterbewußtsein, das 9, 17, 20, 31,
  41, 54, 60, 67, 91, 103, 105f., 146,
  153ff., 159, 161f., 167f., 171, 176
  v. Gruppenmitgliedern 177
  kollektive 30
Ursache/Ur-Sache 20, 22, 38, 47,
  51f., 67, 72, 83, 137

Verantwortung 98, 189
  soziale 51
Vergebung 31, 41, 76ff., 97, 164
Verhalten(s-) 9, 29, 34, 42f., 50, 59,
  66f., 77, 80, 87, 110, 130f., 155,
  166, 181, 187, 199
  änderung 46f., 54, 164f., 177f.,
    182ff., 188ff., 192, 194f.
  muster 31, 47
Vernunft 43, 110, 113, 129
Verstand 20, 112, 128
Vivekananda 156
Voltaire, François-Marie 116
Vor-Urteil/Vorurteil 19, 55, 72, 87,
  101

Wachsmut, D. 148
Wahrheit 15, 17, 21, 27f., 33, 36,
  55, 68, 72, 79, 90, 102, 123, 129,
  154f., 157, 178
Wahrnehmung 9ff., 14, 17, 19,
  33f., 41, 66ff., 79, 86f., 103,
  122f., 167, 197
  auswählende 136
  begrenzte 63, 92, 160
  intuitive 178
  selektive 21, 30, 39, 47, 115f., 134,
    137, 178
  täuschende 19, 44f., 98f., 110f.,
    199
Ware, K. 151
Watzlawick, P. 31, 85
Welt(-)
  anschauung 21, 109, 134f.
  bild 58, 61
Widerstandslosigkeit 40ff., 45, 139,
  163f., 188, 192, 199
Wiedergeburt 33, 96f.
Wirklichkeit 20f., 27f., 58, 66ff.,
  86, 98, 129, 172
  objektive 9
Wissen, das 179
Wunder 15, 72f., 119f., 128f., 167,
  177

Yin-Yang(-Prinzip) 47, 176

Zweifel, der 101f., 106, 124ff., 152,
  162, 165

Geist und Psyche
Begründet von Nina Kindler 1964

Große Psychologen

Eric Berne
**Was sagen Sie,
nachdem Sie
»Guten Tag« gesagt
haben?**
Band 42192

Bruno Bettelheim
Aufstand gegen die Masse
Band 42217
Die Geburt des Selbst
Band 42247

Anna Freud
**Das Ich und die
Abwehrmechanismen**
Band 42001
**Einführung in die
Technik der
Kinderanalyse**
Band 42111

Karen Horney
**Neurose und
menschliches Wachstum**
Band 42143

Karen Horney
Unsere inneren Konflikte
Band 42104
**Neue Wege in der
Psychoanalyse**
Band 42090
**Der neurotische Mensch
unserer Zeit**
Band 42002
Die Psychologie der Frau
Band 42246

Melanie Klein
**Frühstadien des
Ödipuskomplexes**
Frühe Schriften
1928–1945
Band 10969
**Ein Kind
entwickelt sich**
Band 42222
**Die Psychoanalyse
des Kindes**
Band 42291

Fischer Taschenbuch Verlag

fi 510 / 4 a

Geist und Psyche
Begründet von Nina Kindler 1964

Große Psychologen

Fritz Morgenthaler,
Florence Weiss,
Marco Morgenthaler
**Gespräche am
sterbenden Fluß**
Band 42267

Erich Neumann
**Tiefenpsychologie
und neue Ethik**
Band 42005

**Ursprungsgeschichte
des Bewußtseins**
Band 42042

**Zur Psychologie des
Weiblichen**
Band 42051

Paul Parin, Fritz Morgenthaler,
Goldy Parin-Matthey
Die Weißen denken zuviel
Band 42079

Carl R. Rogers
Freiheit und Engagement
Band 42320

Carl R. Rogers
**Die klientenzentrierte
Gesprächspsychotherapie**
Band 42175

Therapeut und Klient
Band 42250

D. W. Winnicott
**Von der Kinderheilkunde
zur Psychoanalyse**
Band 42249

**Reifungsprozesse und
fördernde Umwelt**
Band 42255

Hans Zulliger
Die Angst unserer Kinder
Band 42317

**Heilende Kräfte
im kindlichen Spiel**
Band 42328

**Umgang mit dem
kindlichen Gewissen**
Band 42324

Fischer Taschenbuch Verlag

fi 510 / 4 b

Geist und Psyche
Begründet von Nina Kindler 1964

Psychologische Ratgeber

Hellmuth Benesch u.a. (Hg.)
Psychologie-Lesebuch
Band 42310

Gerd Biermann (Hg.)
**Handbuch der
Kinderpsychotherapie**
Band 42299

Leon Chertok
Hypnose
Band 42102

Gion Condrau
**Einführung in die
Psychotherapie**
Geschichte, Schulen,
Methoden, Praxis
Ein Lehrbuch
Band 42115

Alexander Dill
Philosophische Praxis
Eine Einführung
Band 42327

Maurice Dongier
Neurosen
Band 42241

John Eccles / Hans Zeier
Gehirn und Geist
Band 42225

Viktor E. Frankl
Ärztliche Seelsorge
Band 42157

Anna Freud
**Einführung in die
Technik der Kinderanalyse**
Band 42111

Gesellschaft für
wissenschaftliche
Gesprächstherapie
**Die klientenzentrierte
Gesprächspsychotherapie**
Band 42149

Gustav Hans Graber
Pränatale Psychologie
Band 42123

Karen Horney
Selbstanalyse
Band 42119

Fischer Taschenbuch Verlag

fi 356 / 10 a

Geist und Psyche
Begründet von Nina Kindler 1964

Psychologische Ratgeber

Christa Kniffki
**Transzendentale
Meditation und
autogenes Training**
Band 42197

Aloys Leber /
Hans-Georg Trescher /
Elise Weiss-Zimmer
Krisen im Kindergarten
Psychoanalytische
Beratung in pädagogischen
Institutionen. Band 42315

Michael Lukas Moeller
Anders helfen
Selbsthilfegruppen und
Fachleute arbeiten zusammen
Band 11013

Humberto Nagera (Hg.)
**Psychoanalytische
Grundbegriffe**
Band 42288

Gertrud Orff
Die Orff-Musik-Therapie
Band 42193

Erving und Miriam Polster
Gestalttherapie
Band 42150

Carl R. Rogers
Therapeut und Klient
Band 42250

Partnerschule
Band 42236

Walter J. Schraml
**Das psychodia-
gnostische Gespräch**
Band 42305

Harold Stern
Die Couch
Band 42308

Daniel Widlöcher
**Was eine Kinder-
zeichnung verrät**
Band 42254

Lewis Yablonsky
Psychodrama
Die Lösung emotionaler
Probleme durch Rollenspiel
Band 11012

Hans Zulliger
**Heilende Kräfte
im kindlichen Spiel**
Band 42328

Fischer Taschenbuch Verlag

fi 356 / 13 b

Geist und Psyche
Begründet von Nina Kindler 1964

Psychoanalyse

Hellmuth Benesch
Verlust der Tiefe
Eine psychische
Dimension im Umbruch
Band 10469

Kurt R. Eissler
Todestrieb, Ambivalenz,
Narzißmus
Band 10568

Ernst Federn /
Gerhard Wittenberger (Hg.)
Aus dem Kreis um
Sigmund Freud
Zu den Protokollen der
Wiener Psychoanalytischen
Vereinigung. Band 10809

Anna Freud
Das Ich und die
Abwehrmechanismen
Band 42001

André Haynal
Die Technik-Debatte
in der Psychoanalyse
Freud, Ferenczi, Balint
Band 42311

Werner W. Kemper
Der Traum und
seine Be-Deutung
Band 42184

Thomas Köhler
Abwege der
Psychoanalyse-Kritik
Band 42318

Stavros Mentzos
Neurotische
Konfliktverarbeitung
Band 42239

Hysterie. Band 42212

Angstneurose. Band 42266

Humberto Nagera (Hg.)
Psychoanalytische
Grundbegriffe
Band 42288

Horst Petri
Angst und Frieden
Band 42294

Harald Pühl /
Wolfgang Schmidbauer (Hg.)
Supervision und Psychoanalyse
Selbstreflexion der
helfenden Berufe
Band 10599

Harold Stern
Die Couch
Band 42308

Fischer Taschenbuch Verlag

fi 350 / 10